W0299894

AFRIKA
Mensch, Natur und Kunst

Titel der Originalausgabe:
La Puissance du Sacré,
L'homme, la nature et l'art en Afrique noire
© La Renaissance du Livre, Bruxelles 1993

Aus dem Französischen übertragen von Lorenz Häfliger

Bibliographische Information der Deutschen Bibliothek

Die Deutsche Bibliothek verzeichnet diese Publikation
in der Deutschen Nationalbibliographie;
detaillierte bibliographische Daten sind im Internet
über http://dnb.ddb.de abrufbar.

Titel der deutschen Ausgabe: Die Macht des Sakralen
Mensch, Natur und Kunst in Afrika; eine Reise nach Innen
© 1993 Patmos Verlag GmbH & Co. KG
Walter Verlag, Düsseldorf und Zürich

© 2003 Patmos Verlag GmbH & Co. KG
Albatros Verlag, Düsseldorf
Alle Rechte, einschließlich derjenigen
des auszugsweisen Abdrucks sowie der fotomechanischen
und elektronischen Wiedergabe, vorbehalten.
ISBN 3-491-96092-4
www.patmos.de

Clémentine Faïk-Nzuji

AFRIKA
Mensch, Natur und Kunst

Vorwort von K. Herman Beyen

Illustrationen von
Axelle, Gaëtan und Christelle Faïk

Albatros

Für Romain Madi Lamouille,
meinen Enkel

«Durch dieses Zeichen befreie ich dich von der Taubheit und mache ich dich zu einem Sieb. Von jetzt ab bist du nicht mehr ein Hund, der frißt, was du erbrochen hast. Zerschlage die Gorillaknochen, damit du die Zuneigung des Herrn des Waldes und den Applaus des Stammes gewinnst.» Diese Worte spricht der Initiationsmeister der Ohendo (Zaïre) während der Initiation der Knaben. Dazu malt er dieses Zeichen auf die Waden der jungen Initiierten, Symbol der Öffnung, der Intelligenz und des Erfolgs.

Initiation bei den Peul
Ein Knabe aus dem Stamm der Peul im Gebiet Fouladou (Senegal) nach der Initiation. In der Hand trägt er sein Pergal, *Symbol der Ausdauer und Überwindung der Furcht. Seine Mutter hat es, so will es die Tradition, während seines Aufenthaltes im Initiationslager hergestellt: Eine Art Zepter aus symbolischen Elementen wie durchlöcherten Geldstücken, Schneckenhäuschen, farbigen Perlen, Glöckchen.*

Vorwort

«Laßt uns tanzen zur Wiedererweckung des Lebens»
Bei den Bayombe (Unter-Zaïre) war der Tag, an dem ein Häuptling bestattet wurde, ein großer Festtag. Auf dieser Matte ist der Tanz dargestellt, mit dem die Grablegung begangen wurde. Der Mann links auf dem Stuhl schlägt die Trommel. Die doppelte Raute unter seinen Füßen ist ein Symbol für den ewigen Wiederbeginn auf dem Lebensweg des Menschen, der dem Lauf der Sonne gleicht: Im Osten die Geburt, im Norden die Reife, im Westen der Tod, im Süden der Aufenthalt im unterirdischen Dorf der Ahnen, und dann wieder die Geburt, mit der alles von neuem beginnt. Der tote Körper wird diesem Lebensweg entsprechend bestattet: Der Kopf nach Osten, woher das Leben kommt, die Füße nach Westen, wohin der Lebensodem entschwindet. Die Attribute der Tänzer drücken die Unordnung aus, die durch den Tod entstanden ist und durch diesen Tanz beseitigt werden soll. Dargestellt sind nämlich drei Männer, was bei den Bayombe die weibliche Zahl ist, aber vier Frauen, eine männliche Zahl. Zudem rauchen alle Frauen eine Pfeife, was im allgemeinen nur Männer tun.

Mit Symbolen und dem Sakralen beschäftigen sich heute viele Menschen, die mit wachem Bewußtsein innerhalb der kosmischen Intelligenz ihren Platz suchen.

Das Buch von Clémentine Madiya Faïk-Nzuji, das ich hier vorstellen darf, befaßt sich mit dem, was Afrika als Antwort zur Frage beigetragen hat, die sich der Mensch stellt, seit er aus dem Dunkel der Zeit herausgetreten ist: die Frage nach dem Mysterium des Uranfangs und nach dem Ursprung der Schöpfung.

Seit vielen Jahren beschäftigt sich die Autorin intensiv mit den Symbolen im gesellschaftlichen und religiösen Leben, in der Kunst und im afrikanischen Denken ganz allgemein. Dank finanzieller Unterstützung durch den «Internationalen Kulturförderungs-Fonds» konnte sie 1990 unter dem Titel *Afrikanischer Symbolismus: Zugang zum Sakralen, Energiequelle des Menschen* eine erste Fassung ihrer Forschungsergebnisse veröffentlichen.

Angesichts der Bedeutung dieser Arbeit, die sich durch ihre wissenschaftliche Klarheit und ihre Neuartigkeit auszeichnet, aber auch um das gegenseitige Verständnis zwischen unterschiedlichen Kulturen zu fördern, hat der Fonds der Autorin eine Fassung nahegelegt, die sich an eine breitere Öffentlichkeit wendet. So entstanden ein methodologisches Werk, *Symbole in Schwarzafrika* (Karthala, Paris 1993), und der vorliegende Band, der eine innere Entwicklung nachzeichnet.

Dieses reich illustrierte Buch stellt eine Synthese der gesamten Arbeit von Clémentine Faïk-Nzuji dar. Die kulturelle Ausdruckskraft der afrikanischen Völker wird darin wiederentdeckt, unerwartete analytische Möglichkeiten werden aufgezeigt, wobei die Klippen des Konventionellen und abgedroschener Gemeinplätze geschickt umschifft werden.

Die Macht des Sakralen. Mensch, Natur und Kunst in Schwarzafrika macht neue Beziehungen sichtbar. Es werden nicht nur kulturelle Komplexe dargestellt, die über die aus der Vergangenheit übernommenen politischen Grenzen hinausgehen, durch eine vertiefte Analyse wird auch gezeigt, wie nach Meinung und im Geist der afrikanischen Völkerschaften «der Mensch mit seinen Händen die natürliche Materie umformt und zu einem Netz macht, das ihn mit seinesgleichen verbindet».

Ein solches Vorhaben steht in Einklang mit der Politik des Internationalen Kulturförderungs-Fonds, der unter den Auspizien der Unesco und unter Gewährung großer Handlungsfreiheit viele kulturelle Aktivitäten unterstützt, von Neuschöpfungen in künstlerischen Bereichen bis hin zur Erhaltung und Wiederbelebung des Handwerks und der mündlichen Überlieferungen, zur Forschung, zur Ausbildung und zur Gründung neuer Institutionen. Besondere Aufmerksamkeit wird grundlegenden intellektuellen Bemühungen geschenkt, die wie die *Macht des Sakralen* das Verständnis für die Vielfältigkeit des schöpferischen menschlichen Geistes fördern.

Wir sind stolz darauf, daß wir durch die Veröffentlichung dieses Werkes, das sich mit den Fundamenten des afrikanischen Denkens beschäftigt, einen Beitrag zu einem fruchtbaren Dialog zwischen den Kulturen leisten dürfen.

K. Herman Beyen
Präsident des Internationalen
Kulturförderungs-Fonds der Unesco

Schwarzafrika im 17. Jahrhundert, *von einem Europäer gesehen. Die Karte ist der* Beschreibung Afrikas *von O. Dapper entnommen, die 1686 in Amsterdam von Wolfgang Waesberge, Boom und Van Someren veröffentlicht worden ist.*
Archiv des Museums Dapper.

Septentrio.
Meridies.
Oriens.
LENTA REGN.
BERDOA REGNUM
GARAMANTES.
BORNO.
Chelonides Paludes
Azar Mons
Gaogan
Nubia fluv.
GUANGARA REGN.
CASSENA REGN.
ZEGZEG.
ZANFANA REGN.
Desertum Zanfara.
NUBIA REGNUM.
Desertum Zeu
GORHANI.
BENIN.
Gaboe
BIAFARA
MEDRA.
REGNUM.
Tigremahon.
Ambian cantiva.
Bagamidri.
Tigrai
Vangue.
Niger Lacus
Cabo Fermosa
I. de Fernando Poo
I. de Prince
I. de S. Thome
I. de Annobon
Cabo de Lope Gonsalvez
Anzicana
Monsoles.
Loango Regn.
Pombo
CONGO REGN.
GOIAME.
Zaira Lacus
Ambian
Amboulle
ANGOLA REGN.
Loanda S. Paulo
Benguela viea
Ocango
NIGRITARUM REGIO.

Süden Afrikas, auch Aethiopia inferior oder exterior genannt
Aus Beschreibung Afrikas, *op. cit., Archiv des Museums Dapper.*

Länder und Menschen

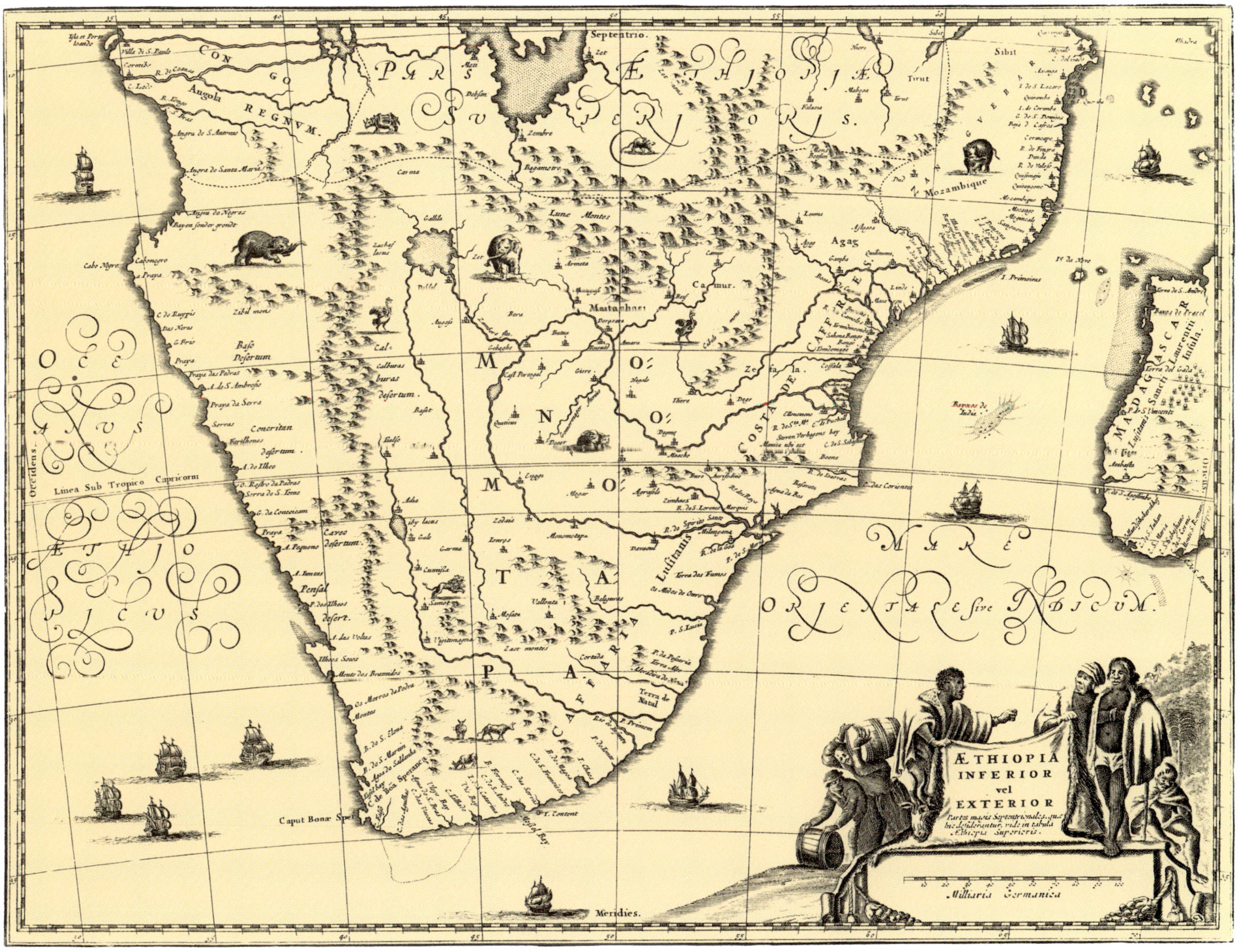

Politische und kulturelle Grenzen

Die Reise, zu der wir den Leser einladen, beginnt beim *Menschen,* führt durch die *Natur* und endet bei der durch menschliches Tun *verwandelten Natur.* Auf verschiedenen Wegen soll gezeigt werden, wie der Mensch die Angst und den Wahn zu überwinden versucht, die ihm von Natur aus angeboren sind, und wie er durch seine Gebärden, seine Stimme oder die Arbeit seiner Hände das Unsichtbare gegenwärtig zu machen trachtet.

Doch vor Antritt einer Reise drängen sich einige Hinweise auf.

Die afrikanischen Sprachen und Kulturen halten sich nicht an die politischen Grenzen: Volksgruppen können zum gleichen Kulturkreis gehören und dieselbe Sprache sprechen, obwohl sie politisch Bürger verschiedener Staaten sind. Es kommt, mit anderen Worten, in Afrika oft vor, daß sich ein Volk kulturell und sprachlich als Fremder unter den eigenen Landsleuten empfindet, sich aber mit Völkern, die in anderen Staaten leben, verwandt fühlt, weil diese dieselbe Sprache und von der Welt oder sogar der Lebensweise die gleiche Vorstellung haben.

Als Beispiele seien hier einige der bekanntesten kulturellen Gemeinschaften aufgezählt:

In Zentralafrika bewohnen die Bakongo ein Gebiet, das den Westen von Zaïre, den Norden von Angola, die angolanische Enklave Cabinda und den Südosten der Republik Congo umfaßt; der Kongo-Kulturkreis erstreckt sich somit über drei Staaten. Die Ngbaka-Gemeinschaft verteilt sich auf zwei Staaten: Das Ngbaka-Manza-Volk siedelt am rechten Ufer des Oubangui-Flusses, im südlichen Teil der Zentralafrikanischen Republik, der Rest bewohnt das Gebiet von Mbandaka (Gemena) in Zaïre. Ebenfalls auf zwei Staaten verteilt ist der Nande-Kulturkreis: In Zaïre leben um die 3 500 000 Banande und in Uganda etwa 2 500 000. Dasselbe gilt für die Gbaya-Kultur in Kamerun und in der Zentralafrikanischen Republik, oder die Bemba-Kultur, deren Siedlungen in Sambia und im Südosten von Zaïre liegen.

In Westafrika bewohnen die Yoruba Südwest-Nigeria, Südost- und Zentral-Benin sowie den Süden Togos. Die Bambara leben in Mali und im Sudan. Die Hawsa haben sich in Ost-Niger und in Nordwest-Nigeria niedergelassen, während die Dagara in Mali und Burkina Faso, die Fang in Gabon, Kamerun und Guinea leben.

Die Masaï in Ostafrika schließlich verteilen sich auf Kenya, Uganda und Tansania.

Weitere Beispiele ließen sich hinzufügen. Der Leser kann sich jedoch schon so eine Vorstellung davon machen, wie komplex und ineinander verschachtelt die für Schwarzafrika charakteristischen Kulturen sind. Unsere Betrachtung hält sich deshalb nicht, wie sonst üblich, an die Landesgrenzen, sondern geht, was unserer Meinung nach interessanter ist und der Wirklichkeit besser entsprechen dürfte, von den sich abzeichnenden *großen kulturellen Komplexen* aus. Zu jeder dieser Gemeinschaften gehört eine Kultur im umfassenden Sinne des Wortes mit durch typische Züge gekennzeichneten Teilkulturen. Die auffälligen Ähnlichkeiten ermöglichen aber eine Abgrenzung der übergeordneten Gemeinschaften gegeneinander.

Doch nicht alle afrikanischen Kulturen gehören in diese Kategorie. Einige liegen geographisch ganz innerhalb der Grenzen eines Landes. Das gilt etwa für die Béjà-Kultur im Nordosten des Sudan, zwischen Nil und Rotem Meer, für die Mongo-Kultur im zentralen Becken von Zaïre und für die Luba-Luluwa-Kultur im zentralen und südlichen Teil dieses Landes[1].

Bei den Peul in Senegal
Die Wabenmuster-Rasur, wie sie bei den Peul in der Region Fouladou (Senegal) gebräuchlich ist, gehört zum Initiationsritus: So wird der frühere Zustand abgestreift.

Unsere Methode
Vier Grundsätze bestimmen die Methode, mit der wir unser Thema behandeln. Sie ergeben sich einerseits aus der Konzeption der Reihe, in der dieses Buch erscheint, und andererseits aus der Fülle der dargestellten Fakten.

- Viele frühere Arbeiten über afrikanische Symbolismen sind zwar hoch interessant, doch wir halten uns bevorzugt an im Rahmen des CILTADE[2] vorgenommene Untersuchungen und in Afrika durchgeführte, aber wenig bekannte Studien, beispielsweise Diplomarbeiten und Dissertationen von Studenten und Publikationen afrikanischer Hochschulen und Forschungsinstitute. Dabei berücksichtigen wir vor allem Informationen, die wir von unseren Mitarbeitern, Kennern der Traditionen und gelegentlichen Helfern, erhalten haben. Das soll nicht heißen, daß wir die Arbeiten unserer Kollegen und Vorgänger geringschätzen, sondern wir wollen vielmehr diese Studien, deren Bedeutung nicht besonders betont werden muß, auf unsere Weise durch einen Beitrag ergänzen und bereichern. Dasselbe gilt für die Bibliographie, in der nur die in diesem Buch erwähnten Arbeiten enthalten sind.
- Laut der jüngsten Erhebung gibt es zwischen 1250 und 2500 afrikanische Sprachen[3], wozu zahlreiche Dialekte kommen. Bei unseren Untersuchungen von Zentral- bis Westafrika haben wir viele Sprachen kennengelernt, die zu sehr verschiedenen Sprachfamilien gehören. Die hier zitierten Texte in afrikanischen Sprachen stammen folglich aus verschiedenen Ländern und sind auf verschiedenen Wegen zu uns gelangt. Wir mußten die Transkription und die Übersetzung in gewissen Fällen überprüfen, wenn immer möglich bei unseren Aufenthalten in Afrika oder durch Gewährsleute in Belgien, die uns zu helfen vermochten. Dabei haben wir darauf verzichtet, einen Text in der Originalsprache wiederzugeben, sofern dies nicht notwendig war, wenn phonetische Informationen über die Richtigkeit der Wiedergabe fehlten. Gewisse Texte erscheinen deshalb in diesem Buch nur in Übersetzung.
- Dasselbe gilt für Betonung und Tonfall, die in den afrikanischen Sprachen ein wichtiges Element sind, können doch durch Variation (hohe, tiefe, modulierte Töne...) ein und derselben Kombination von Lauten Wörter mit unterschiedlicher Bedeutung gebildet werden. Die folgenden Beispiele mögen dies zeigen:

auf Ciluba (Zaïre)		**auf Lingala** (Zaïre)	
cílámbá	Brücke	mòtò	menschliche Person
cílàmbà	Kleidung	mòtó	Kopf
cílàmbá	gebacken	kòtòkà	schwitzen
cìlàmbá	backe dies!	kòtókà	schöpfen
cìlámbá	kletternd	kòkómà	ankommen
cìlâmbá	nimm es mit!	kòkòmà	schreiben
cílâmbá	mitgenommen haben		

Wir heben es jeweils nicht besonders hervor, wenn es uns gelungen ist, die Transkription zu verifizieren.

- Von den anderen Publikationen entnommenen Texten abgesehen, die originalgetreu wiedergegeben sind[4], haben wir frei übersetzt, indem wir uns an die stilistischen und literarischen Erfordernisse der deutschen

Sprache hielten. Unserer Meinung nach muß der Originaltext als das «Kunstobjekt» rezipiert und beurteilt werden, das er tatsächlich ist, das heißt als der Ort, wo der Mensch seine Freude, seine Traurigkeit singend zum Ausdruck bringt, seinen Zorn, sein Leid herausschreit, nach dem Übersinnlichen strebt; als der Ort, wo er sich Fragen über die Rätsel des Universums, über seine Beziehungen zu seinen Mitmenschen und über sein eigenes Schicksal stellt. Uns geht es nur darum, unseren Mitmenschen die allen Menschen gemeinsamen Haltungen und Empfindungen, die sich hier in anderen Denk- und Fühlformen äußern, verständlich zu machen.

Morgensonne über dem Dorf N'Diob N'Doffene

Die Sereer in N'Diob N'Doffene (Senegal) betrachten die Sonne als das sichtbare Zeichen des unsichtbaren Gottes. Ihre an Gott gerichteten Gebete gelangen durch die Vermittlung dieses Gestirnes zu ihm:

Wataa dun!
Mudaa dun!
Dun a jof!
(Du erhebst dich im Licht!
Du gehst unter im Licht!
In deinem Licht ist alles recht!)

Zur Einstimmung

Der Taumel und der Horizont

Der Weg

Schwindelerregende Schächte

Ein Mythos der Ohendo: Wie der Mensch zum Symbol gekommen ist

Zur Zeit der ersten Tage der Welt lebten die Menschen in den Eingeweiden der Erde, an einem Ort, der in eine leuchtende und strahlende Klarheit namens Womosongo *getaucht war, «Der Ort der Fülle» oder «Das unwandelbare Licht».* Womosongo *wurde auch* Joikii, *«Das Land der ständigen Stimme», genannt, denn eine unstoffliche Stimme schwebte darin, die den Menschen unaufhörlich Ratschläge erteilte, über ihren Schlaf wachte und dafür sorgte, daß ihre Gebräuche ihre unsagbare Milde bewahrten. Die Wesen, die hier wohnten, waren vollkommen. Als Hermaphroditen waren sie im Besitz aller männlichen Attribute wie auch derer, die der Weiblichkeit zukommen; als vollständige Wesen hatten sie alle positiven Eigenschaften und auch zugleich deren Kehrseite.*

Eines Tages wollten die Bewohner von Womosongo *die Herkunft der Stimme und des Lichts erkunden, an denen sie sich so sehr erfreuten und die ihr Land so verschwenderisch erfüllten.*

Sie begannen überall zu suchen, sie wandten sich in alle Richtungen und erforschten alle Winkel. Je weiter sie vordrangen, um so größere Wunder von Überfluß und Schönheit entdeckten sie. Diese Entdeckung verwunderte, bezauberte sie und stachelte ihre Neugierde an. Doch sie wanderten lange Zeit, ohne je an die Grenzen ihres Gebiets und auf den Ursprung des Lichts und der nie verstummenden Stimme zu stoßen.

Eines Tages standen sie plötzlich vor drei unterirdischen Schächten; der erste war in einen Baumstamm getrieben, der zweite in den Fels; und der dritte war eine düstere Rinne, in der ein ruhiges Gewässer dahinfloß.

Angesichts dieser unauslotbaren Schächte wurden die Bewohner von Womosongo *vom Taumel ergriffen, sie bekamen Angst und beschlossen, nach Hause zurückzukehren.*

Nur zwei von ihnen blieben. Der eine entschied sich dafür, seine Reise durch den in den Baum getriebenen Schacht fortzusetzen, der andere wählte den Gang durch den Fels. Kaum hatten sie die ersten Schritte getan, umfing sie Finsternis, der Weg hinter ihnen war nicht mehr zu sehen, und gleichzeitig schwand jede Hoffnung auf Rückkehr. Unwiderstehlich nach oben gezogen gelangten so die beiden wagemutigen Menschen auf die Oberfläche der Erde. Der eine kam mitten in einer Bananenpflanzung aus dem Boden heraus, während der andere durch den Schacht im Fels zum Eingang einer Höhle geführt worden war. Die Erde war damals völlig in Dunkelheit getaucht, so daß sich die beiden Menschen, obwohl nicht weit voneinander entfernt, kaum zu sehen vermochten. Die Natur herrschte über die Erde, die von geheimnisvollen Wesen unbeschreiblicher Wesensart bevölkert war, worunter der Schlange, die Akota 'cok akot 'ote *hieß, was «diejenige, die auf beiden Seiten beißt» bedeutet.*

Akota *war nämlich imstande, sowohl mit ihrem Schwanz als auch mit ihrem Kopf zu beißen, sich unendlich in die Länge zu strecken oder sich ganz nach Belieben zusammenzuziehen. Bisweilen berührte sie mit dem Kopf das Himmelsgewölbe, während ihr Schwanz noch auf der Erde lag. Als die beiden Menschen auf die Erdoberfläche gelangten, hatte* Akota, die Schlange, *ihren Kopf auf dem Felsen am Eingang der Höhle, während ihr Schwanz im Bananenhain zu einer Spirale zusammengerollt war.*

Mit der Gegenwart der beiden Menschen auf der Erde wollte sich die Natur nicht abfinden, sie revoltierte und erhob sich gegen sie. Die Elemente wurden entfesselt. Es regnete ohne Unterbruch neun Tage und neun Nächte lang; die Wasser des Himmels und die der Erde vermischten sich miteinander, die Wasserläufe traten über die Ufer, die Bäume wurden entwur-

Baum zur Trockenzeit
Aus dem Pflanzenreich sticht der Baum, unter anderem, durch seinen hohen Wuchs als Wohnsitz von Geistern, die die Natur schützen, hervor. In vielen afrikanischen Erzählungen wird erläutert, weshalb in Regionen mit Trockenheit der Baum seine durstenden Äste zum Himmel ausstreckt, um den Regen anzuflehen, daß er den Boden abkühle.

Winde, die die Sinne verwirren
Junge Burschen aus dem Volk der Kabye (Togo) tragen Palmblätter nach Hause. Hinter ihnen wirbelt ein kalter und trockener Wind aus der Sahara feinen weißlichen Staub auf. Es ist die Zeit des Harmattan. Schon bald stößt er mit dem warmen und feuchten Monsun zusammen, der aus dem Meer aufsteigt. Aus ihrer Verbindung entsteht am frühen Morgen der Nebel. Die Völker Westafrikas sagen, diese Winde trügen Geister mit sich, die die Sinne verwirren.

zelt, und die wilden Tiere begannen die Störenfriede zu verfolgen, um sie aufzufressen. Das von der Erde abfließende Wasser ergoß sich in den friedlichen Fluß im dritten unterirdischen Schacht. Dieser schwoll an, breitete sich aus und trat über die Ufer, und sein Wasser breitete sich bis nach Womosongo *aus. Die Bewohner im Mittelpunkt der Erde erfuhren so, daß auf der Erdoberfläche von jetzt ab die Unordnung herrschte.*

Einer war Sakasaka, *«Derjenige-der-ausweicht», ein seltsames Wesen. Alle Glieder und Organe waren dreifach vorhanden: es hatte drei Köpfe, drei Augen, drei Arme, drei Füße usw. Es verließ sein friedliches* Dorf des Lichts *und machte sich auf den Weg, um die Geschehnisse aus der Nähe zu erkunden. Es wählte den Schacht des großen Gewässers.*

Schon nach den ersten Schritten protestierte das Wasser, es schwoll an und floß rascher. Doch Sakasaka *setzte seinen schwindelerregenden Aufstieg zur Erdoberfläche unbeirrt fort. Wenn die Schwierigkeiten übergroß wurden, entledigte es sich eines seiner Glieder und schickte dieses nach* Womosongo *zurück, um mit seinem Heimatdorf in Verbindung zu bleiben, damit der Kontakt mit dem Licht und mit der Stimme in der Gebärmutter der Erde wiederhergestellt wurde. Zuerst verlor es ein Auge, dann einen Arm, ein Bein und zwei Köpfe. Die verstreuten Gliedmaßen verbanden sich, als sie am Ort der Fülle ankamen, zu einer Wesenheit mit dem Namen* Itapé, *was «Der kleine Ast vom Baum» oder «Das Zweiglein» bedeutet.* Itapé *eilte nun* Sakasaka *zu Hilfe. Er stand diesem zuerst bei, damit er den Schacht des großen Gewässers verlassen konnte; dann grub er einen weiteren Schacht, in dem sich* Sakasaka *dreißig Tage lang verbarg, um zu beobachten, wie die Menschen, die ihm vorausgegangen waren, in der Unordnung lebten. Nach Ablauf dieser dreißig Tage verließ* Sakasaka *den Schacht durch den Termitenhügel.*

Kaum war Sakasaka *auf der Erdoberfläche angelangt, geriet die Natur in Bewegung, und sie wurde abermals von großem Zorn ergriffen. Viele seltsame, gereizte Wesen kamen auf den Eindringling zu und griffen ihn an, um ihn zu vernichten. Doch sie wurden von* Itapé, *diesem aus den von* Sakasaka *abgelösten Gliedmaßen gebildeten Wesen besiegt und zerstreut. Von diesem Augenblick an erhielt* Sakasaka *einen neuen Namen,* Yango, *was «Der Unbesiegbare» oder «Die unvergleichliche Kraft» bedeutet.*

Yango, *durch sein* Itapé *allmächtig geworden, durchwandert nun die Erde und erkundet sie bis in ihre letzten Winkel. Er sieht, welche Ratlosigkeit und wieviel Unglück die Menschen ausgelöst haben, und muß weinen. Er weinte und weinte, seine Tränen verwandelten sich in einen sintflutartigen Regen, der die Menschen in Schrecken versetzte und die Natur in ihren Grundfesten erschütterte. Noch weinend setzt* Yango *seine Erkundung fort. Als er wieder in der Nähe des Termitenhügels vorbeikam, fühlte er sich plötzlich angesaugt. Er fand sich an einem unterirdischen Ort mit dem Namen* 'Kongelo *oder «Der Ort der Einstellung» wieder. Die Bewohner dieses Ortes fragten ihn nach den Ursachen seiner Traurigkeit.* Yango *erzählte ihnen vom Chaos und von der Trostlosigkeit, die auf Erden herrschten, und von den Ursachen der Entfesselung der Natur. Seine Gastgeber trösteten ihn, sie überschütteten ihn mit guten Ratschlägen und forderten ihn auf,* Itapé *auf den Boden zu stellen. Er gehorchte. Im gleichen Augenblick öffnete sich vor ihm die Pforte des* 'Anako, *des «Dorfes der Erkenntnis», das auch «Das Land der großen Lichtträger» genannt wird, in dem die Sonne, der Mond und die Sterne leuchten.*

Yango *besuchte die wunderbare Gegend und wurde in einer Initiation belehrt, wie die Welt zu organisieren sei. Am Ende seines Besuchs erhielt er sein* Itapé *zurück, das zum Symbol seiner Macht, seiner Überlegenheit über die Natur und seines Zugangs zur Erkenntnis wurde. Seit diesem Tag sind* Yango *und* Itapé *untrennbar miteinander verbunden.*

Termitenhügel, der Ort, wo man Wissen erwirbt
Der Termitenhügel gehört zu den Symbolen für die Erde und die Höhe. Von der Erde her gesehen, aus der er als sichtbarste natürliche Ausscheidung hervorgeht, ist er der geheiligte Ort, der nur seinem Schöpfer gehört, ein zentraler Raum, in dem die lebensspendenden kosmischen Energien eingefangen werden, die von der Erde anschließend auf die sie bevölkernden Wesen verteilt werden. Die Sereer in Senegal betrachten seine Höhe als ein Symbol für das Wachstum, des körperlichen wie des sozialen und geistigen. Wenn man die Entwicklung eines Kindes beschleunigen will, läßt man es an einem Stück Erde aus einem Termitenhügel saugen.

Links: ***Sonnenuntergang über dem Dorf N'Diob N'Doffene in Senegal***
Reisen sind mit vielen Gefahren verbunden. Niemand weiß zum voraus, welche Begegnungen ihm unterwegs bevorstehen, wo die Wege sich kreuzen oder was nach einer Wegbiegung auf ihn wartet. Bevor deshalb ein junger Mann aus dem Volk der Sereer (Senegal) zu einem fernen Dorf aufbricht, geben ihm die älteren Mitmenschen zu seinem Schutz dieses mystische Gebet an die Sonne, Symbol des höchsten Wesens, mit:

«Du, die nicht auf sich warten läßt!
Du, Leuchtende, Leuchtende!
Du, Licht! Ich in Deinem Licht!
Möge das, was Dich aufhalten kann,
Macht über mich haben!
Doch möge das, was Dich nicht aufhalten kann,
keine Macht über mich haben!»

Oben: ***Der Mond und das Feuer***
Nachdem er alle seine Kinder erschaffen hatte, teilte Efile, der Älteste unter den Ältesten, jedem seine Aufgabe zu. Zum Mond sagte er: «Du Wunderbarer, der sein Antlitz verändert, Deine Aufgabe ist es, die Geschöpfe dorthin zu begleiten, wohin sie gehen, und sie zurückzuführen, sobald Du Dein erstes Gesicht wiederfindest...» (Schöpfungsmythos der Songye, Zaïre).
Und vom Feuer sagt der Dichter:
«Höre öfters auf die Dinge
als auf die Wesen,
die Stimme des Feuers,
das sich ausbreitet,
höre auf die Stimme des Wassers.
Höre im Wind den Busch, der schluchzt:
Es ist der Atem der Ahnen...»
Birago Diop

Die Rückkehr von Yango-Itapé *auf die in Not geratene Erde wurde durch drei Donnerschläge angekündigt; die Winde und das Unwetter kamen zur Ruhe; der sintflutartige Regen hörte auf, und die Elemente der Natur kehrten an ihren Platz zurück: Die Bäume schlugen wieder Wurzeln in den Boden, die Gewässer zogen sich in ihre Flußbetten zurück. Chaos und Aggressivität, mit der Natur der Menschen untrennbar verbunden, waren besiegt.*

Sein Itapé *schwingend rief* Yango *alle Bewohner von* Womosongo *zusammen, um in alles Ordnung zu bringen; er gab allen Geschöpfen einen Namen, organisierte die menschlichen Institutionen aufgrund von Geschlecht und Alter und schenkte jedem Manne, als ein ihn von den anderen unterscheidendes Zeichen, eine für ihn kennzeichnende Tierhaut. Dann verteilte er die Menschen über die ganze Oberfläche der Erde.*

Auf der Suche nach Mittlern

Kaum sind wir uns unseres Menschseins bewußt geworden, versucht unser Geist, die mythische Zeit unseres Uranfangs zu ergründen. Das ist das Problem: Der Mensch muß von irgendwoher kommen und, ob er will oder nicht, allein seinen Weg gehen, der ihm bestimmt worden ist, ohne daß er gefragt wurde. Wie soll er diesen Weg bewältigen, der bisweilen derart lang und voller Tücken zu sein scheint?

Wenn sich der Mensch allein auf sich selbst verläßt, werden Angst und Ratlosigkeit übermächtig, wird er sich seiner Kleinheit und seiner Unfähigkeit, diesen Weg allein zu gehen, mit aller Schärfe bewußt. Er sucht in zwei Richtungen Hilfe: Zuerst beim Sakralen, dieser übergeordneten Macht, unter deren Schutz er sich stellen möchte; dann bei seinesgleichen, die mit derselben existentiellen Erfahrung leben müssen.

Aus der Erkenntnis heraus, daß das Sakrale für ihn unerreichbar bleibt, verbindet er sich mit den Gefährten seiner Einsamkeit in brüderlichem Einverständnis. Alle zusammen suchen sie gemeinsam nach Mittlern, die die Verbindung zu dieser geheimnisvollen Kraft des Sakralen wiederherstellen können.

Solche Mittler findet der Mensch zunächst im eigenen Körper

Unter dem Titel *«Der Mensch erinnert sich»* befaßt sich das erste Kapitel dieses Buches mit diesem Aspekt.

Der Körper als physisches Objekt: Bestimmte ausgewählte Teile des Körpers (Haare, Fingernägel, Knochenstücke usw.) dienen als Symbole für magisch-religiöse Praktiken.

Der Körper als räumliches Objekt: Veränderungen am Körper wie Narben, Tätowierungen, Bemalung, Schminke und andere Zeichen auf der Haut machen den Körper zu einem natürlichen Kanal, durch den die Gottheiten und die Ahnen den Lebenden nahekommen können.

Der Körper als in Bewegung befindliches Objekt: Tänze, Gebärden, Haltungen und Bewegungen bringen Harmonie in die rituellen Feiern und umrahmen sie. Gebärden erwecken leblose Gegenstände zum Leben, sie werden wirksam in den Riten, bei denen sie eingesetzt werden.

Der Têgan-Altar

Der Mensch sucht fortwährend nach neuen Mitteln, um die Beziehung zu den unsichtbaren Mächten aufrechtzuerhalten. Zu den Altären, welche die Dagara (Burkina Faso) errichten, um darauf Opfer darzubringen oder den Ahnen und den verschiedenen Geistern ihre Reverenz zu erweisen, gehört der Têgan genannte Altar des Geistes, dem das Gebiet gehört. Têgan, auch unter dem Namen «Erdkruste» bekannt, ist der große Geist, dem Gott, nachdem er sein Schöpfungswerk beendet hatte, die Aufsicht über das ganze Universum anvertraute. Er ist Besitzer des Bodens, auf dem das Dorf steht. Ihm ist der Steinaltar vor diesem Baum geweiht, dessen Wurzeln tief in die Erde hinunterreichen. Dank ihm können die Dagara durch die Eingeweide der Erde hindurch zu den unterirdischen Mächten in Beziehung treten. Diese Mächte ihrerseits sind durch Mittler untereinander verbunden, so etwa durch das Wasser des Volta, den heiligen Berg des Dorfes Dano (den Berg, der spricht) und den Da-hon, den heiligen, nie versiegenden Brunnen, die Verbindung zu den unsichtbaren Seienden.

Der Körper als Träger der Sprache: Die Sprache als Urprinzip des Lebens besteht aus lebendigen Wörtern, in denen der *soziale Mensch* sich von den Seinen getragen fühlt, während der *religiöse Mensch* durch sie seinen Schöpfer preist, die Geister beschwört, die Kräfte der Natur mit sich versöhnt, die Kräfte bannt oder in seine Gewalt bringt.

Die Elemente der Urschöpfung wirken zusammen

Das ist das Thema des zweiten Kapitels. Im Bewußtsein, daß sein Körper hinfällig und sein Schicksal endlich und zeitlich begrenzt sind, sucht sich der Mensch in der Natur weniger hinfällige Verbündete von stabilerer und dauerhafterer Beständigkeit: Die Gestirne, die Naturgewalten, die Tiere, die Pflanzen, die Steine, kurz gesagt alles, was zum Universum gehört, liefern ihm Symbole.

Von den natürlichen Elementen ausgehend erfindet der Mensch andere Symbole

Die in der Natur vorhandenen Dinge werden nicht nur im Rohzustand benutzt, sondern dienen auch als Rohstoff für die Erfindung anderer Gegenstände, denen ebenfalls eine vermittelnde Funktion zugeschrieben wird. So entstehen die vielgestaltigen anderen Symbole, die man gemeinhin als *Kunstgegenstände* bezeichnet. Mit diesem Kapitel verabschieden wir uns vom Leser.

In den Kulten und Ritualen erinnern sich die Menschen. Die in das menschliche Abenteuer entlassenen Kinder schalten einen Halt in ihre Irrfahrten ein, um sich *das Wort, die Gebärde und das Zeichen des Anfangs* in Erinnerung zu rufen und sie neu zu beleben. Indem sie dieses Wort, diese Gebärde und dieses Zeichen in sich aufnehmen, verwandeln

«Die Sonne zum Drehen bringen»
Auf Ewé und in anderen Sprachen derselben Familie, die in Westafrika gesprochen werden, heißt «tanzen» «die Sonne zum Drehen bringen». Hier in einem Dorf zwischen Tsévie und Tabligbo im Süden von Togo ist eine Geburt für die Eltern und das ganze Dorf ein solcher Anlaß, an dem «die Sonne zum Drehen gebracht wird», als gebührender Empfang für den Neuankömmling.

sie sich, um sich besser auf eine zeitlose Feier einzustellen, in der die Grenzen zwischen dem Profanen und dem Sakralen, dem Menschen und der Natur oder dem Menschen und seinem Schöpfer aufgehoben werden.

In dieser vollkommenen Kommunion erinnern sich die Menschen. Sie versuchen, in Verbindung mit dem Mitmenschen zu bleiben, damit der Fixpunkt nicht verloren geht, der den einzelnen Menschen daran hindert, sich im Taumel des Horizonts zu verirren. Im Leben des Afrikaners ist der Begriff des Symbols innig mit dem des Sakralen verwoben. Durch die Ausübung der Rituale, die Benutzung der Symbole und die Rückbesinnung auf die Mythen bleibt die Bindung erhalten, weil die Riten die Mythen aktualisieren und die Symbole ihre Bedeutung in den Mythen und ihre Wirksamkeit in den Riten finden. Die Symbole erfüllen somit für den Afrikaner eine wichtige Mittlerfunktion: In den Ritualen kann der *soziale Mensch* immer wieder Beziehungen zu seinesgleichen aufnehmen; und der *religiöse Mensch* erhält durch sie die Möglichkeit, das Zeitliche zu übersteigen und in Verbindung mit den übernatürlichen Mächten zu treten.

Wasserfall auf dem Berg Agou
In Togo wird gesagt, auf dem Berg Agou (rund 1000 Meter hoch) wohne ein großer Geist von gewaltiger Macht. Weil er nicht gerne in seiner Ruhe gestört wird, hat er sein Heim durch mehrere Schutzwälle gesichert, worunter diesen Wasserfall.

Zeichen vom Beginn der Zeit

Zahlreiche Erzählungen und Mythen erklären den Ursprung der Symbole. Bei näherer Prüfung stellt man aber rasch fest, daß diese Erklärungen jeweils von Symbol zu Symbol verschieden sind. Sogar innerhalb desselben Kulturkreises kann jedes Symbol, je nach der ihm beigemessenen Bedeutung, seine besondere Entstehungsgeschichte haben. Die verbreitetsten Schöpfungsmythen stellen die Symbole entweder als zu Beginn der Zeiten geschaffen oder als, nach der Erschaffung des Menschen, aus derselben himmlischen Gebärmutter hervorgegangen oder auch als ein verdientes oder unverdientes Geschenk des Schöpfergottes oder eines anderen geistigen Wesens dar. Als Beispiel diene eine mythische Vorstellung, die den Ursprung des Wortes und der Sprache, eines symbolträchtigen Bereichs schlechthin, und den der Schriftzeichen erklärt.

Das Geschenk des Wortes

Im mythischen Denken Afrikas kommt dem *Wort* göttliches Wesen zu. Es verwandelt und aktiviert die kosmischen Energien und die menschlichen Kräfte. In den meisten afrikanischen Sprachen sind die Ausdrücke für *Wort* aus Wurzeln abgeleitet, die man mit *verwandeln, den Zustand ändern, sichtbar machen, Kraft verleihen, materialisieren, einfangen* usw. übersetzen kann. Es ist immer der Schöpfergott, der den Menschen dieses Wort geschenkt hat, und zwar aus Gründen, die sich je nach Region unterscheiden, aber dennoch auch Gemeinsamkeiten aufweisen.

Angesehener Sereer (Senegal) in seinem Hof

Afrikanische Weisheit sieht einen Zusammenhang zwischen dem gesprochenen Wort und dem Alter. Nicht irgendwer sagt irgend etwas zu irgend jemandem zu irgend welcher Zeit. Das gute Wort, also das gescheite Wort, erwirbt man mit zunehmendem Alter. Aus diesem Grund hört man auf ältere Mitmenschen, achtet man alte Menschen.

> *«Das Wort ist alles*
> *Es zerteilt, verletzt*
> *Es modelliert, moduliert*
> *Es verwirrt, macht wahnsinnig*
> *Es heilt oder tötet einfach*
> *Es erhebt, erniedrigt, je nach Gelegenheit*
> *Es reizt oder beruhigt die Seelen»*
>
> Komo-Dibi, malischer Vorsänger der Komo-Initiationsgemeinschaft

Symbol der vollkommenen Frau
Mukishi wa pwo, *Maske mit weiblichen Gesichtszügen der Thucookwe (Zaïre, Angola). Sie verherrlicht die Schönheit der Frau und die volle Entfaltung ihrer Weiblichkeit. Sie ist der Sitz der «mythischen Mutter», eines weiblichen Geistes, der Schönheit und Fruchtbarkeit schenkt. Auf der Stirn das Zeichen Kalunga, Symbol des ungeschaffenen Schöpfergottes und des vollendeten Universums, wo jedes Lebewesen seinen Platz hat. Sie stellt auch das Unendliche und die Fülle dar.*

Gott schuf den Menschen und schenkte ihm das Wort, weil er Bedürfnis nach einem Gesprächspartner hatte

In *La tradition vivante*[5] berichtet A. Hampaté Ba von einem sehr schönen Initiationsmythos der Bambara. *Maa Ngala*, das höchste Wesen, hat durch das Wort das Universum erschaffen und sehnt sich nach einem wertvollen Gesprächspartner. Und so erschuf er den Menschen, dem er als Geschenk das Wort gab, damit er mit ihm kommunizieren kann.

Früher wurde die Schöpfungsgeschichte den Beschnittenen in ihrem einundzwanzigsten Lebensjahr während der ihnen vorgeschriebenen dreiundsechzigtägigen Abgeschiedenheit gelehrt, und man benötigte anschließend einundzwanzig Jahre, um sie zu studieren und zu vertiefen.

In der Lichtung des Heiligen Hains, Wohnstätte des Komo, skandierte der erste Beschnittene die folgenden Worte:

Maa Ngala! Maa Ngala!
Wer ist Maa Ngala?
Wo ist Maa Ngala?

Der Komo-Vorsänger antwortete:

Maa Ngala, das ist die unendliche Kraft
Niemand kann ihn in der Zeit oder im Raum einordnen
Er ist Dombali (unerfaßbar)
Dambali (unerschaffen-unendlich).

Auf die Initiation folgte die Erzählung von der Schöpfung am Anfang der Zeit:

Es gab nichts außer einem Sein.
Dieses Sein war eine lebendige Leere,
es brütete die geschaffenen Existenzen durch seine Macht aus.
Die unendliche Zeit war die Wohnung dieses Eins-Seins.
Das Eins-Sein gab sich den Namen Maa Ngala.
Dann erschuf es «Fan»,
ein wunderbares Ei mit neun Unterteilungen,
und brachte in es die neun Grundzustände der Existenz ein.

Als dieses Ur-Ei sich öffnete, gingen zwanzig Fabelwesen aus ihm hervor, die die Gesamtheit des Universums, die Gesamtheit der bestehenden Kräfte des möglichen Erkennens darstellten.

Doch leider erwies sich keine dieser zwanzig Urkreaturen als fähig, der Gesprächspartner (Kuma-nyon) zu werden, den Maa Ngala für sich gewünscht hatte.

Deshalb entnahm er jeder der zwanzig bestehenden Kreaturen ein Stück und vermischte diese. Dann blies er diesem Gemisch einen Funken seines eigenen feurigen Odems ein und erschuf so ein neues Wesen, den Menschen, dem er einen Teil seines eigenen Namens: Maa, verlieh. Derart enthielt dieses neue Wesen durch seinen Namen und den in es eingeführten göttlichen Funken etwas von Maa Ngala selbst.

Als Synthese von allem, was existiert, als Behältnis schlechthin der höchsten Kraft und gleichzeitig Sammelbecken aller existierenden Kräfte erhielt Maa, der Mensch, als Erbschaft ein Stück der göttlichen Schöpferkraft, das Geschenk des Geistes und des Wortes.

Maa Ngala lehrte Maa, seinen Gesprächspartner, die Gesetze, durch die alle Elemente des Kosmos gebildet wurden und noch immer Bestand haben. Er bestimmte ihn zum Wächter seines Universums und erteilte ihm den Auftrag, über die Erhaltung der universellen Harmonie zu wachen. Deshalb ist es eine schwere Aufgabe, Maa zu sein.

Nach dieser Initiation durch seinen Schöpfer gab Maa später seiner Nachkommenschaft die Summe seines Wissens weiter, und das war der Beginn einer langen Kette von mündlichen Überlieferungen durch Initia-

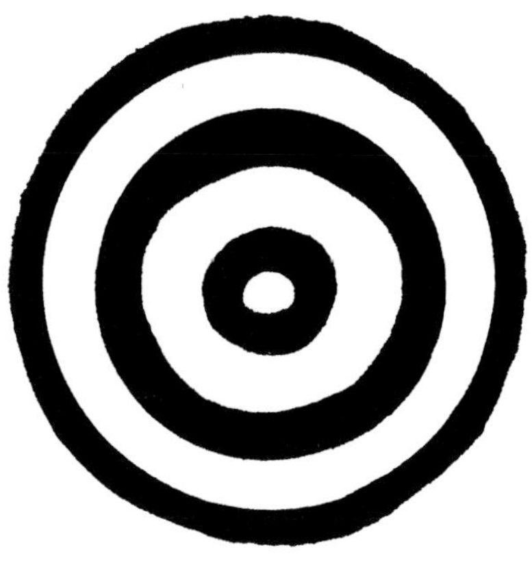

Symbol des Wortes oder der Erstursache

tion, und der Komo-Orden [...] versteht sich als ein Glied in dieser Überträgerkette.

Als Maa Ngala seinen Gesprächspartner Maa erschaffen hatte, sprach er mit ihm und verlieh ihm zugleich die Fähigkeit, Antwort zu geben. Zwischen Maa Ngala, dem Schöpfer aller Dinge, und Maa, der Symbiose aller Dinge, entwickelte sich ein Dialog. Als die Worte von Maa Ngala zum Menschen herniederkamen, waren sie göttlich, weil sie noch nicht mit der Materialität in Berührung gekommen waren. Durch dieses Eingehen in die Körperlichkeit verloren sie ein wenig von ihrer Göttlichkeit, aber sie wurden dadurch geheiligt. Dank dieser Heiligung durch das göttliche Wort sandte die Körperlichkeit ihrerseits geheiligte Schwingungen aus, die die Beziehung zu Maa Ngala begründeten [...]

«Zeichnung vom Weg des Wortes», *die den Ahn Binou Sérou zeigt, auf den wie Regen die Wörter, die Samenkörner und die für die Landwirtschaft nützlichen atmosphärischen Phänomene herunterkommen. Dogon (G. Calame-Griaule)*[7].

Gott schenkte dem Menschen das Wort, um ihn von aller anderen Kreatur zu unterscheiden

Der Schöpfungsmythos der Baluba in Zaïre berichtet, *Maweja,* der Schöpfergott, habe die Schöpfung durch drei Kräfte ausgeführt: *das Wort, die Gebärde und den Odem.* Was er ansprach, indem er mit seinem Finger darauf zeigte, wurde geschaffen und lebendig, indem es den Odem empfing.

Als *Maweja* den Menschen formte, beließ er in dessen Körper eine Anzahl Öffnungen, damit dieser die von Ihm-selbst und dem Universum ausgestrahlten Energien einfangen konnte. Insgesamt gab es zwölf solcher Pforten, nämlich neun gewöhnliche, allen Lebewesen gemeinsame, und drei göttlicher Natur und nur dem Menschen zugehörige. Jede dieser drei Öffnungen stellte eine besondere göttliche Fähigkeit dar. Doch als der Mensch gefallen war und verwandelt wurde, schlossen sich die drei Pforten von göttlicher Natur wieder.

Eine dieser Pforten war der *Hohlraum über den Eingeweiden* gewesen, der Ort, an dem sich der göttliche Geist manifestiert, der dem Menschen die Macht des Wortes (wozu die Kräfte des *Odems* und der *Sprache* gehören) und das *Herz* schenkt, Sitz des Geistes, der sich in der *Zunge* ausdrückt und dem Menschen die Sprache verleiht, die ihn von allen anderen Kreaturen unterscheidet[6].

Gott schenkte dem Menschen die Sprache, damit er vollständig sei und Fortschritte mache

In den verschiedenen Versionen des Schöpfungsmythos der Dogon, in Mali, erscheint das Wort ebenfalls als die Kraft, deren sich *Amma,* der Schöpfergott, bediente, um die Welt zu erschaffen, und als das Geschenk, das er den Menschen gab. Die Version, die G. Calame-Griaule in *Ethnologie et langage. La parole chez les Dogon*[7] wiedergibt, erzählt, *Amma,* der hermaphroditische Schöpfergott, sei durch *aduno talu, das Welt-Ei,* versinnbildlicht worden. Er war im Besitz der Sprache, schon bevor er die Kreaturen jeglicher Art erschuf. Durch sein Wort formte er in diesem *Ei* den Ur-Mutterkuchen und befruchtete diesen. Daraus gingen Zwillinge hervor, die ersten erschaffenen Wesen. Der eine, ein Rebell und Störenfried, wurde in eine Art Fuchs verwandelt und zu einem elenden Leben verdammt. Der andere, *Nommo,* ein guter Mensch, opferte sein eigenes Leben, um die durch die Untaten seines Bruders in Unordnung geratene Welt wieder zu ordnen. Nach seiner Wiederauferweckung kehrte *Nommo* mit einer Arche, die die vier ersten Zwillingspaare trug, vier Männer und vier Frauen, zur Erde zurück. Als diese auf der Erde ankamen, waren sie nicht im Besitz der Sprache. *Amma* verlieh aber *Nommo* die Macht über das Wort und gab ihm den Auftrag, den Menschen die Sprache zu lehren. *«Durch das Geschenk der Sprache wurde die primitive Kreatur zum vollständigen Menschen.»*[8]

Die Schriftzeichen
Zahlreiche archäologische Ausgrabungen erbrachten den Beweis, daß es schon in frühester Zeit in Schwarzafrika *Schriftzeichen* gab, ein Hinweis auf ein religiöses Bewußtsein der Menschen, die sie benutzten. Sie waren auf den Grabstätten oder auf den Gegenständen vorhanden, die den Verstorbenen ins Grab mitgegeben wurden, was uns heutigen Menschen zeigt, daß der Afrikaner schon bei seinen ersten Schritten als Mensch an ein Jenseits glaubte, zu dem er enge Beziehungen unterhalten und fortsetzen wollte und mit dessen Kräften er in Eintracht zu leben wünschte. Zahlreiche Mythen wissen zu berichten, daß auch die meisten Schriftzeichen göttlichen oder geistigen Ursprungs sind.

«Samenkörner des Erkennens»
Geneviève Dieterlen sagt im *Dictionnaire des Mythologies* von den Schriftzeichen, die bei den aus Mande hervorgegangenen Völkerschaften entdeckt wurden:

Für die Malinké, Bambara, Dogon, Bozo und Minyanka stellen die ersten Zeichen, 266 an der Zahl, die «Grundlage des Erkennens», *doni dyu* (auf Bambara), die «Samenkörner des Erkennens», *doni siya wo siya,* vor allem aber auch die Grundlage der Schöpfung dar. Und man sagt: «Der Ursprung aller Kreaturen (das heißt aller Dinge, die es gegeben hat, gibt oder geben wird) ist (wohnt) in den Zeichen», «die Erkenntnis ist aus den Zeichen hervorgegangen». Von den Zeichen selbst wird geglaubt, sie stammten von einem einzigen und einmaligen Zeichen ab, *ti kele pe,* das auch «glühendes oder heißes Zeichen» oder «Träger-Zeichen», *ti kalama,* Symbol sowohl der Einheit als auch der Vielheit des Schöpfergottes genannt wird[9].

«Die ältesten Dinge aus der himmlischen Gebärmutter»

DIE ZEICHEN DER MINYANKA

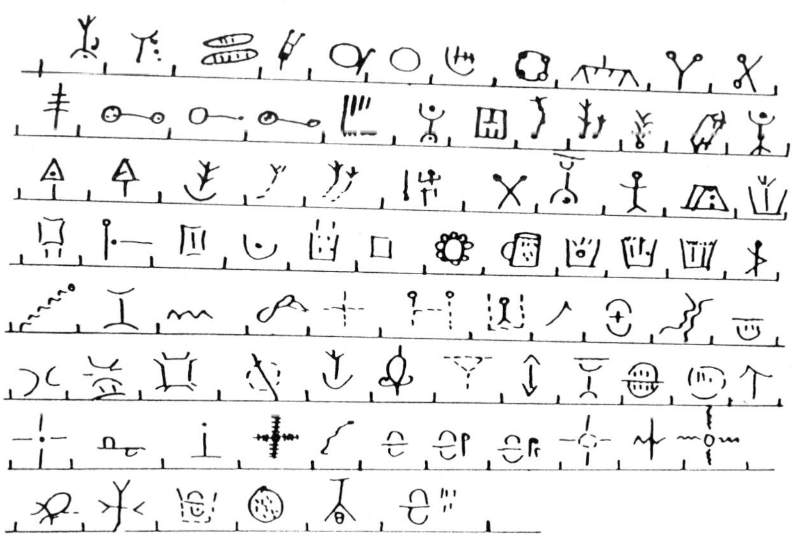

Bei den Minyanka sind diese Schriftzeichen in ein Holzbrettchen eingeritzt, das während des Nya-*Initiationsrituals benutzt wird. Sie geben «die ältesten Zeichen der göttlichen Schöpfung wieder, die ihrerseits auf der himmlischen Gebärmutter aufgezeichnet waren»* (Ph. Jespers)[10].

Gewebe aus Raphia-Fasern

Durch die Arbeit seiner Hände verwandelt der Mensch Grundstoffe aus der Natur zu Trägern von Symbolen. So bemalen die Nachkommen von Woot (Bakuba) in der Region Kasayi (Zaïre) Gewebe aus Fasern der Raphia-Palme, die üblicherweise als «Kasayi-Samt» bezeichnet werden, mit zahlreichen Zeichen, die Gebete an die Gottheit, Anrufungen der Geister und der Ahnen oder Botschaften für die Gemeinschaft der Lebenden sein können. Beim hier abgebildeten Beispiel herrscht auf jedem der drei zusammengenähten Stücke ein symbolisches Motiv vor. Auf den beiden Teilen der linken Hälfte sieht man in abgewandter Form ein Zeichen, das ncuum a nyim *(das Haus des Königs) genannt wird, das Symbol für die Nachkommenschaft des Königs und die Gemeinschaft all derer, die von ihm abhängig sind, sei es durch eine familiäre Beziehung oder eine politische Funktion. Die rechte Hälfte wird vom Zeichen* Woot *beherrscht, dem Namen des mythischen Ahns, Symbol des Wohlergehens, der Befreiung und der biologischen Herkunft.*

«Oh, lieber Onkel, ich habe genug von diesem Mann!»
Von rechts nach links: Ein Mann mit drei Frauen, nacheinander seine erste, seine zweite und seine letzte Gattin, die sich gegenseitig die Hände auf die Schultern legen. Ganz links, unten: ein verschlossener Korb; oben: ein Spritzkopf aus einer Schmiede. Die jüngste Gattin dieses Mannes aus dem Volk der Woyo (Angola, Zaïre) schickt dieses Sprichwort-Brettchen ihrem Onkel mütterlicherseits, der in diesem matrilinearen Gesellschaftssystem für ihre Ehe zuständig ist, um ihm so ihre innere Not und ihre Enttäuschung in dieser Ehe mitzuteilen. Der Onkel hatte, ohne sie um ihre Meinung zu fragen, ein Brautgeld kassiert und sie einem Mann zur Frau gegeben, der bereits zwei Gattinnen hatte. Diese beiden älteren Frauen verbündeten sich gegen die dritte und machten ihr das Leben unerträglich. Die junge Frau hält es nicht mehr aus und deutet dem Onkel ihre Bitterkeit durch den verschlossenen Korb an:

«Ntima ena ntheende nkhanu podizibula ta tala mana make yaandi.»

«Oh! Wäre doch das Menschenherz wie dieser Korb (dessen Deckel abgenommen werden kann), man würde mein Herz öffnen und das Leid sehen, das darin ist.»

Die Frau, die als zweite Gattin in das Haus dieses Mannes gekommen ist, der schon eine Frau hatte, wirft der ersten vor, daß sie es ihrem Mann gestattet habe, eine zweite Frau zu nehmen:

«Ndje ntceelo waba kooko, bunsi watalilanga nsakusu kavya mbaazu?»

«Du ‹Haus-Spritze›, wie hast du zusehen können, daß das Haus brennt?»

Damit wird darauf angespielt, daß ein Mann, bevor er sich eine zweite Frau nimmt, üblicherweise seine erste Gattin um ihre Meinung fragt. Der Onkel, der eine solche Botschaft erhält, entscheidet, ob seine Nichte bei ihrem Gatten zu bleiben hat oder sich von ihm trennen darf (Institut des Musées nationaux, Kinshasa).

Philippe Jespers schreibt in *Signes graphiques minyanka,* die Schriftzeichen, die bei den Initiationsfeiern dieses Volkes eine Rolle spielen, seien für die Menschen, die sie verwenden, die «ältesten Zeichen der Schöpfung durch *Kle* (Gott)». Der Minyanka-Mythos, in dem erzählt wird, wie diese Zeichen den Menschen bekannt wurden, berichtet, *Kle* habe eines Tages seinen Enkeln eine Prüfung auferlegt, indem er zu ihnen sagte: «Macht mir bis morgen ein Seil aus weißem Sand.» Zwei Tage später sagte der Calao (Nashornvogel), der von seinem Vater in einem hohlen Baum die geheime Bedeutung der Zeichen für die Erschaffung durch *Kle* übermittelt erhalten hatte, zu *Kle*: «Zeichne uns das Zeichen dieses Seils aus weißem Sand.» Aus dieser Antwort erkannte *Kle*, daß der Calao dank seinem Vater die geheime Bedeutung der Zeichen ergründet und diese in einem Baum versteckt hatte. Er geriet in großen Zorn und zerschmetterte den Baum. Dieser barst, und alle seine Teile, auf denen Zeichen eingeritzt waren, wurden zerstreut und über die ganze Welt verteilt. Der Calao machte sich daran, die Bruchstücke des Baumes, auf denen die Zeichen festgehalten waren, mit seinem Schnabel wieder einzusammeln. Er verschlang sie Stück für Stück und spuckte sie später zum Nutzen der Menschen wieder aus[11].

Ausdrucksmittel der Menschen für ihre Ideen

Die Symbole stehen sozusagen ausschließlich im Dienste der menschlichen Beziehungen, doch ihr Ursprung ist geistiger Natur. Als Beispiel diene eine Erzählung, die einer unserer Gewährsleute aufgezeichnet hat und die sich mit dem Ursprung der Schriftzeichen befaßt, mit denen sich die Bawoyo in Zaïre und Angola, wie später noch gezeigt wird, im Alltagsleben miteinander verständigen.

«Mwe-Ngoyo, die Königin-Mutter, fiel von Zeit zu Zeit in Trance. Eines schönen Tages, während einem dieser Zustände, stellte sich bei ihr in menschlicher Gestalt ein Geist ein, den sie zuerst für Nzambi-Mphungu, den allmächtigen Gott, hielt. Es war jedoch nur ein Geist. Er zeigte ihr mehrere Zeichnungen und Gegenstände, mit denen sich, wie er ihr sagte, Vorstellungen ausdrücken ließen, und er lehrte sie, wie diese Gegenstände zu gebrauchen seien. Als die Königin-Mutter wieder bei Sinnen war, rief sie ihre Ratgeber zu sich und bat sie, den besten Bildhauer im Königreich zu suchen. Dieser zeigte ihr sein Werk; sie war damit zufrieden und zeigte es ihrem Volk. Alle Bewohner von Ngoyo ihrerseits fanden dieses Werk gut und entwickelten diese Ausdrucksweise weiter. Und so werden seither viele Sprichwörter und Gedanken durch gebräuchliche Zeichen verbildlicht.»

Nachdem das Kind bei seiner Geburt als «Fremdling» aufgenommen worden ist und durch die Verleihung eines Namens eine Identität erhalten hat, wächst es in der seinem Alter entsprechenden Sorglosigkeit heran. Doch es kommt der Tag, an dem es auf etwas verpflichtet, an dem sein existentielles Bewußtsein «entzündet» werden muß. Durch die Beschneidung wird der Knabe zum Mann. Die Vorhaut, die ihn zu einem doppelgeschlechtigen Wesen macht, muß entfernt und vergraben (der Mutter Erde zurückgegeben) werden, damit der Knabe den Weg zu seiner eigentlichen Bestimmung findet. An diesem Tag, mit dem die Reifung und die Vermännlichung beginnt, setzt der Initiationsprozeß ein.

Für diese Knaben aus dem Volk der Peul in der Region Fouladou (Senegal) hat der Aufbruch vor etwa einem Monat begonnen. Die elf- bis dreizehnjährigen Jünglinge leben jetzt im Initiationslager in der Nähe des Dorfes. Sie sind beschnitten und in Wort und Tat darüber aufgeklärt worden, was sie tun können, tun müssen und nicht tun dürfen. Zwischendurch sind sie nachts heimlich ins Dorf zurückgekehrt, den Kopf mit ihrem Kawihan (eine Art weißes Leichentuch, Symbol des Todes, durch den man hindurchgehen muß, um wiedergeboren zu werden) verhüllt, um Geld oder Nahrungsmittel für ihren Ngamang, den Initiationsmeister, einzusammeln. Ihre Wunden vernarben allmählich.

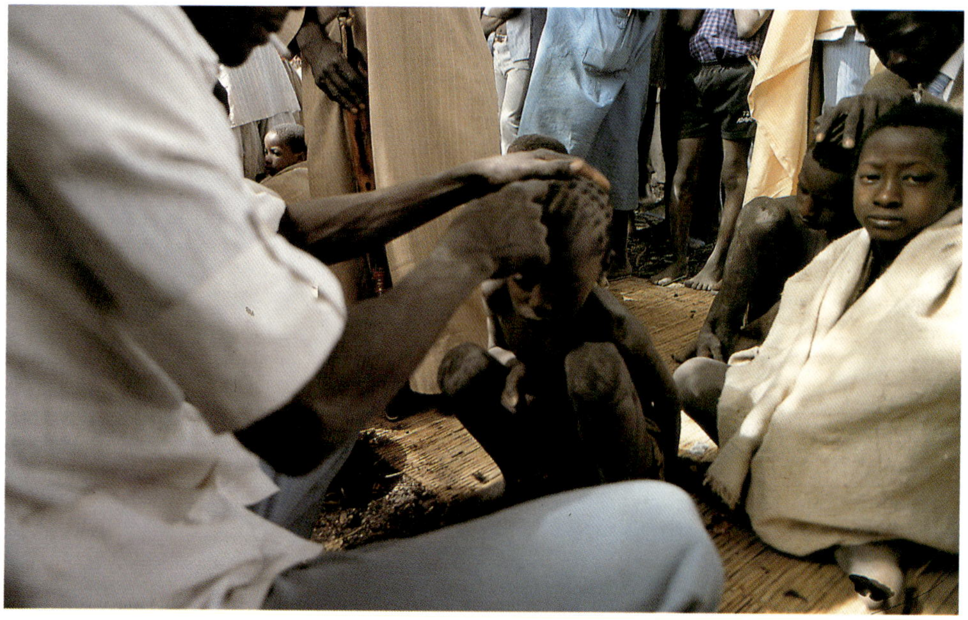

Es ist Zeit für die Rückkehr ins Dorf. Von Musikanten begleitet begeben sich die Männer zu den jungen Initiierten.
Es ist Morgen.

Nach der Ankunft im Initiationslager warten die Männer, zu den Melodien der Musikanten tanzend, auf ihre Söhne. Auf der Gegenseite wird den Beschnittenen der Kopf gewaschen.

Nach der Kopfwäsche werden die Neophyten einer nach dem anderen geschoren, wozu sie noch immer mit dem Kawihan bekleidet sind. Sobald der letzte geschoren ist, hören Musik und Tanz abrupt auf.

Am Nachmittag geht die Zeremonie weiter. Der Initiationsmeister befiehlt den sitzenden Kindern, einem nach dem anderen, sich zu erheben und zu ihm zu kommen, bis die Fußspitzen den Rand der Matte

erreicht haben. Er gibt dem ersten Beschnittenen Lotchigol zu trinken, ein Getränk, das speziell für diesen Anlaß hergestellt worden ist. Dann macht er dem Kind mit einigen Tropfen der Flüssigkeit Zeichen auf die Stirn: «Möge sich deine Stirne (Intelligenz) den Dingen des Lebens öffnen», auf den rechten und linken Fuß: «Möge dein Lebensweg immer gerade verlaufen». Die Zeremonie wird an allen Kindern wiederholt.

Nun naht der Augenblick, da der Beschnittene seine Trauerkleidung ablegt und dem Leben zurückgegeben wird. Der Kawihan wird durch ein buntes Kleidungsstück ersetzt, der junge Mann erhält die Insignien, Symbole seines neuen Lebens, die speziell für ihn während seiner Abwesenheit von den Frauen hergestellt worden sind.

Nun kehrt man ins Dorf zurück. Die Neophyten werden von den Männern auf den Schultern getragen. Am Dorfrand warten die Mütter ungeduldig auf ihre Kinder. Sie eilen auf sie zu und bewerfen sie mit Reiskörnern, dem Symbol für Überfluß und Wohlergehen.

Die Initiierten werden unter dem Palaver Baum dem Häuptling vorgestellt. Dann werden sie vor die Häuschen der Ahnen geführt, wo sie sich gleichmütig hinsetzen, denn sie sind nur passive Teilnehmer an der Zeremonie. Am Abend kehrt jeder, endlich zum Manne geworden, zu seiner Familie zurück, wo er von jetzt an seinen Ort im «Hausteil der Männer» hat, während er noch vor wenigen Wochen ein Kind war und in der Gesellschaft der Frauen lebte.

Das Fest geht inzwischen seinem Höhepunkt entgegen. Die Musikanten zeigen ihr Können. Kühe, Ziegen und junge Stiere werden für das Festessen geschlachtet.

Die jubelnden Mütter stellen stolz die Trophäen ihrer Kinder zur Schau.

Das Ritual hat viel gekostet. Die Kinder im Initiationslager mußten ernährt werden, der Initiationsmeister und seine Gehilfen haben Anspruch auf Entlöhnung… Die Eltern allein vermochten nicht alle Kosten zu tragen. Unterstützt wurden sie von Bewohnern, die als der Grundstock der Gemeinschaft angesehen werden, nämlich die alten Frauen des Dorfes. Sie werden jetzt geehrt, die Musikanten feiern ihre Taten, ihre Seelengröße, die Leistungen ihrer Ahnen…

Der Cifwebe-Tanz, weiße Masken
Cifwebe bedeutet wörtlich «was den Tod weit fort treibt oder in die Flucht schlägt». Diese weißen Masken der Baluba (Shaba, Zaïre) erfüllen die symbolische Funktion bei verschiedenen rituellen Zeremonien. Wenn sich die Gemeinschaft bedroht fühlt, werden besondere Tänze veranstaltet. Beschwörungen sollen jedes störende Element entfernen.

Rechte Seite:

Initiationsmaske der Bayaka-Jünglinge (Kwango, Zaïre)
Einen Menschen stimmt man insbesondere dadurch auf sein Schicksal ein, daß man ihm den Platz zuweist, der ihm in seiner Gemeinschaft und im Universum insgesamt zusteht. Ein junger Muyaka aus Kwango (Zaïre) wird deshalb, sobald er in die Pubertät kommt, einem vielseitigen Ritual unterzogen, bei dem Masken, maskierte Personen, Tänze und Gesänge eine Rolle spielen: die Initiation. Die hier abgebildete Maske, Tsekedi, «was rein macht», ist eine von sieben, mit denen die Zeremonie beendet wird. Die im Initiationslager empfangene Belehrung wird so abgeschlossen. Die Maske trägt die Kennzeichen der Eule, eines nächtlichen Vogels, der mit Zauberern und bösen Geistern in Beziehung gebracht wird. Ihre Bedeutung in der Hierarchie der Initiationsmasken

Das Symbol ist Ausdruck . . .

Die Mythen berichten vom Ursprung der Symbole oder erklären diese. Die afrikanischen Sprachen ihrerseits ermöglichen es durch die Wörter, die sie für die Bezeichnung solcher Wirklichkeiten benutzen, sich eine Vorstellung davon zu machen, wie die Sprechenden über ihre Symbole denken.

Eine frühere Untersuchung über die Bezeichnungen für die Symbole in mehreren afrikanischen Sprachen[12] hat gezeigt, daß diese Symbole von den Afrikanern als ein Ort aufgefaßt werden, durch den der Mensch geht, um eine Verbindung mit den übernatürlichen Wirklichkeiten und mit den Mitmenschen herzustellen. Sie stellen, neben anderem, das dar, wodurch man erkennt; das, was offenbart und einweiht; das, wodurch man zur Erkenntnis gelangt; das, was befreit, was Ordnung und Ausgewogenheit bringt . . .

Bevor wir die Spur des afrikanischen *religiösen Menschen* auf seinem Weg zur Transzendenz und des *afrikanischen sozialen Menschen* in seinen Beziehungen zu seinen Weggenossen weiterverfolgen, legen wir deshalb als ein Beispiel die linguistische Analyse des Wortes vor, mit welchem das «Symbol» in den in Westafrika gesprochenen Ewè-, Aja-, Gen- und Fon-Sprachen bezeichnet wird[13].

In diesen Sprachen wird das Symbol mit der Form *vò* des Verbs *vò* bezeichnet, das frei sein, sich befreien bedeutet. Das Nomen *vò* steht für «Freiheit». Wenn damit das Symbol im allgemeinen bezeichnet wird, so wird es übersetzt mit «das, was frei macht, was befreit», denn es führt den Menschen auf dem Weg seines Schicksals und bringt ihn in Einklang mit seinen tiefsten Bestrebungen; wenn damit die kleinen Objekt-Symbole (Perlen, Muscheln . . .) gemeint sind, die der Wahrsager während seines Rituals benutzt und die auf die Deutung eben dieser Situation angelegt sind, so bedeutet es «das, wodurch man Zugang hat» zum Erkennen der wirklichen Tatsachen, zum verborgenen Sinn oder zur Wirklichkeit der Dinge, zu dem, was unsichtbar ist.

Diese verschiedenen Bedeutungen von *vò* im Zusammenhang mit dem Symbol zeigen, daß für die Völker, die diese Sprachen sprechen,

- *das Symbol die sichtbare Wirklichkeit mit der unsichtbaren Wirklichkeit verbindet:* Der Ausdruck *edà-vò* zum Beispiel, «er hat sein Symbol verfehlt», wird auf jemanden angewandt, der einen Fehler begangen hat und dadurch die Beziehung zwischen dem Sichtbaren und dem Unsicht-

baren zerstört hat. Wer in diesen Kulturen nämlich einen schweren Verstoß (Diebstahl, Mord, Ehebruch..) begeht, hebt die Bindung, die Harmonie zwischen der sichtbaren Welt und der unsichtbaren Welt auf. Wenn umgekehrt jemand verbissen einem Gedanken nachgeht, den er noch nicht zu Ende gedacht hat, so wird von ihm gesagt: *edő voe-mè kpó*, «er hat sich in das Symbol verbohrt, um die Wahrheit zu erkennen, zu finden»;

• *das Symbol den Menschen in Einklang mit seinem Schicksal, mit seiner eigenen Persönlichkeit bringt und ihn frei macht:* Der Ausdruck *esà vò* heißt wörtlich übersetzt «er hat sein Symbol zergehen lassen»; man wendet ihn auf eine Person an, die sich einer Herausforderung nicht gestellt hat, die sich als mutlos erwiesen hat, die es also nicht fertiggebracht hat, sich selbst treu zu bleiben, die ihrer Persönlichkeit nicht gerecht geworden ist. Wenn jedoch von einer ausgeglichenen und selbstsicheren Person die Rede ist, so sagt man: *esà vò*, «sie hat ihr Symbol an sich gebunden», sie lebt also in Einklang mit ihrem Schicksal und ihrer Persönlichkeit. Solche Sicherheit macht frei und von äußeren Zwängen unabhängig; man sagt von einem solchen Menschen: *elè vò*, «er ist in seinem Symbol», was bedeutet, daß er frei, sich selbst treu ist.

scheint gering zu sein. Doch diese Geringschätzung trügt. Auch Dingen und Personen gegenüber, die einem wichtig sind, verhält man sich zurückhaltend. Diese Initiationsmaske soll den Initiierten mit seinem mißhandelten Körper versöhnen, sie hilft ihm dabei, seinen Blick von der Nacht dem Tag zuzuwenden. Sie huldigt der Männlichkeit und versorgt den Körper mit neuer Energie, indem sie die Lust betont, die er verschafft. Während des Tanzes kommt es oft vor, daß ein Tänzer, vom Rhythmus und von der festlichen Stimmung mitgerissen, eine Kopulation mit seiner Maske mimt.

Die großen Ereignisse im Leben
Nach der Geburt eines Kindes versammeln sich die Ewé-Frauen (im Süden von Togo), um «die Sonne zum Drehen zu bringen». Alle großen Augenblicke im Leben – Geburt, Initiation, Hochzeit, Tod – sind ein Anlaß, innezuhalten und die Sippe zusammenzurufen.

Eine solche Auffassung vom Symbol läßt sich in verschiedenen Ausdrucksformen in vielen afrikanischen Sprachen erkennen. Das wollen wir, anhand eindeutiger Beispiele, in den drei Kapiteln dieses Buches aufzuzeigen versuchen.

Kapitel I

Der Mensch erinnert sich

Die Tradition

Akomasa

Die Geburt der Zwillinge im Ohendo-Mythos [14]

Lasa[15], *der älteste der Geister, thronte einsam, allmächtig auf einem verstellbaren zweifüßigen Sitz, der* Akomasa *hieß, «das schreckenerregende Ende», «die äußerste Macht» oder auch «der Ort intensiver Freude». Am Anfang des Lebens ließ* Lasa *von der Höhe seines Sitzes aus Donner erschallen, er spuckte in die Leere hinaus, und aus diesen Tropfen entsprangen nacheinander die Kreaturen jeglicher Art, die jetzt das Universum füllen.* Lasa *ist am Anfang jeder Existenz. Vor ihm gab es nichts.*

Akomasa, *der Sitz, von dem aus der Schöpfer alles Seiende erschuf, war ein riesiger Baum, der majestätisch in der Leere zwischen der Erde und*

Die Einheit des Baumes und der Harmattan
Baum und Universum verschmelzen hier zu ein und demselben Symbol: Der Baum ist Bindeglied zwischen Himmel und Erde, seine Wurzeln leben im Boden mit den Ahnen zusammen. Sein Stamm nimmt an den Sorgen der Lebenden teil, und indem er sie bei gewissen Ritualen um sich herum versammelt, verstärkt er ihren Zusammenhalt. Seine Äste und Zweige ragen in die Wohnstätte der himmlischen Geister hinein. Fast überall in Afrika betrachtet man den Baum als Sitz der mächtigen höheren Kräfte. Er spielt die Rolle eines Wächters des Dorfes und warnt jeden Fremdling, der sich ihm mit böser Absicht nähert.

Linke Seite:

Die weiße Maske
Einige der leiblichen Veränderungen, die der Mensch an seinem Körper vornimmt, sind äußerlich wie diese «weiße Maske» der Baluba (Shaba, Zaïre). Sie bedeckt den, der sie trägt, vollständig, sie nimmt ihn in sich auf und bringt ihn selbst völlig zum Verschwinden.

dem Himmelsgewölbe stand und seine Äste ausbreitete. Wie Finger zeigten alle seine Wurzeln von oben auf ein Dorf. Er überragte die Felder und die Dächer der Häuser.

Sein Stamm, das Herz des Meisters Lasa, *war auch die Wohnstätte vom* mpempe k'ékina, *«dem geheiligten Paar», das bei den Menschen in Form der Zwillinge bekannt ist. Seine Wurzeln konnten sich bis in die Pforten der Häuser strecken, wo paarweise die Seligen leben, die in die Regeln eingeweiht worden sind.*

So zogen sie sich auch in die Länge, sich zur Himmelsleiter ausweitend, über die das eingeweihte Paar Zugang zum Meister Lasa *hatte, und diese Beziehung machte sie zu* Pasa, *«denjenigen, die bei der Macht eingeführt sind». Als Auserwählte haben sie Zugang zum Unzugänglichen*[16].

Umgekehrt waren die Wurzeln von Akomasa *die Leiter, über die das «heilige Paar» herabstieg, um in den Häusern dieser Auserwählten geboren zu werden, damit sie auf der Erde Wunder wirken können*[17]*: Regen machen oder beenden, Nebelschwaden auflösen, Winde in eine andere Richtung lenken, Krankheiten heilen, Menschen mit gesenktem Kopf, Tiere mit dem Schwanz zwischen den Hinterbeinen zum Gehen bringen…*

Als das «heilige Paar» auf die Erde kam, gab es seinen Namen mpempe k'ékina *auf. Es erhielt den neuen Namen* wasa, *was «derjenige, der auftritt» oder «derjenige, der mit der Macht von Lasa ausgestattet ist» oder auch «der mit einem glücklichen Schicksal» bedeutet.* Lasa, *der Unerschaffene, hat dadurch, daß er sein Herz öffnete und die Zwillinge daraus entließ, ihnen auch einen Teil seines Namens vermacht, worin auch ein Teil seiner Verwandlungskraft enthalten ist. Ebenso tragen die Eltern der Zwillinge, die dank den Wurzeln von* Akomasa *ebenfalls in Verbindung mit* Lasa *gekommen sind, den Namen* Pasa, *«diejenigen, die zu Ruhm gelangt sind».*

Deshalb skandieren unsere Ältesten, wenn sie an dieses Ereignis erinnern, in ihren Gebeten die folgenden Sätze:

> *«Alles ist verbunden. Alles hängt zusammen:*
> *Die Zwillinge kamen aus dem Herzen von* Lasa
> *Das Herz von* Lasa *war der Stamm von* Akomasa
> Akomasa *war ein riesiger Baum…»*

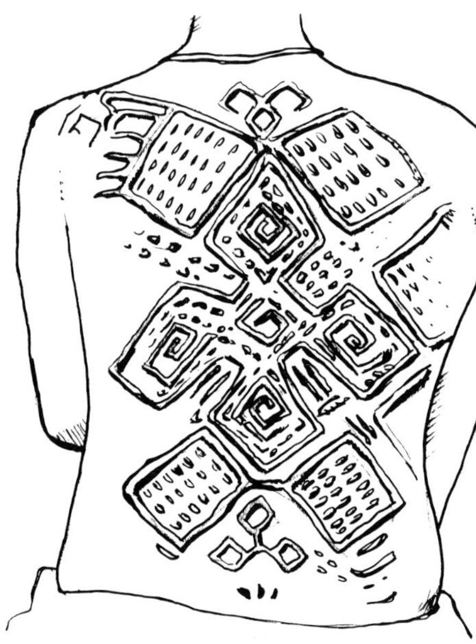

Der Mensch im Universum
Diese Schmucknarben auf dem Rücken einer Muyombe-Frau (Bakongo, Zaïre) stellen in zweifacher Form die Stellung des Menschen im Universum dar. Zentrales Motiv ist ein rechtsdrehendes Hakenkreuz, Abbild der ewigen Bewegung vom Leben zum Tod und vom Tod zum Leben. Dieselbe Vorstellung ist aus den Motiven in Rautenform abzulesen, bei denen jede Spitze auf eine wichtige Etappe im menschlichen Leben hinweist: Geburt, Erwachsenwerden, Tod, Aufenthalt bei den Toten, bevor man wiedergeboren wird. Dieselben Symbole werden für den Lauf der Sonne verwendet.

Im Bewußtsein seiner Identität als Kind des *anderen,* das heißt des *Urschöpfers,* mit dem man in Verbindung zu bleiben trachtet, und seines zentralen Platzes im Universum fühlt sich der afrikanische *religiöse Mensch* als eines der wichtigsten Wesen der Schöpfung bestätigt. Bevor er im Universum nach Mittlern sucht, erkundet er zuerst seine eigene Person. Dabei entdeckt er:

- daß gewisse privilegierte Zonen seines Körpers, Gliedmaßen, Organe und andere physische Bestandteile, Energien erhalten, die ihm Überlegenheit über die anderen Kreaturen verschaffen und ihn so zum Mittelpunkt des Universums machen;
- daß sein fleischlicher Körper, sichtbarer, materieller *und* vergänglicher Teil seiner Person, nicht nur seine eigenen physiologischen und spirituellen Grundprinzipien in sich enthält, sondern auch konkrete und immaterielle Teile all derer, die ihm vorausgegangen sind;
- daß seine Person als Ganzes, aus fleischlichen und aus unstofflichen Elementen zusammengesetzt, ein Ort ist, wo Energien sichtbar, symbolisch deutbar und austauschbar werden, so daß sie zu einem Kraftfeld verschiedener energetischer Strömungen wird.

Deshalb spricht er seiner Person eine symbolische Bedeutung zu. Sie wird so zur wichtigsten stofflichen Quelle, aus der er seine Mittler

Zwillingsgeburten
Bei den Bayaka wird Zwillingen ein besonderer Kult geweiht. Diese Yikubu – «was das Alpdrücken beseitigt» – genannte doppelköpfige Statue gehört zu einer Gruppe von Gegenständen, die bei Riten nach Zwillingsgeburten verwendet werden. Die beidseits des Körpers angehängten Bündel mit großen Federn darüber enthalten Teile von verschiedenen Dingen mit magischer Kraft. Die Stupsnase, ein Phallus-Symbol, betont die männliche Seite, ohne daß jedoch die Statue eine rein männliche Bedeutung hätte, denn ihre Zwillingsnatur befähigt sie, an Pubertätsriten für Mädchen und Knaben teilzunehmen.

Zeichen der Trauer
Trauer ist, wie Freude, ein Anlaß, an dem der Körper beteiligt ist. Dieser Ewé-Knabe aus der togolesischen Hochebene hat sich das Gesicht zum Zeichen der Trauer mit Kaolin angemalt. Um den Trennungsschmerz zu mildern, macht man den Tod am Körper sichtbar: Wie das Herz muß auch er das Leid mittragen und veräußerlichen.

schöpft, und zu einem der wichtigsten Träger der Symbole, die er verwendet.

In seinem individuellen und sozialen Verhalten erinnert sich der Mensch seines Ursprungs. Sein *Körper* verweist auf die Geschehnisse bei der ursprünglichen Schöpfung; in seiner *Sprache* widerhallen die unendlichen Töne des Universums. Und so wird er als Ganzes ein *aktives Symbol* und in ein weites Netz anderer Symbole eingefügt, die sich mit ihm verbünden oder ihn bekämpfen können. Das verleiht den körperlichen und sprachlichen Symbolen in der afrikanischen Symbolik ihre Bedeutung.

Die Körper-Symbolik ergibt sich aus der Vorstellung, die jedes Volk von der *«Person»* hat, und aus den Mythen, die diese Vorstellung erklären. Damit man sich ein Bild von der allgemeinen Bedeutung dieses Phänomens machen kann, wollen wir kurz einige damit zusammenhängende Mythen und Überzeugungen als Beispiele aufführen.

Weiter oben, in der «Einstimmung», wurde erzählt, wie *Sakasaka* auf seiner Initiationsreise das Symbol erworben hat, als er sein Heimatdorf verließ, das Dorf des Lichts und der Stimme. Wir haben in den Einzelheiten beschrieben, wie er durch den Schacht der großen Wasser zur Erde hinaufstieg und während dieses Aufstiegs nacheinander seine Gliedmaßen von sich ablöste, um die Beziehung zum Licht und zu der Stimme seines Ursprungs aufrechtzuerhalten; und diese Gliedmaßen kommen, nachdem sie sich wieder zusammengefügt haben, ihm zu Hilfe und werden zum ersten Symbol, das den Menschen gegeben wurde, zum Symbol, durch das die Welt organisiert wurde. In der Machthierarchie der As'ohendo trägt der oberste Würdenträger in seiner Funktion den Namen *Yango*, also den Namen, den *Sakasaka* nach dem Eingreifen von *Itapé*, dem aus seinen wieder zusammengesetzten Gliedmaßen hervorgegangenen Wesen, erhielt. Dieser Würdenträger hat den Auftrag, den künftigen Häuptling zu inthronisieren. Unter den Insignien seiner Macht sticht eines hervor, das *'cong'a ncato* genannt wird, was wörtlich «das, was die drei Dimensionen miteinander verbindet» bedeutet. Dieses Symbol stellt *Itapé* dar und verweist auf die sakrale Herkunft der Macht des mythischen *Yango*, der, um zu seiner Funktion zu finden, die drei Etappen des Jenseits durchlaufen mußte:

- den Aufstieg durch den *«Termitenhügel»* und die Ankunft auf einer in desolatem Zustand befindlichen Erde;
- den Aufenthalt am *«Ort der Einstellung»* und die Belehrung durch Initiation;
- die Ruhepause im *«Dorf der Erkenntnis»*, wo er das Symbol *'cong'a ncato* empfängt, mit dem er zurückkehrt, um Ordnung in das Chaos des Uranfangs zu bringen.

In den Mythen der zaïrischen Völker, die in der von den Flüssen Kasaï und Luluwa entwässerten Region leben, ist die Person aus zwei Arten von *Körpern* zusammengesetzt: einem *immateriellen*, der ein Teil der ursprünglichen Schöpfung ist, und einem *fleischlichen*, den der Mensch erhält, wenn er nach seiner Loslösung vom Himmel auf die Erde hinunterstürzt. Der immaterielle Körper besteht aus drei Teilen verschiedenartiger Natur: aus dem *Geist*, einem vollkommenen Ding von göttlicher Natur, aus dem *Doppelgänger*, einer Art Geist, der jedoch unvollkommen ist und den spezifisch menschlichen Teil des Menschen darstellt, und schließlich dem *Schattenbild*, das sein animalischer Teil ist. Bei seinem Sturz und gleichzeitig damit, daß er einen Teil seiner göttlichen Fähigkeiten verlor, erhielt der Mensch einen vierten Bestandteil, seinen *fleischlichen Körper*. Dieser wird Sitz der beim Sturz übrig gebliebenen Eigenschaften sowie der Begierden, Gefühle, Wahrnehmungen und gegenwärtigen menschlichen Fähigkeiten.

Für diese zaïrischen Völker ist somit jedes menschliche Wesen zusammengesetzt aus einem Geist, einem Doppelgänger, einem Schattenbild und einem fleischlichen Körper, wobei dieser letztere der materielle Träger der drei anderen Teile ist. Zusammen bilden sie die Einheit der Person. Zugleich mit seiner Körperlichkeit wurde er Mensch mit zwölf Zwillingsöffnungen *männlich/weiblich* ausgestattet, die je sechs Paare bilden: *männlich/älter/stark, weiblich/jünger/schwach*.

Für die Dogon kreist das *nyàma*, die Lebenskraft des Menschen, mit dem Blut in den Adern. Diese Energie ist vom Blut verschieden, kann sich aber mit diesem infolge einer physischen oder psychischen Unordnung vermischen, wodurch für das Individuum schwerwiegende Störungen ausgelöst werden. Der fleischliche Körper seinerseits ist Sitz der *kikinu*, der spirituellen Prinzipien des Menschen. Die insgesamt acht *kikinu* bilden zwei Gruppen von vier Paaren: *intelligent/männlich, intelligent/weiblich, dumm/männlich, dumm/weiblich*, die jeweils an den Körper und das Geschlecht gebunden sind[18].

In den Minyanka-Mythen steigen die ersten Schriftzeichen aus der berstenden himmlischen Gebärmutter zu den Menschen hinunter. Bei den Peul und den Bambara in Mali ist der menschliche Körper ein Abbild der Architektur des Universums, und der Kopf an seiner Spitze besitzt sieben Öffnungen, die den sieben Zuständen des Seins entsprechen. Die Mitsogho im Süden von Gabon betrachten den Menschen als aus den vier

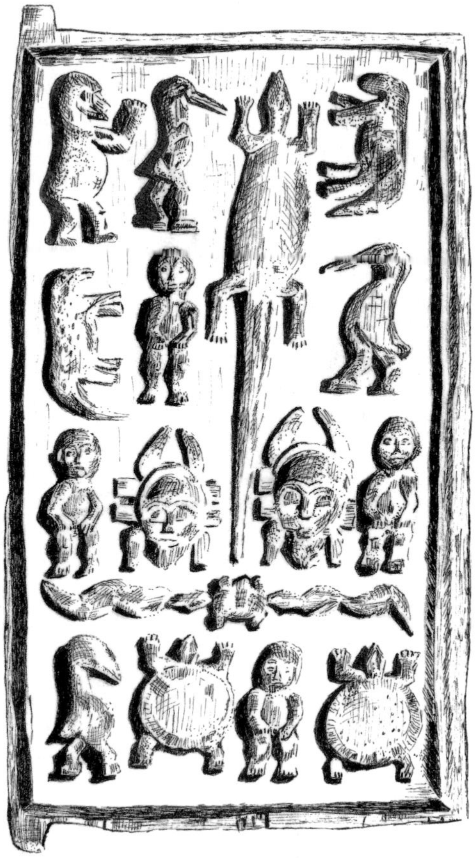

Die fünf Urformen
Als vor der Erschaffung des Menschen das Chaos herrschte, als alles noch Unordnung war, gab es fünf ursprüngliche Tierformen, die Gründer-Ahnen der Hauptsippen des Sénoufo-Volkes: Chamäleon, Schlange, Krokodil, Schildkröte und Nashornvogel (Calao). Dieser Mythos ist auf dem abgebildeten Türflügel dargestellt, der zur Wohnung des Kultusvorstehers oder zu einem Heiligtum der unter dem Namen Kâtiéléo bekannten Gottheit gehört hatte. Nur das Chamäleon fehlt. Jedes der Tiere ist ein Symbol, dessen Bedeutung erst während des Poro, der Sénoufo-Initiation, erklärt wird. So ist die Schlange das Symbol des männlichen Gliedes; die runde Form der Schildkröte erinnert an die weibliche Gebärmutter, die nichts anderes als die himmlische Gebärmutter ist; der Nashornvogel mit seinem langen Schnabel und dem vorstehenden Bauch stellt eine schwangere Frau dar, eine Frau also, die bereit ist, Leben zu spenden. Die menschlichen Figuren verkörpern einige Mittler-Geister, an die sich der Wahrsager während seiner Zeremonien wendet. Zwei von Büffelhörnern gekrönte Initiationsmasken symbolisieren die Zeugungskraft.

«Zeige mir dein Gesicht, und ich sage dir, wer du bist»
Der Mensch gestaltet seine Wohnung nach seinem eigenen Körperbau, der seinerseits ein Abbild des Universums ist. Die Fassade dieses Dagara-Hauses (Burkina Faso) zeigt drei der «großen Öffnungen», die Nâamwin, das Urwesen, in den menschlichen Körper eingebracht hat: Äußere Zeichen, durch welche die inneren Eigenschaften des Menschen sichtbar werden. Laut Amadou Hampaté Ba betrachten die Bambara in Mali das menschliche Gesicht als die Hauptfassade der «tiefen Personen» im Menschen und die darin befindlichen Öffnungen als äußere Zeichen, an denen die moralischen und psychischen Möglichkeiten der im Innern des Menschen wohnenden «Personen» ablesbar sind. «Zeige mir dein Gesicht, und ich sage dir, wie deine inneren Personen sind», sagen die Peul und Bambara in Mali von diesen Öffnungen.

Grundbestandteilen Körper, Lebenskraft mit Sitz im Herzen, Geist und Schatten zusammengesetzt. Bei den Yoruba in Nigeria und Benin besteht der Mensch aus zwei Teilen: der eine, der Körper, ist materiell, der andere, immaterielle, ist zusammengesetzt aus Odem, Seele, Lebensprinzip und Geist. Diese Auffassung vom menschlichen Körper hat überall in Schwarzafrika zur Folge, daß der Mensch mit seinem Körper und seiner Sprache an den Ritualfeiern teilhat, die an die Urzeiten des Mythos erinnern und deren symbolische Funktion darin besteht, das einzelne Individuum wie auch die Gemeinschaft, zu der es gehört, psychologisch, psychisch, spirituell und sozial wieder ins Gleichgewicht zu bringen. Der Körper erscheint so als der Träger der spirituellen Prinzipien; als Ort der Beziehungen zwischen den Menschen untereinander einerseits und zwischen den Menschen und ihrem Gott andererseits; und schließlich als der räumliche Träger von Schriftzeichen.

Der Mensch und sein Körper

In seinem Streben nach Fülle ist der religiöse Mensch darauf bedacht, die Elemente seines Körpers mit denen des Universums in Einklang zu bringen, dessen Bewegungen mitzuvollziehen, dessen Rhythmus und Schwingungen nachzuahmen. Nur Gott weiß, welcher von beiden, die Natur oder der Mensch, sich öffnet, um den anderen aufzunehmen. Nur er kann sagen, welcher von beiden sich opfert, um sich dem anderen anzubieten. Der schwarze Mensch befragt sich fortwährend. Nur etwas weiß er mit Gewißheit, nämlich daß überall auf seinem Kontinent Teile des Leibes, gleichgültig ob von einem lebenden oder einem toten Organismus, weggenommen und als «Ingredienzen» bei der Herstellung von Medizinen, Zaubertränken oder anderen Dingen verwendet werden, wobei sie eine symbolische Funktion haben. Er weiß auch, daß das, was er sucht, nicht nur eine bloße Anhäufung von Zeichen ist, sondern ein wirkliches Heilmittel auf seinen Irrwegen, eine dauerhafte Beziehung, die ihm Sicherheit gibt und sein inneres Gleichgewicht wahrt. Die folgenden Beispiele sollen diese Aussage verdeutlichen.

Linke Seite:

Initiation bei den Dagara
(Burkina Faso)
Der Neophyt hat einen Sack aus Ziegenleder mit Kauri-Schnecken (die als Geld dienen) darin umgehängt. Er hat sie von seinen Eltern und Freunden erhalten, bevor er sich in das Initiationslager zurückzog. Sein ganzer Körper ist weiß, mit der Farbe des vorläufigen Todes, bemalt. Eine weißliche Masse mit einer Art Krone aus Hühnerfedern darüber bedeckt den Kopf.

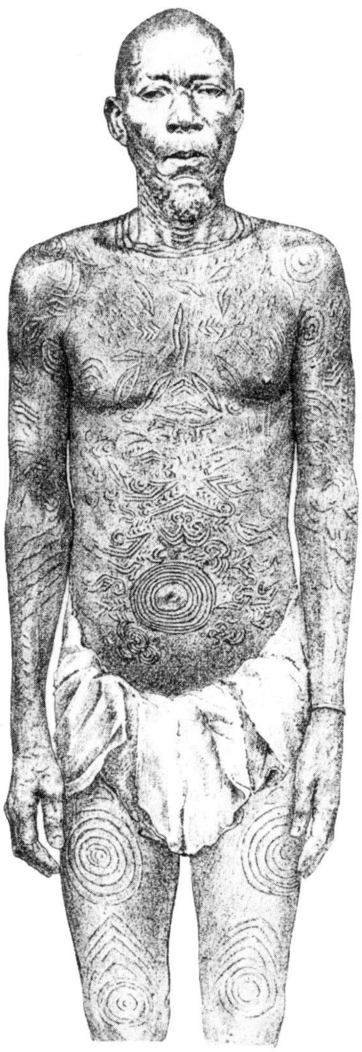

Die Funktionen des Körpers
Laut den Schöpfungsmythen der Luluwa und Luba (Kasayi, Zaïre) hat Gott, als er den Menschen erschuf, jedem Teil seines Körpers einen Wert und eine Funktion zugeteilt. Dieser Wert und diese Funktion bestimmen die Stelle, wo das Symbol auf dem menschlichen Körper und auf menschenähnlichen Gegenständen angebracht wird. Zum Beispiel: Die Fontanelle, die Knochenlücke im Schädeldach des Neugeborenen, ist der Ort, wo die unsichtbaren und verborgenen Dinge in der Zukunft wahrgenommen werden; der Hinterkopf hat dieselbe Funktion für die unsichtbaren und verborgenen Dinge in der Vergangenheit; die Magengrube steht für die Macht des überlegten Wortes; die Leber ist Sitz des menschlichen Aspekts des Menschen, der unangenehmen Regungen (jegliche Art von Zorn und Gewalt); die Schläfen sind der Ort, durch den der Mensch die kosmischen Energien einfängt (durch die Schläfen gelangen Intelligenz und gesunder Menschenverstand in den Menschen). Die Tätowierer und Bildhauer der Luba und Luluwa berücksichtigen bei ihrer Arbeit diese symbolischen Bedeutungen.

Bei den Bayansi in Zaïre geht ein Mann, der eine junge Frau für sich gewinnen möchte, mit einem kleinen Büschel Haare dieses Mädchens zum Spezialisten für Liebestränke. Dieser Fachkundige vermischt die Haare mit anderen Substanzen zu einem Zaubertrank, den er dem Bittsteller zusammen mit einer Anleitung, wie er vorzugehen habe, übergibt. Um den Todeskampf abzukürzen, kann man ein Ritual benutzen, bei welchem dem Sterbenden die Fingernägel und einige Haare abgeschnitten und in ein Wasserbecken gelegt werden. Dann wird alles auf die Weggabelung geworfen, wo die Straße zum Friedhof beginnt[19].

Haare, Nägel, Schamhaare, was immer zum Körper einer Person gehört, ist ein Symbol für diese Person als Ganzes; wenn man eine Haarlocke der geliebten Person besitzt, besitzt man auch schon die ganze Person; wenn man auf die Wegkreuzung vor dem Friedhof die Nägel und die Haare eines Sterbenden wirft, entsendet man diesen bereits zu den Toten usw. Mehr noch, gewisse Körperteile, so wird angenommen, haben für den Menschen eine besondere Funktion, und zwar nicht nur für diesen selbst, sondern auch für seine Beziehungen zu Leben und Tod.

Wenn bei den hier erwähnten Yansi-Völkern eine kranke Person, von der man weiß, daß sie sterben muß, nicht rasch genug stirbt, so wird sie einem Ritual unterzogen, das darin besteht, «den magischen Faden durchzuschneiden, der mit dem Leben verbindet». Die Zeremonie im Hause des Sterbenden wird von einem Fachmann durchgeführt, der entweder Wahrsager oder Heiler ist: Er nimmt Asche, die er durch das Verbrennen geeigneter Pflanzen gewonnen hat, und bestreicht damit das Herz, den Mund, die Nase, die Hände und die Arme des Sterbenden[20]. Man glaubt, daß an diesen Körperteilen der unsichtbare Faden angemacht ist, der den Menschen mit dem Leben verbindet.

«Dieses Leit-Zeichen,
das ich in dein Fleisch einzeichne,
macht dich in Zukunft
als mein Kind kenntlich.»

Mit diesen Worten wandte sich das Höchste Wesen an alle von seinem Odem belebten Kreaturen. Seit diesem Tag hat in dieser Welt jedes Ding seine Tätowierung.

Die Gbaya, von denen diese Aussage stammt, leben in Kamerun, im Süden des Sudan und in Burkina Faso[21] ... Sie unterscheiden zwischen zwei Arten von Zeichen auf der Haut:

- *Dap so*, das «Zeichen Gottes». Dabei handelt es sich um natürliche, sichtbare und unzerstörbare Kennzeichen auf dem menschlichen Leib, auf dem Körper von Tieren, auf Pflanzen und anderen natürlichen Gegenständen. Was die Menschen betrifft, sind für die Gbaya nicht alle *dap so* gleich. Es gibt angeborene Hautflecken (Naevus) und andere Pigmentierungen, aber auch physische Mißbildungen, die den Körper entstellen. Wenn ein kleiner Knabe ohne Vorhaut geboren wird, so hält man ihn ebenfalls für von Gott «gezeichnet».
- *Dap gon ne er bii*, «Zeichen von menschlicher Hand». Das sind Kennzeichen, die die Menschen selbst auf ihrer Haut, an Tieren, auf Pflanzen und auf den von ihnen hergestellten Gegenständen anbringen. In dieselbe Kategorie gehören auch Narben, die von Unfällen und Verletzungen herrühren.

Der menschliche Körper dient somit als räumlicher Träger verschiedener Veränderungen von symbolischer, religiöser, heilender und sozialer Bedeutung wie Schmucknarben, Tätowierungen, Bemalung, Schminke, Geruchsstoffe usw. Bisweilen gehört dazu der Schmuck, den Menschen bei besonderen Gelegenheiten tragen. Zu erwähnen sind auch zeitlich begrenzte Spuren aus vergänglichen Farben und sich selbst zugefügte Verletzungen, die unvergängliche Narben hinterlassen.

Vergängliche Zeichen

Ein Beispiel für vergängliche Zeichen sind die den Ohendo-Heranwachsenden in Zaïre bei einer *lokémbe* genannten Initiationszeremonie mit Kaolin aufgemalten Symbol-Zeichen.

Das *lokémbe*-Ritual ist ein Initiationsritus für Knaben zwischen 10 und 13 Jahren. Es gehört zur Beschneidung und wird in sieben Etappen vollzogen. Jede davon ist durch ein Symbol gekennzeichnet, das zu dem Zeitpunkt, da der Einzuweihende die nächste Stufe erreicht, mit Kaolin auf einer genau festgelegten Körperstelle aufgetragen wird.

Ohne daß wir auf Einzelheiten eingehen wollen, seien hier die sieben Etappen dieses Ritus von hoher symbolischer Bedeutung, das für jede Stufe charakteristische Symbol-Zeichen, die Namen, mit denen sowohl diese Zeichen als auch die für die einzelnen Etappen zuständigen Schutzgeister bezeichnet werden, und schließlich die durch diese Zeichen hervorgehobenen Körperteile aufgezählt. In den Symbolen sind die Initiationsgesetze festgehalten, durch welche die Organisation der Gesellschaft und die Philosophie der Gemeinschaft erklärt werden (vgl. S. 48).

Die unvergänglichen Zeichen

Die bemerkenswertesten unvergänglichen und endgültigen Zeichen sind die Narben. Die ersten können schon nach der Geburt eingeschnitten werden, weitere folgen im Verlauf des ganzen Lebens, und zwar immer wenn ein wichtiges Ereignis im Leben dieses Menschen es erfordert. Die einen dienen, wie noch gezeigt wird, den verschiedenen Bedürfnissen des Menschen im Alltagsleben: Gesundheitspflege, Stammeszugehörigkeit, Verzierung, Kommunikation usw. Andere werden als Mittler zwischen dem Menschen und den übernatürlichen Kräften aufgefaßt. Gewisse Ziernarben machen den Körper zu einem eigentlichen künstlerischen Meisterwerk. Als Beispiele seien vorerst einige Funktionen der Narben im Gemeinschaftsleben aufgezählt.

Der vorläufige Tod
Dieser Dagara-Jüngling (Burkina Faso) ist mit weißer Farbe bemalt, der Farbe des vorläufigen Todes, die seinem Zustand als zu Initiierenden entspricht. Der vorläufige Tod wird auf seinem Körper durch die Farbe der Trauer dargestellt. Doch hier geht es nicht um irgendeine Trauer! Es ist die Trauer des «weißen Kaolins», die Trauer, die den Weg zu neuem Leben öffnet, die den Menschen wiedergeboren werden läßt.

Die Trauer, die wiedergeboren werden läßt
Bei den Dagara (Burkina Faso) spielt sich die Initiation in einer Einfriedung aus Hirsestengeln ab, die für diesen Anlaß im Dorf errichtet und nach der Zeremonie zerstört wird. Ihre Form erinnert an die Wohnstätten der Ahnen. Sie stellt die Urgebärmutter dar, in welcher der zu Initiierende während einer gewissen Zeit die für seine Reifung notwendigen Kenntnisse erwirbt... Ohne sein Dorf verlassen zu müssen, wird der Neophyt dennoch abgeschirmt, völlig von seiner Gemeinschaft getrennt. Er muß sich, was sein Verhalten als auch seine Ernährung betrifft, an strenge Vorschriften halten.

Erste Etappe

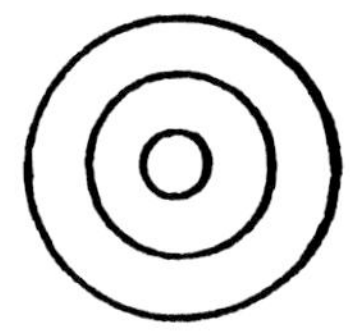

Insésé: «derjenige, der das Licht hat». Dieses Zeichen wird auf den Schläfen, Sitz der Intelligenz und des gesunden Menschenverstandes, aufgetragen. Es bedeutet, daß man nicht andere einweihen kann, ohne selbst aufgeklärt zu sein, und daß man nicht eingeweiht werden kann, ohne sich neue Kenntnisse erwerben zu müssen. Durch dieses Zeichen gelangt der Initiierte zum Licht des Wissens.

Zweite Etappe

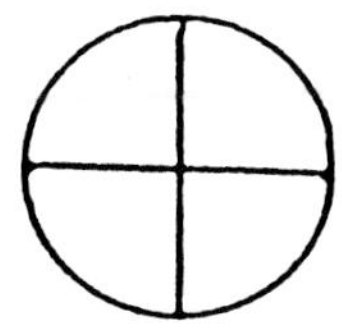

Yololo: Das ist der Name eines kleinen mythischen Tieres, das als Herr des Waldes gilt (von dem man aber nicht weiß, ob es wirklich existiert). *Yololo* ist Träger eines Geheimnisses, das nur ihm selbst bekannt ist. Dieses Zeichen wird auf den Nacken, Sitz der Klarsicht, aufgetragen.

Dritte Etappe

Ngando: Das ist der Name des Krokodils bei der Initiation, während es in der Umgangssprache *nkonde* genannt wird. Das Zeichen wird auf die linke Wade aufgetragen als Symbol der Hoden, die ihrerseits das Symbol der Männlichkeit sind.

Vierte Etappe

Weci: Gattungsname für die Gesamtheit der Geister. Das Zeichen wird auf die rechte Wade aufgetragen und symbolisiert ebenfalls die Hoden. Alle Geister haben so am Fortbestand der Gemeinschaft Anteil, indem sie über die Männlichkeit der fortpflanzungsfähigen Generation wachen.

Fünfte Etappe

Mbéki: «Das Tal» oder die Stelle, wo sich in einem Wasserlauf Wirbel bilden. Das Zeichen wird auf dem rechten Arm, nahe an der Schulter, angebracht. Es bedeutet, daß ein Mensch nach seiner Initiation an einem geheimen Ort geschützt, behütet ist. Aber auch, daß er in Geheimnisse eingeweiht worden ist, die er unter keinen Umständen weitersagen darf.

Sechste Etappe

Mbomba: Damit wird der Ort bezeichnet, wo man die schädlichsten Fetische aufbewahrt. Das Zeichen wird am rechten Arm angebracht und hat dieselbe Bedeutung wie das vorhergehende.

Siebte Etappe

Emumûmu: «Derjenige, dessen Name ich nicht aussprechen kann», das «Höchste Wesen». Dieses Zeichen wird auf dem Rücken, etwas über dem Podex, auf der Höhe der Nieren aufgetragen. Es ist das Zeichen der Stille, der Achtung vor dem Höchsten Wesen, dessen Namen nur zur rechten Zeit ausgesprochen werden darf. «Nur ein Verrückter kann dieses unbedingte Schweigegebot brechen», sagen die As'ohendo. *Emumûmu* ist das Symbol für den Schöpfergott, der alles hervorgebracht hat und dessen Sitz im Menschen der untere Teil des Rückens ist. Von einem impotenten Mann wird deshalb gesagt, er habe kaputte Nieren (der Rücken).

Die Körper-Symbole geben Auskunft über die Stammeszugehörigkeit der betreffenden Person

Dala kilim'bakikusa
gia bwol'bwa bini
de lo ngabyela!
Ich zeichne dich mit dem Zeichen deines Dorfes
ohne es würdest du verloren gehen
man würde dich nicht wiedererkennen
man würde nicht wissen, woher du kommst.

Diese Worte singt der Ngongo-Tätowierer, wenn er jungen Mädchen Narben einschneidet.

Die Narben geben Hinweise auf den Zivilstand

Bei den As'ohendo erhalten junge Mädchen auf dem Unterleib, zwischen Nabel und Schambein, eine Narbe in Form eines spitzen Winkels, die *lonkonkondo* genannt wird. Dieser Ausdruck ist von *nkondo*, «Bananenbaum» oder «Banane», abgeleitet und bedeutet «wie ein Bananenbaum». Das Symbol gehört zur Gruppe der *tondongo*, «das, was in Ordnung bringt». Damit bezeichnet man eine Reihe von Narben für junge Mädchen, durch die diese innerhalb der Gemeinschaft und aufgrund ihrer Stellung als Frau «eingeordnet» werden.

Diesem Symbol entspricht in der Natur der Bananenbaum, das Attribut für Weiblichkeit schlechthin. Für die As'ohendo ist er der Ort, wo der die Initiation der Mädchen lenkende Geist wohnt. Im allgemeinen erhält das junge Mädchen dieses Zeichen während der Verlobungszeit, wenn die erste Rate des Brautgeldes bezahlt ist. Es kann aber auch zur Zeit der Absonderung während der Initiation geschehen. Im ersten Fall ist *lonkonkondo* das Symbol für das weibliche Geschlecht: Das Mädchen, welches so gekennzeichnet wird, ist Frau, das heißt geschlechtsreif, bereit für die Ehe, geworden. Im zweiten Fall kommt zu dieser Grundbedeutung eine immerwährende Mahnung hinzu, die bei der Initiation in das Fleisch der jungen Frau eingeschnitten wird, daß sie sich nämlich, wie wir noch sehen werden, ihres Auftrags als Frau immer bewußt bleibt.

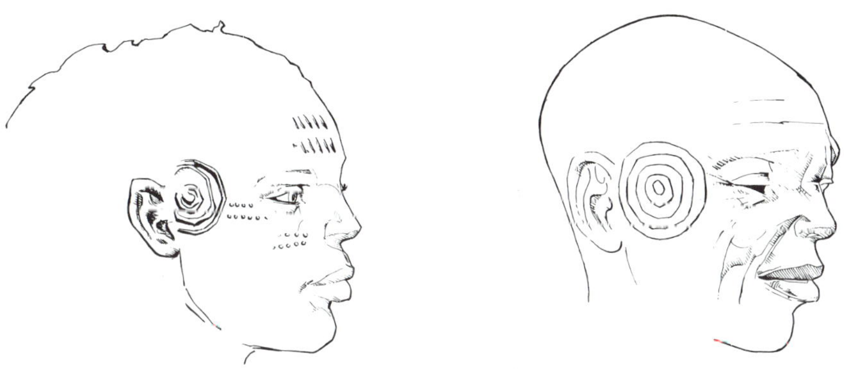

Bei den Bambole in Zaïre erhalten die jungen Mädchen während der Pubertät ein Zeichen auf die Waden, das von den Stämmen im Norden *eyokya soso* und von ihren Verwandten im Süden *eleko ya soso* genannt wird. Beide Ausdrücke bedeuten wörtlich übersetzt «Hennenfeder». Dieses Symbol soll diejenigen, die es sehen, insbesondere junge Männer auf der Suche nach einer Frau, darauf aufmerksam machen, daß die Mädchen, die es tragen, im heiratsfähigen Alter und noch frei sind.

Bei diesem Volk heiratet man exogam, was heißt, daß die jungen Männer eine Frau außerhalb ihrer Sippe freien müssen. Sobald die jungen Mädchen das Verlobungsalter erreichen, ist es deshalb Brauch, daß mehrere Dörfer gemeinsam ein großes Fest veranstalten, bei dem die jungen

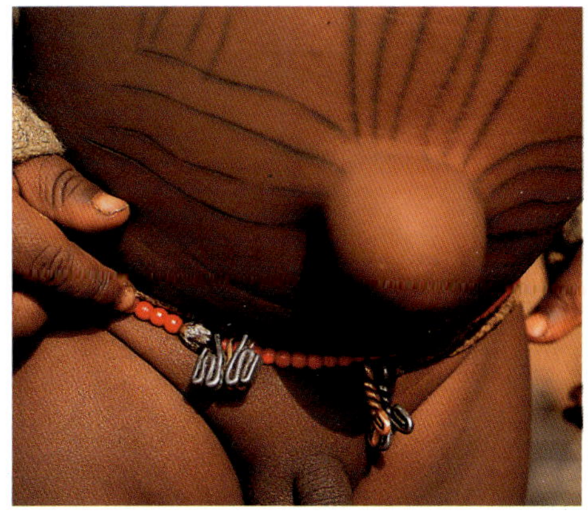

Zeichen, an denen man einen Menschen erkennt
Aus religiösen als auch medizinischen Gründen können Dagara-Kinder im Alter von drei oder vier Wochen auf ihrem Körper mit unvergänglichen Schmucknarben gekennzeichnet werden. Die Einschnitte werden üblicherweise mit einer Rasierklinge vorgenommen, die mit die Vernarbung beschleunigenden Substanzen behandelt wurde. Die Schmucknarben um den Bauchnabel herum sollen Infektionen verhüten, die durch eine unsorgfältige Abtrennung der Nabelschnur verursacht werden könnten.

Stammeszugehörigkeit
Die Yaelima in Zaïre machen ihre Stammeszugehörigkeit durch konzentrische Kreise sichtbar. Doch dieses Symbol wird nicht an einer beliebigen Stelle angebracht. Als Erkennungsmerkmal wird es in direkt sichtbare Körperteile wie Rücken, Wangen oder Schläfen eingeritzt. Konzentrische Kreise haben im allgemeinen eine vielfältige und reiche symbolische Bedeutung. Doch in diesem besonderen Fall sind sie bloß ein Zeichen, an dem sich alle diejenigen erkennen, die von ein und demselben Ahn abzustammen glauben.

Nächste Doppelseite:

Kahlgeschorene junge Initiierte
Vor der Heimkehr werden die jungen Initiierten gewaschen und anschließend als Zeichen dafür, daß sie ihre frühere Natur abgelegt haben, kahlgeschoren. Die hier abgebildete besondere Form dieser Rasur ist für die Peul in der Region Fouladou (Senegal) typisch.

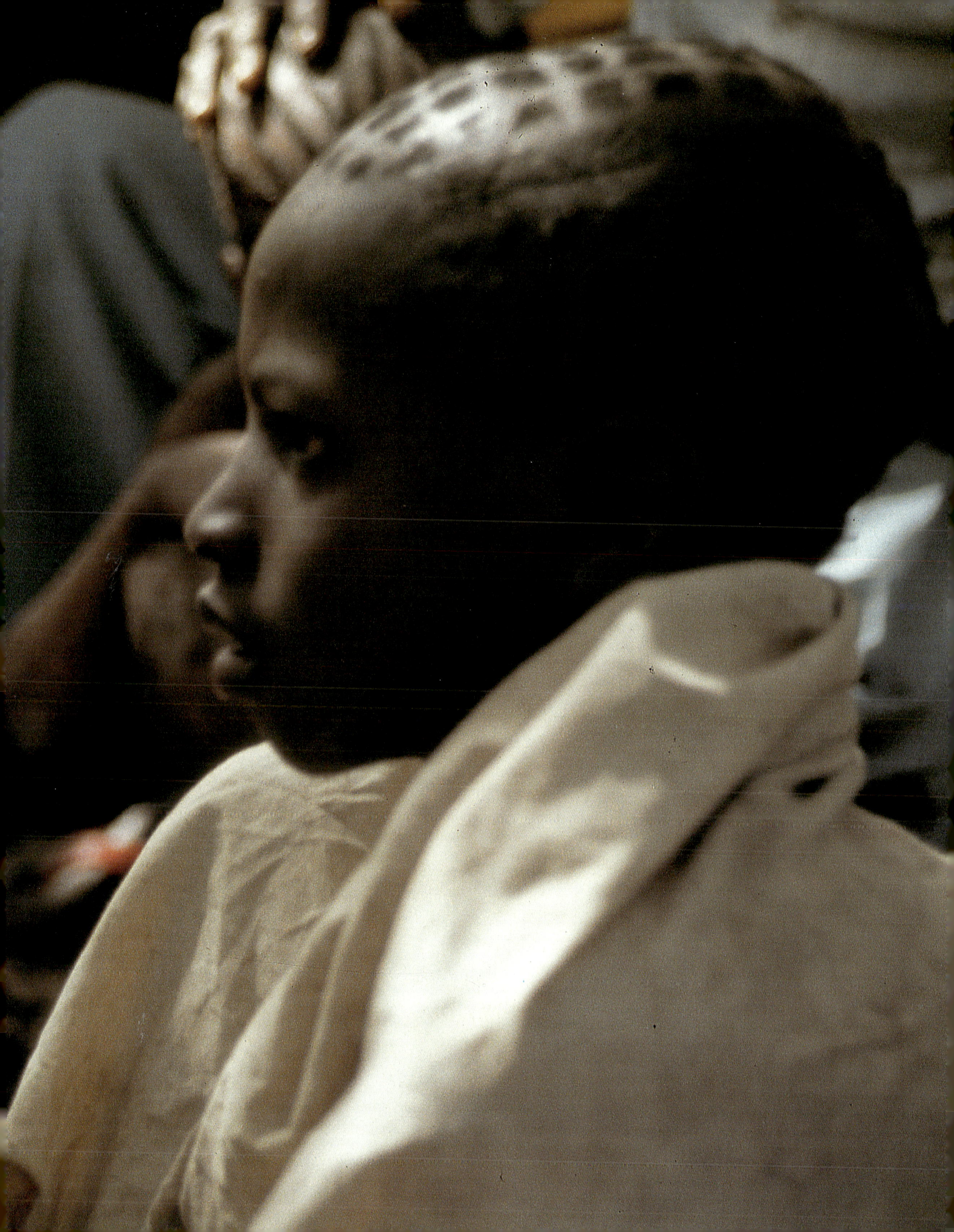

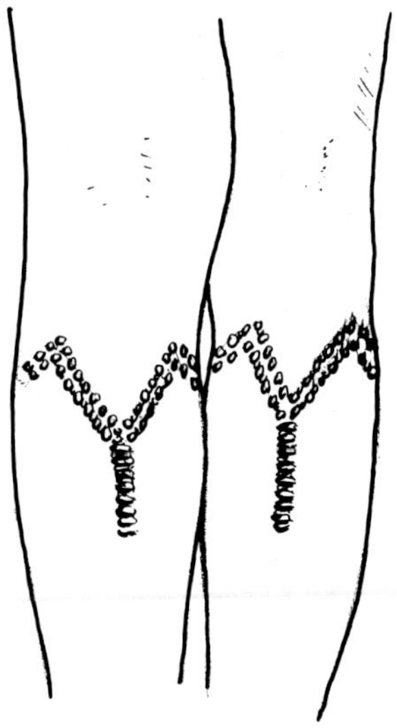

Frauen und die jungen Männer dieser Dörfer einander vorgestellt werden, so daß alle ihre Wahl treffen können.

Das Fest wird als Spiel organisiert, bei dem zwei Lager, im einen die jungen Frauen, im anderen die jungen Männer, einander gegenüberstehen. Die jungen Leute tanzen, oder die beiden Lager wetteifern untereinander mit Wortspielen, um so dem gegnerischen Lager Eindruck zu machen. Die jungen Männer tragen eine Feder in den Haaren.

Zu gegebener Zeit halten alle inne. Die beiden Lager wahren eine gewisse Distanz zueinander. Nun folgt eine wortlose, nur durch Gebärden ausgedrückte Liebeserklärung, die folgenden Verlauf nimmt: Wenn ein junger Mann, der sich verheiraten möchte, im andern Lager eine junge Frau entdeckt, die ihm gefällt, so nähert er sich ihr, nimmt die Feder aus seinen Haaren und legt sie dem von ihm auserwählten Mädchen auf den Kopf. Wenn dieses mit der Wahl einverstanden ist, behält es die Feder. Wenn es vom jungen Mann nichts wissen will, gibt es ihm die Feder zurück. Und dieses «Liebeserklärungsspiel» geht weiter, bis die Ältesten den Abbruch befehlen, auch wenn noch nicht alle einen Partner oder eine Partnerin gefunden haben. Dieses Fest findet immer dann statt, wenn die beteiligten Sippen ein Bedürfnis danach empfinden. Das Symbol «Hennenfeder» rührt somit von der während des Festes verwendeten Feder her.

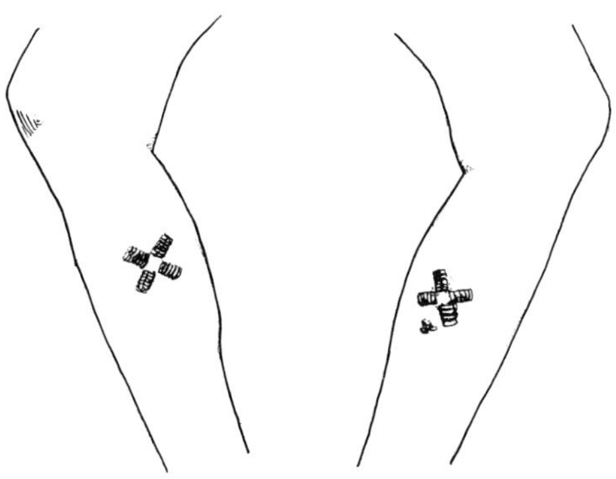

Die Körper-Symbole als Mahnung und Warnung

Die hier wiedergegebenen Symbole *akol'a koko,* «Beine der Ahnen», und *akwa,* «Pfeil», sollen, ebenfalls in der Mbole-Gesellschaft, dem jungen Mädchen fortwährend in Erinnerung rufen, daß sein Körper einer künftigen Frau und Mutter auch die Wohnstätte der Ahnen ist. Es muß somit deren Vorbild folgen und Hüterin der Mbole-Kultur sein. Ebenso bedeuten sie, daß sein künftiger Gatte den Ahnen genehm sein muß und daß diese ihm nur unter dieser Bedingung den größten Reichtum schenken werden, den eine Frau haben kann: eine wohlgeratene und wertvolle Nachkommenschaft. Sie mahnen schließlich die junge Frau, ihrem Gatten treu zu sein, ansonst ihre Beine zur Waffe (Pfeil) würden, die sie tötet.

Die Symbole verschönern den Körper und wecken Liebe

Eine ganze Reihe von Körper-Symbolen haben eine vor allem erotische Bedeutung. Sie heben sich im allgemeinen deutlich von der Haut ab, denn sie müssen für die Hand, die sie berührt, oder den Körper, der sich daran reibt, spürbar sein. Als ideale Körperteile drängen sich der Bauch, die Lenden, der Rücken, die Nierengegend und der Podex auf. Aber auch auf der Innenseite der Oberschenkel sind sie häufig zu sehen. Beim Geschlechtsakt verspürt der Mann bei der Berührung solcher Narben eine stärkere Erregung. Es kommt sogar vor, daß gewisse Symbole mit religiösem Sinn eine ausgesprochen erotische Nebenbedeutung erhalten, wenn sie an solchen Körperstellen angebracht werden.

Das gilt zum Beispiel bei den Baluba in Zaïre für die Raute (ob längs- oder quergestellt). Auf der Brust steht dieses Zeichen für Weiblichkeit im allgemeinen, ebenso für Ehe, Fruchtbarkeit, Mutterschaft, Nachkommenschaft und Fortleben der Gemeinschaft. Falls es an als erogen betrachteten Stellen eingeschnitten ist, wird es zusätzlich zum Symbol für die äußeren weiblichen Geschlechtsteile. Viele Bezeichnungen spielen auf diese Bedeutung an.

Wird die Raute in die Brüste eingeritzt, so wird sie vollständig mit kleinen abgehobenen Punkten gefüllt; sie heißt dann *tunkinda,* «kleine (Ratten-)Fallen». Da das männliche Geschlechtsorgan auf Ciluba in bildhafter Sprache als *ca mutu bu mpuku* bezeichnet wird, «das, was einen Kopf wie die Ratte hat», werden somit die weiblichen Geschlechtsteile mit einer Falle verglichen, die, wenn auch passiv, jede «Ratte» verschlingt, die sich ihr nähert. Wenn solche Rauten auf dem Bauch oder auf den Hüften eingeschnitten sind, so werden sie *tundobesha mesu a baluma* genannt, «das, was anzieht» oder «das, was den Augen der Männer schmeichelt»; ihr wichtigster Zweck ist es, die Augen des Mannes auf sich zu lenken und sein Verlangen zu wecken, denn derjenige, der sie sieht, wird seinen Blick mit Wohlgefallen auch über die anderen Körperteile schweifen lassen. Die Rauten zwischen Nabel und Schambein, auf den Hüften oder auf der Höhe der Brüste heißen schließlich *mpongo kedjeke-kedjeke. Mpongo* bedeutet «steiler Abhang» oder «Schlucht» und suggeriert die Vorstellung, daß keine Rückkehr mehr möglich ist, denn ein Mann, der sich auf diesen Abhang wagt, stürzt völlig ab; *kedjeke-kedjeke* ist ein lautmalerischer Ausdruck, der die von den Körpern und den Geschlechtspartnern während des Koitus erzeugten Geräusche nachahmt.

Neben solchen Funktionen im privaten und gesellschaftlichen Leben eines Menschen haben die Narben auch noch andere, und zwar insbesondere religiöse Bedeutungen.

Bei den Gbaya in Kamerun wird auf Verlangen der Eltern von der Hebamme oder dem Geburtshelfer beim Nabel des neugeborenen Kindes ein

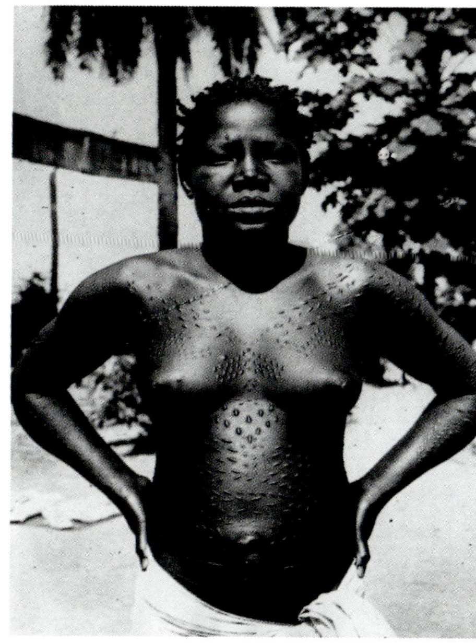

Erotische Symbole
Luba-Frau aus Shaba (Zaïre), deren Körper mit Schmucknarben bedeckt ist. Einige davon – auf den Weichteilen – haben eine erotische Funktion.

Das Zeichen des Python
Eine der Schmucknarben, die bei den Dagara (Burkina Faso) aus medizinischen und religiösen Gründen eingeritzt werden, ist breit und flach, und sie wird auf den Wangen angebracht. Die Kinder erhalten sie im allgemeinen in frühester Jugend. Es ist das Zeichen des Python, der mythischen Schlange, unter deren Schutz die Kinder gestellt werden. Oft kommt es vor, daß ein Säugling, der nach dem vorzeitigen Tod eines älteren Geschwisters zur Welt kommt, mit derselben Schmucknarbe versehen wird. In diesem Falle ist sie ein Zeichen dafür, daß das Kind in die Familie zurückgekehrt ist. Da die Kindersterblichkeit in diesem Volk sehr hoch ist, wird jedes Kleinkind als ein «Besucher aus dem Jenseits» angesehen, als jemand, der nach freiem Belieben zwischen den beiden Welten hin und her pendelt. Es wird deshalb mit einer Narbe gekennzeichnet, damit man es, falls es stirbt, bei der Wiedergeburt wiedererkennt.

Mukishi wa pwo
Maske mit weiblichen Gesichtszügen der Thucookwe (Zaïre, Angola), Wohnstatt der «mythischen Mutter», Frau-Geist, der Schönheit und Fruchtbarkeit verleiht. Frauen selbst benutzen sie nie. Ein Berufstänzer trägt sie bei bestimmten rituellen Zeremonien, denn durch den Mann kommt die Fruchtbarkeit zur Frau. Die senkrechte Linie auf der Stirn, die beiden parallelen Linien auf jeder Wange und ebenso die beiden Einschnitte auf dem Kinn sind Symbole der Stammeszugehörigkeit der Cookwe. Die Linie auf der Stirn steht für den dunklen Streifen auf dem Rücken, vom Schwanz bis zum Kopf, eines kleinen Savannen-Nagers (Dendromus pecilei), das Totemtier der Thucookwe.

Schnitt angebracht, der *gona kun ben,* «den Mutterkuchen abtrennen» genannt wird. Dieses erste symbolische Zeichen, das Menschen auf der Haut des Mitmenschen anbringen, hat den Zweck, das Kind von dem abzulösen, was die Gbaya als seinen Doppelgänger oder sein Zwillingsgeschwister betrachten, mit dem es den göttlichen Odem und das Leben gemeinsam hat; der Mutterkuchen muß deshalb so rasch wie möglich vom Neugeborenen abgetrennt werden, damit es den Odem, den es für sein Leben benötigt, allein für sich hat. Kurz nach diesem ersten Zeichen erhält der Säugling ein zweites, *kpotoro,* «soso lala», genannt, das aus einem kleinen Einschnitt unter dem rechten Auge bei Knaben und unter dem linken Auge bei Mädchen besteht. Das Symbol bringt, wie sein Name andeutet, die noch unorganisierte, ungeordnete, unbewußte Natur der Neugeborenen zum Ausdruck, die noch nicht alle für ihre Leben unerläßlichen Grundprinzipien empfangen haben.

Das folgende Beispiel zeigt eine symbolische Narbe mit religiöser Funktion, wie im Ohendo-Kulturkreis üblich. Die Symbole sind ausschließlich weiblich. Insgesamt stellen sie den Mythos des Mond- und Fruchtbarkeitsgeistes dar. Das Muster besteht aus zwei verschiedenen Kompositionen: *tondongo* mit fünf verschiedenen Zeichen, die zwischen Kehle und Hüften verteilt sind, und *angondo* mit drei verschiedenen Symbolen auf der

Das Zeichen der Schlange
Dieses Dagara-Kleinkind (Burkina Faso) hat um den Nabel herum Schmucknarben, die vor verschiedenen Übeln schützen. Ein kleiner Anhänger aus Tierhaut enthält Substanzen gegen die Malaria. Seine Schwester trägt auf der Stirn das «Zeichen der Schlange», eine breite und flache Schmucknarbe, die an den Python, den mythischen Ahn der Dagara, erinnert.

Vorderseite der Oberschenkel. Bei der Entzifferung und Deutung der Symbole ist diese Anordnung zu berücksichtigen. Auch die Beziehung zwischen den beiden symbolischen Kompositionen muß aufgezeigt werden, weil eine einheitliche Botschaft daraus hervorgeht.

Zuerst wollen wir kurz beschreiben, wie die As'ohendo solche Narben anbringen, denn nur so wird dieses einzigartige Beispiel in seinem sozialen Kontext verständlich. Die Narben haben nämlich einerseits eine erzieherische Aufgabe und heben andererseits die Bedeutung der Frau als Lebensspenderin hervor.

Die Kunst der Hautritzung bei den As'ohendo

Für die As'ohendo ist das Einschneiden von Narben eine Kunst und die Hautritzung eine Sprache.

Auf Lohehendo gibt es drei Wörter für die «Hautritzung» oder «Tätowierung»: *tondongo*, abgeleitet von der Wurzel *-long-*, was «schmücken, verzieren, zurechtmachen, in Ordnung bringen» bedeutet; man kann den Ausdruck mit «kleine Verzierungen, die schön machen und dafür sorgen, daß diejenigen, die sie tragen, in die Gemeinschaft eingeordnet sind» übersetzen; *angondo*, «Monde»; und *tonkenjo*, abgeleitet vom Stamm *-keny-*, «aufpeitschen, zum Bluten bringen», womit die kleinen Einschnitte gemeint sind, die man am Körper anbringt, um in heilender Absicht aufpeitschende Substanzen in ihn einzuführen.

Der Körper wird zu diesem Zweck in drei Abschnitte unterteilt: *oté la mpomo*, der obere Teil mit Kopf und Hals, *demba*, der mittlere Teil von den Schultern bis zu den Hüften, und *ekolo*, der unterste Teil von den Hüften bis zu den Füßen. Für jeden Teil gibt es mehr oder weniger besondere Typen von Narben.

Bei den Thucookwe
Cookwe-Frau aus Angola mit Stammeskennzeichen auf der Wange.

So können die *tonkenjo*, «das, was aufpeitscht», in allen drei Teilen vorhanden sein; die *angondo*, «die Monde» findet man vor allem im unteren Teil, bevorzugt auf den Oberschenkeln, und die *tondongo*, «das, was schmückt», im mittleren Teil. Die tieferen Gründe für diese Anordnung sind noch nicht bekannt. Die Narben im oberen Teil haben jedoch ganz allgemein eine ästhetische Funktion und kennzeichnen die soziale Stellung und die Zugehörigkeit zu einem Volk. Im mittleren Teil überwiegt der erotische Aspekt, insbesondere bei den Narben auf den Hüften und auf dem Rücken. Die Zeichen auf der Brust, um den Nabel und auf den Oberschenkeln betonen die spirituelle und religiöse Dimension. Man kann jedoch auf dem ganzen Körper Narben mit heilender Bedeutung anbringen, und zwar je nach dem Übel, das man zu beseitigen wünscht.

Wer nimmt die Hautritzungen vor?

Bei den As'ohendo wird die Person, die die Narben einritzt, *nkoci* genannt. Die aufpeitschenden und über den ganzen Körper verteilten *tonkenjo*-Narben können von einem Mann oder einer Frau, von einem Künstler, von jedem in der Kunst der Hautritzung bewanderten Menschen angebracht werden. Alter und soziale Stellung spielen keine Rolle, es zählen nur die Erfahrung und die Geschicklichkeit. Für die beiden anderen Arten, *angondo* und *tondongo*, kommt nur eine bereits initiierte Frau in Frage.

Die Kunst der Hautritzung erlernt man mit etwa 16 Jahren, während der Absonderung im Initiationslager oder im Alltagsleben, und zwar von Frauen und Männern, die in dieser Kunst Erfahrung haben.

Um eine Infektion der Wunden zu vermeiden, müssen sich sowohl die Frauen und Männer, die die Schnitte ausführen, als auch die Mädchen, an denen die Schnitte vorgenommen werden, an bestimmte Ernährungsvorschriften halten; 48 Stunden lang hat jede sexuelle Betätigung zu unterbleiben.

Wann und wo werden die Hautritzungen vorgenommen?

Die *tonkenjo*-Schnitte können während des ganzen Jahres ausgeführt werden, sowohl im Busch als auch in den Hütten, überall wo heiratsfähige Mädchen derselben Altersklasse wohnen. Der *angondo*-Typ ist auf die Zeit der Absonderung während der Initiationsperiode, also die Trockenzeit, beschränkt. Das läßt sich damit erklären, daß die Substanzen, die für die Vernarbung verwendet werden, nicht mit Regenwasser in Berührung kommen dürfen, weil dadurch ihre Wirksamkeit verloren ginge.

In welchem Alter werden Hautritzungen vorgenommen?

Die Narben sind Botschaften an bestimmte Altersgruppen. Die Hautritzungen erfolgen deshalb schrittweise, entsprechend der körperlichen Entwicklung des jungen Mädchens und seiner Stellung in der Gesellschaft. Eine obere Altersgrenze besteht nicht, wenn wichtige Ereignisse im Leben eines Menschen weitere Eingriffe erfordern. Die wichtigsten Zeitabschnitte für Hautritzungen sind jedoch bei den As'ohendo die folgenden:

tonkenjo mit ästhetischer Zweckbestimmung: 6 bis 13 Jahre;
tondongo «was in Ordnung bringt»: 14 bis 18 Jahre;
angondo «die Monde»: 19 bis 22 Jahre.

Innerhalb dieser großen Lebensabschnitte werden weitere Hautritzungen vorgenommen, die nichts mit dem Alter zu tun haben, sondern mit wichtigen individuellen Ereignissen innerhalb der Gesellschaft wie Verlobung, Bezahlung des Brautgeldes, Geburt des ersten Kindes usw. zusammenhängen.

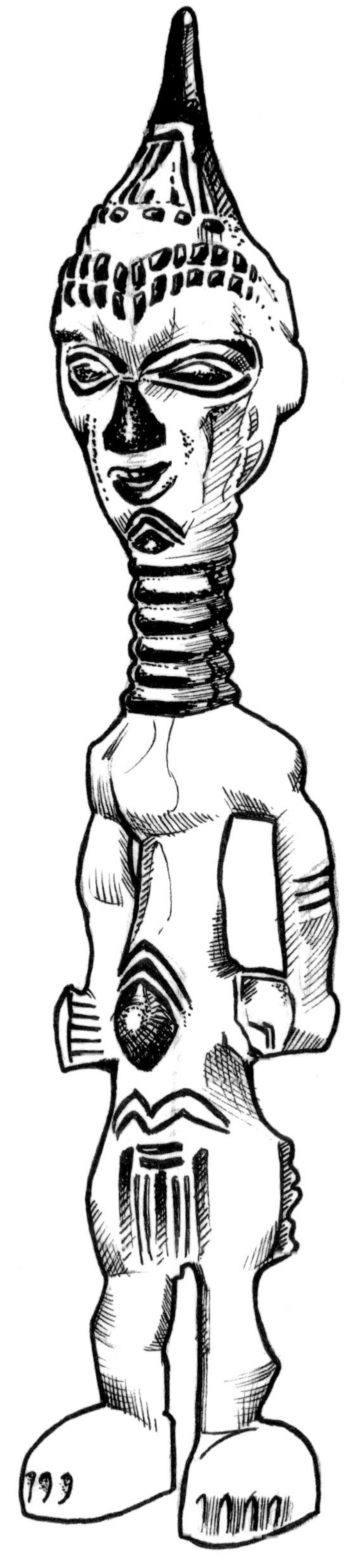

Der Nabel, Ziel besonderer Sorgfalt
Ob der eigene Körper mit Schmucknarben versehen wird oder ob die Symbole auf kultische Gegenstände übertragen werden, der Nabel ist eine der am besten geschützten Stellen am Körper, wie diese Kultstatuette der Luluwa (Zaïre) zeigt.

Der geweihte Körper der vollendeten Frau
Ob es sich um die geistige Reifung oder die Einordnung in die Gemeinschaft handelt, der Mensch vollendet sich schrittweise. Bei einer Ohendo-Frau hinterläßt jede Stufe der Entwicklung, wie eben gezeigt wurde, eine Spur auf ihrem Körper. Die folgende Analyse bezieht sich auf eine Reihe von Schmucknarben ausschließlich für Frauen, die den Idealzustand der vollendeten Frau erreicht haben. Zwei Arten von Narben gehören dazu: *tondongo,* «das, was in Ordnung bringt», *angondo,* «die Monde», und *nkombe.* Die Zeichen sind in zwei Etappen zu lesen.

Tondongo, «das, was in Ordnung bringt»
Zu dieser Gruppe von Hautritzungen gehören die folgenden fünf Zeichen:

1. *lowawale* «der Neumond»
2. *isuka-ntongu* «die Stütze des Nabels»
3. *towota* «Wohnstätte des Sohnes»
4. *longéngéndé* «die Reuse»
5. *lonkonkondo* «nach der Art des Bananenbaumes»

1. Das Wort *lowawale,* «der Neumond», ist von *bbale* abgeleitet, was «Herz», «mittlerer Teil der Brust» heißt und seinerseits vom Verb *-wal-* abgeleitet ist, was «plötzlich auftauchen», «erscheinen», «ein tiefes Gefühl zum Ausdruck bringen» bedeutet. Dieselbe Wurzel liegt den Begriffen *bbala,* «Hochzeit», und *waji (wal-i),* «Gattin», zugrunde. Das Symbol *lowawale* hat die Form der Mondsichel, beide Spitzen nach oben gerichtet. Sie wird gestützt von einer senkrechten Linie, die genau über dem obersten Punkt der doppelten Raute um den Nabel herum endet. Der «Neumond» wird in der Mitte der Brust, etwas unterhalb der Brüste, eingeritzt. Die senkrechte Linie teilt den Körper in der Mitte.

Der symbolische Inhalt dieser Darstellung ergibt sich aus dem Schöpfungsmythos der Ohendo, der sich mit dem Mond-Geist befaßt. Nach dieser Vorstellung lebt auf dem Mond ein Geist. Von ihm kommen die Kinder, aber er kann eine Frau auch unfruchtbar machen. Er kommt am ersten Tag des neuen Mondzyklus zu den Menschen und bestimmt, in Absprache

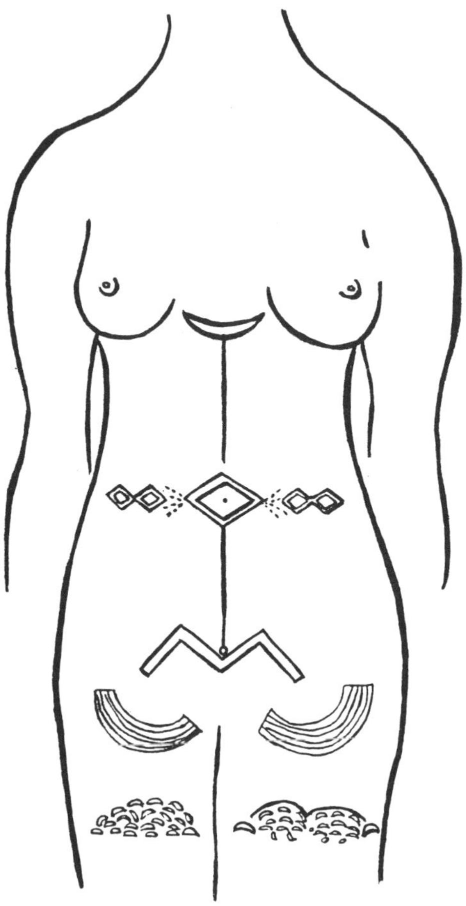

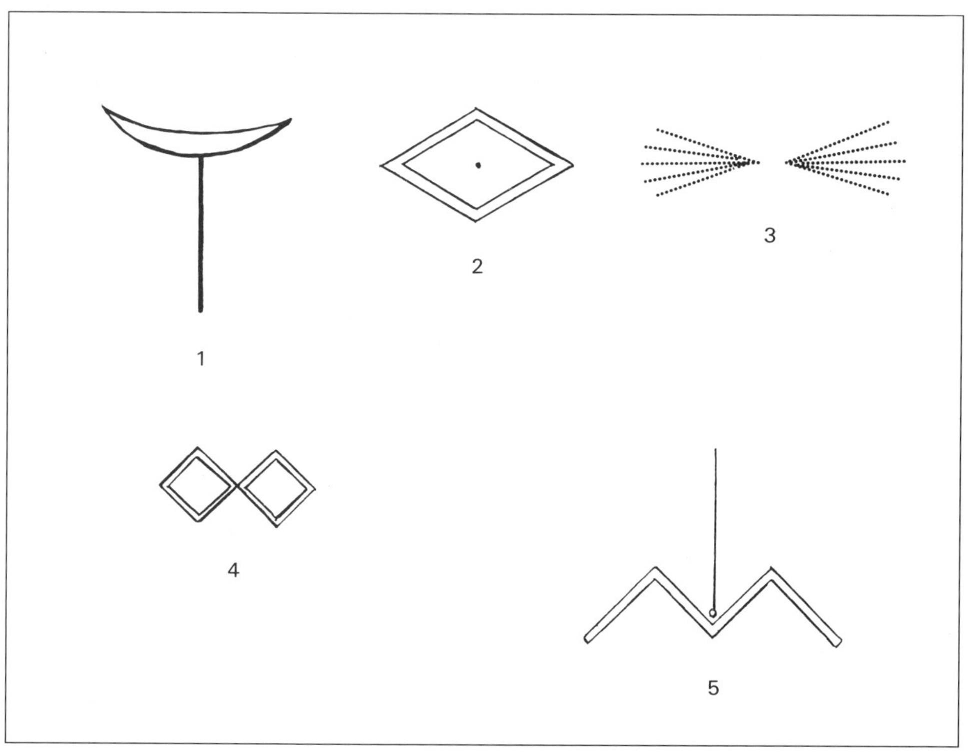

mit den Ahnen und den Naturgeistern, über das Schicksal jeder Frau in diesem beginnenden Monat.

Eben durch die Vermittlung des *lowawale* nimmt der Mond-Geist Verbindung mit dem jungen Mädchen auf, er identifiziert sich mit ihm, indem er es sich ähnlich macht, indem er also aus ihm eine Trägerin von Fruchtbarkeit, von Schönheit, von Liebe macht.

Doch eine wichtige Vorbedingung ist zu beachten: Das Mädchen muß sich durch einen untadeligen, rechtschaffenen Lebenswandel auszeichnen. Es muß in Einklang mit den sozialen Normen leben, wie sie durch die Gebräuche festgelegt sind, damit ihm die Gunst des Fruchtbarkeits-Geistes zuteil wird. Dafür steht die gerade Linie von der Mondsichel zur Raute. Da nämlich dieser Mond-Geist über alle mit der Fortpflanzung zusammenhängenden Tätigkeiten herrscht, kann er eine Frau fruchtbar oder unfruchtbar machen. Jedes unangebrachte Verhalten und jede Verfehlung gegenüber den Traditionen würde zu einem Bruch zwischen der Frau und dem Mond-Geist führen. Der Geist würde sich von ihr zurückziehen. Das meint das Sprichwort:

«Das Licht des Mondes ist verschieden,
je nachdem, ob man im Wald oder in der Savanne ist.»

Das Symbol *lowawale* soll schon in frühester Jugend eine Beziehung zwischen dem jungen Mädchen und dem Mond-Geist schaffen, damit es unter dessen Schutz steht und er ihm all das gewährt, was es braucht, um eine wahre Frau zu werden. Es mahnt die junge Frau fortwährend an den untadeligen Lebenswandel, der allein ihr die Gunst des Geistes bewahren kann. Ein Ohendo-Sprichwort sagt dazu:

«Wer das lowawale trägt, bringt gute Ordnung in die Welt.»

2. *isuka-ntongu*, «die Stütze des Nabels», ist aus zwei Wörtern zusammengesetzt: *isuka*, «das, was schützt», und *ntongu*, «Nabel». Die Wurzel *-tong-*, aus der *tongu* hervorgegangen ist, bedeutet «regnen, tropfenweise fallen, kontrolliert in Richtung eines zentralen Punktes zusammenstreben». Das Symbol besteht aus einer doppelten Raute. Teilt man die Figur waagrecht in der Mitte, so entstehen oben zwei gespreizte Männerbeine in sitzender Position und unten zwei Frauenbeine in gleicher Stellung, wobei Mann und Frau sich mit den Füßen berühren. Der Punkt in der Mitte stellt den Nabel dar. Die doppelte Raute betont das, was durch das erste Symbol angedeutet wurde, indem sie den einzigen für die Fortpflanzung der Art gestatteten Rahmen aufzeigt. Die senkrechte Linie des *lowawale* berührt die Raute nicht. Das bedeutet, daß der Geist nur im Rahmen der Ehe der jungen Frau wirksam beistehen kann. In der Mitte der Raute befindet sich der Punkt, der den Nabel darstellt, das Zentrum, in dessen Richtung alle für die Fruchtbarkeit günstigen Kräfte zusammenstreben, der Weg, durch den man in die Welt gelangt. Daher das Sprichwort:

lonjanja bango ntongu: «Menschsein beginnt durch den Nabel.»

Das Symbol *isuka-ntongu* ist das Versprechen, in der Ehe treu zu sein, und diese Treue ist die einzige Gewähr für die Gunst des Fruchtbarkeits-Geistes, der durch den Nabel in eine günstige Verbindung mit der Frau tritt. Das meint das Sprichwort:

ntongu lopfuke. K'inkéngéntê?
«Der Nabel ist eine Pforte. Und der Schlüssel dazu?»

3. Der Begriff *towota*, «Wohnstätte des Sohnes», weist auf den Brauch hin, daß eine Frau nach einer Scheidung oder nach dem Tode ihres Gatten, falls sie keine kleinen Kinder zu erziehen hat, bei einem ihrer Kinder, insbesondere bei einem ihrer Söhne wohnt.

Die Frau erhält diese Narbe nach der Geburt eines ersten Kindes. Die *towota* stellen somit die Kinder dar, die geboren werden sollen, sie sind ein Symbol für Nachkommenschaft.

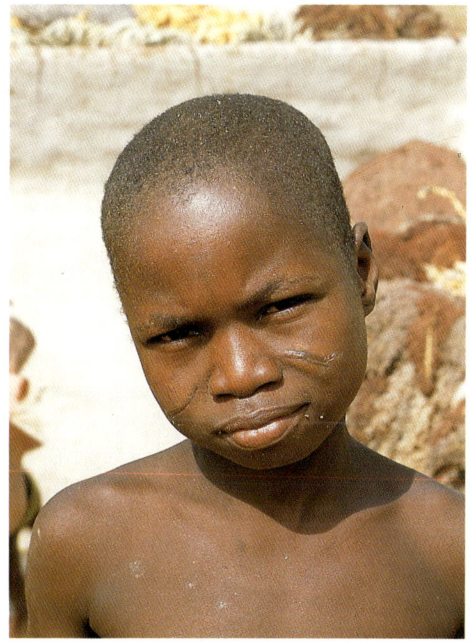

Bei den Dagara
Ein Dagara-Kind (Burkina Faso) mit schützenden und heilenden Schmucknarben auf den Wangen, Zeichen der mythischen Schlange.

4. *longéngéndé,* «nach der Art der Reuse», ist von *longende,* «Reuse», abgeleitet. Das Symbol besteht aus zwei doppelten Rauten, die sich an einer seitlichen Ecke berühren, und wird oberhalb der Hüften eingeritzt. Es ist eine Variante des *isuka-ntongu*-Symbols und stellt zweifach das Paar dar.

Die doppelte Raute steht für die Vereinigung des Mannes mit der Frau. Doch durch die Verdoppelung kommen zusätzliche symbolische Bedeutungen hinzu. Während die einfache doppelte Raute die Tatsache unterstreicht, daß man nur ein einziges Mal heiratet, weisen zwei doppelte Rauten darauf hin, daß eine Frau aus verschiedenen Gründen dazu gebracht werden kann, ein zweites Mal zu heiraten, zum Beispiel im Falle einer Verwitwung oder einer Scheidung. Solche Situationen sind freilich nicht wünschbar; wenn man sich einmal damit abfindet, so heißt dies nicht, daß es sich wiederholen soll. Eine Frau, die zweimal Witwe wird, wird *epelonyoi,* «der mörderische Oberschenkel», genannt, denn man nimmt von ihr an, daß ihre Scheide eine Art Säure enthält, die ihre Gatten beim Geschlechtsverkehr allmählich vergiftet hat. Und eine Frau, die mehr als einmal geschieden wird, heißt *eyak'awala,* «eine ständig Geschiedene». Beide Frauen haben kaum Aussicht, einen dritten Gatten zu finden.

Eine zweite Bedeutung dieses Symbols hat ihren Ursprung im Mythos von der Vereinigung der Frau mit dem Mond-Geist. Die As'ohendo glauben nämlich, jede Frau besitze zwei Gatten: einen menschlichen, den man kennt, und einen geistigen, der *weci,* «der Geist«, genannt wird. Dieser lebt tagsüber in ständiger Verbindung mit der Frau, denn er wohnt in ihrem Geschlechtsorgan. Nur in der Nacht überläßt er seinen Platz dem menschlichen Gatten, der dann normale geschlechtliche Beziehungen mit seiner Frau haben kann. Deshalb ist es bei den As'ohendo den Männern strengstens untersagt, während des Tages Geschlechtsverkehr mit ihren Frauen zu haben, denn sie würden Gefahr laufen, daran zu sterben, getötet von ihren eifersüchtigen Geist-Nebenbuhlern. Wenn ein Mann unerwartet stirbt, wird deshalb oft gesagt: *weci wonde lofulo,* «der Geist-Gatte seiner Frau ist zornig».

Eine dritte Bedeutung des Symbols ergibt sich aus seinem Namen, *longéngéndé,* «nach der Art der Reuse». Die Reuse ist ein besonders stabiles Hilfsmittel der Fischer, auch wenn sie schon stark beschädigt ist, lassen sich mit ihr noch Fische fangen. *longéngéndé* steht für die Arbeit, die von der Frau erwartet wird: Was sie durch ihre Arbeit hervorbringt, bedeutet Leben für die Familie und bewirkt Dauerhaftigkeit.

Das junge Mädchen wird bei seiner Verlobung mit diesem Symbol gekennzeichnet. Damit ist die folgende Botschaft verbunden: «Wenn du verheiratet bist, so verhalte dich würdig, damit du dich nicht durch aufeinanderfolgende Scheidungen lächerlich machst. Heirate nicht jemanden, der mehrfach geschieden ist oder mehrmals Witwer geworden ist. Wenn du möchtest, daß dein Gatte lange lebt, so sollst du niemals während des Tages Geschlechtsverkehr mit ihm haben.»

5. *lonkonkondo:* Dieses Symbol wird schon im Abschnitt über die gesellschaftliche Funktion der Hautritzungen kurz erklärt. Der Ausdruck bedeutet «nach der Art des Bananenbaums». Das Symbol wird so interpretiert, daß die beiden Hälften des Zeichens *isuka-ntongu,* der doppelten Raute, nicht mehr übereinander, sondern nebeneinander angeordnet sind. Eine senkrechte Linie, die mit einem kleinen Kreis endet, beginnt bei der Raute und hört unten vor der Mitte des *lonkonkondo* auf, wodurch eine Zweiteilung zustande kommt.

Weiter oben haben wir auf die Bedeutung des Bananenbaums bei der Initiation der Mädchen hingewiesen. Wenn die Mädchen bei Beginn der Initiation abgesondert werden, wird der Ableger eines Bananenbaumes gepflanzt; am Ende der Initiation werden die von diesem Bananenbaum

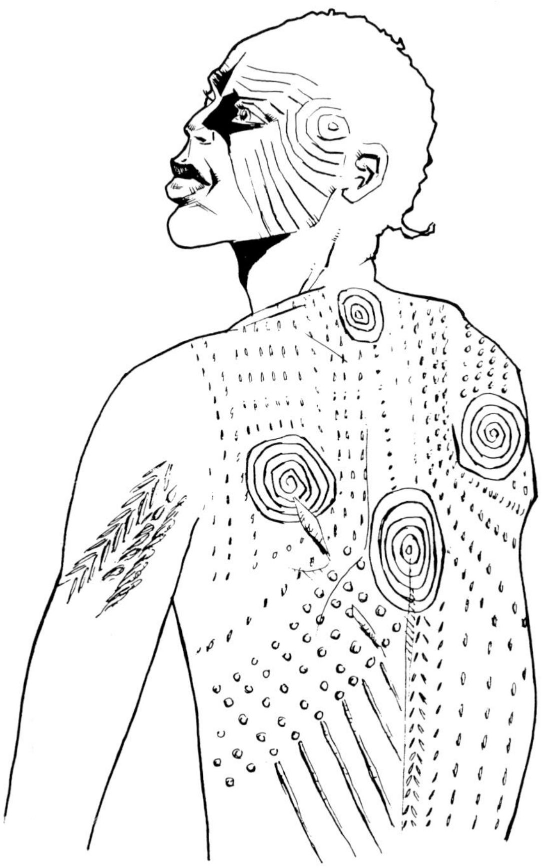

Bei den Yaelima
Yaelima-Mann (Lokari, Zaïre) mit Narben in Form konzentrischer Kreise, Zeichen seiner Stammeszugehörigkeit.

hervorgebrachten Früchte verzehrt; diese beiden Rituale stellen symbolisch das Verhalten dar, das von einem jungen Mädchen nach der Initiation erwartet wird. Die für die Initiation verantwortliche Frau ruft dies den ihr anvertrauten Mädchen mit folgenden Worten in Erinnerung:

«Du bist klein geboren worden wie dieser Ableger des Bananenbaumes. Du bist langsam groß geworden, so wie du den Bananenbaum hast wachsen sehen. Man hat sich um dich gekümmert, so wie du es mit dem Bananenbaum gemacht hast. Du siehst, bevor er stirbt, hat dieser Baum viele Früchte und Ableger hinterlassen, die ihrerseits wachsen werden... Dasselbe gilt für dich; bevor du stirbst, mußt du viele Kinder zur Welt bringen. Und damit dir das gelingt, mußt du alle Lehren beherzigen, die du bei dieser Initiation empfangen hast.»

Der als *tondongo* zusammengefaßte und im mittleren Teil des Körpers eingeritzte Zeichenkomplex besteht somit alles in allem aus fünf Symbolen, deren Bedeutung mit der Heirat, der Fruchtbarkeit und den geschlechtlichen Beziehungen zusammenhängt. Dargestellt wird jedoch nicht der ein für allemal vollendete Zustand, sondern etwas zu Verwirklichendes. Das gilt nicht für die *towota,* diese kleinen punktierten Linien, die nach einer ersten Geburt eingeritzt werden. Damit wollen wir zur zweiten Art von Hautritzungen übergehen, den *angondo,* «den Monden».

Angondo, «die Monde»

Die *angondo* genannte Gruppe von Schmucknarben hat der ganzen Komposition den Namen gegeben. Sie besteht aus zwei Symbolen: *angondo,* «die Monde», (6 und 7) das zweimal vorkommt, und *nkombe,* «die Verpflichtung in der Ehe». Diese Symbole werden auf der Vorderseite der Oberschenkel eingeritzt, zwischen Knie und Leistengegend.

Angondo ist in drei Varianten anzutreffen:

6. Das Symbol besteht aus zahlreichen kleinen Mondsicheln, die zu einem Halbmond angeordnet sind;

7. Die kleinen Mondsicheln nehmen die Form von zwei Schildkröten an, deren Schwänze miteinander verwachsen sind und die in entgegengesetzter Richtung blicken.

Mit der Form des Zeichens *angondo* verändert sich auch der symbolische Gehalt. Die einfachste Darstellung (6) symbolisiert die Menstruation. Im Fruchtbarkeitsmythos wird gesagt, das Menstruationsblut bestehe aus Unreinheiten, die durch Missetaten der Frau entstanden seien und die der unzufriedene Mond-Geist aus ihr ausstoße, weil sie die Frau daran hinderten, schwanger zu werden. Auf lolehendo läßt sich in mehreren Weisen ausdrücken, daß eine Frau gerade ihre Monatsblutung hat, etwa *«amena ngondo, ngond'ambowomaje»,* wörtlich übersetzt «sie hat den Mond gesehen (ist ihm begegnet), und er ist böse auf sie». Dadurch, daß man einem jungen Mädchen nach der Initiation dieses Symbol in den Oberschenkel einritzt, erinnert man es daran, daß es, falls es sich nicht richtig verhält,

Die Form der Symbole muß überliefert werden
Der Mensch bringt Zeichen auf seinem Körper an, um Zugang zum Sakralen zu erhalten oder um sich mit seinesgleichen zu verständigen. Damit diese Symbole die Zeit überdauern, überträgt er sie auf Gegenstände, die er mit seinen Händen formt. Ausschnitt aus einer Statue von Mutter und Kind der Luluwa (Kasayi, Zaïre).

nie schwanger werden kann und weiterhin alle Monate menstruieren wird.

Das Symbol enthält eine weitere Bedeutung: Es erinnert an «die Menge», «die Zahl». Im Zusammenhang mit dieser Hautritzung sind «eine große Anzahl Monate» oder «viele Monate» gemeint. Man bedeutet so der jungen Frau, sie müsse sich, falls nach ihrer Verheiratung mehrere Monate vergehen, ohne daß sie schwanger wird, Sorgen machen und zusammen mit ihren Eltern die Gründe für diese unerwünschte Situation suchen.

Die Variante 7 stellt Schildkröten dar. Dieses Tier ist das Symbol für Intelligenz und kommt deshalb in zahlreichen Erzählungen und Fabeln der Ohendo vor. Aus dem gleichen Grunde ist sie auch ein Symbol für die Frau im Hause. Von dieser erwartet man eine überlegte Führung des Haushalts.

Vor allem aber wird mit diesem Symbol auf die Bigamie angespielt. Die beiden Schildkröten, die in entgegengesetzte Richtung blicken, mahnen die junge Frau daran, sie müsse sich, falls ihr Mann eines Tages eine zweite Frau ins Haus bringe, immer vor Augen halten, daß diese ihre Feindin und nicht ihre Freundin sei und sie deshalb nie dasselbe wie diese tun dürfe: «Verhalte dich immer anders als die andere Frau. Hüte dich.»

8. *Nkombe*, «die Garantie, die Selbstverpflichtung». Dieses Symbol besteht aus sechs konzentrischen Halbkreisen und wird oben an den Oberschenkeln, bei den äußerlichen Geschlechtsteilen, eingeritzt. *Nkombe* ist abgeleitet vom Verb *-komb-*, das «bedecken, abschließen, unsichtbar machen» bedeutet, und läßt sich mit «das, was bedeckt», «das, was die Leere füllt» übersetzen. Man nennt es auch *ongonji*, «Treppe» oder «Leiter», aber nur im Rahmen der Initiation.

Das Symbol *nkombe* erhält eine junge Frau, die verlobt ist und für die das Brautgeld bereits entrichtet wurde, oder eine junge Braut am Tage ihrer Hochzeit. Es dient in diesem Fall als Schutz, denn es zeigt an, daß die so gekennzeichnete Frau nicht mehr frei ist, sondern schon einem anderen Mann versprochen oder angetraut ist. Es macht aber auch der jungen Frau bewußt, daß sie sich in einer neuen Situation befindet, die ein anderes Verhalten den Männern gegenüber nahelegt.

Nkombe ist auch das Symbol für Dankbarkeit und für den Wunsch nach Langlebigkeit. Die sechs Halbkreise stehen für die sechs vorausgegangenen Generationen, mit denen ein bestimmter Mensch verbunden ist, und ebenso für die sechs Generationen Nachkommenschaft, die, so wird gehofft, jemand erleben kann. In den meisten Fällen erhält eine Frau die Hautritzung *nkombe* aber erst nach ihrem ersten Kind. Wenn dieses ein Mädchen ist, so sind die sechs Halbkreise nach oben gerichtet, wenn es ein Knabe ist, nach unten. Das bedeutet, daß diese Frau die erste Stufe auf der Treppe ihrer Elternschaft und des Fortbestandes der Familie ist.

Für die Âs'ohendo haben die Narben vor allem eine religiöse Dimension, an der Mythen, Riten und Überzeugungen beteiligt sind. Sie erinnern nachdrücklich an die Eigenschaften einer guten Ehefrau, nämlich Fruchtbarkeit, guter Charakter, Intelligenz, Liebe für ihren Gatten, eheliche Treue und Festhalten an den Traditionen. Diese fünf Eigenschaften werden «die Finger» genannt, was den Ausdruck *«waji ndé kkaci», «die Gattin ist eine Hand»* erklärt.

Daraus ergibt sich, daß in Schwarzafrika die Hautritzungen nicht nur eine ästhetisch-erotische Funktion haben und die Zugehörigkeit zu einem Stamm sichtbar machen, wie man gemeinhin annimmt. Sie sind ein Kommunikationsmittel, eine Sprache, mit der man vielerlei Botschaften ausdrücken kann. Es gibt zwar, etwa bei den Baluba, Narben, bei denen Ästhetik und Erotik betont sind. Doch die meisten sind Träger von Überzeugungen, Lebensregeln und einfachen praktischen Ratschlägen, die im Alltagsleben gebraucht werden können.

Der Mensch und seine Gebärden [22]

Nachdem wir ausführlich über den symbolischen Wert gesprochen haben, den in Afrika alles haben kann, was mit dem menschlichen Körper zusammenhängt, sich von ihm ablöst oder ihn auf irgendeine Weise kennzeichnet, sei nun ein Wort zu den Gebärden, Stellungen, Haltungen im allgemeinen gesagt, also zu allen Bewegungen, die dieser Körper ausführen kann. Gewisse Gebärden und Bewegungen, gleichgültig ob erlaubt oder verboten, werden als Symbole interpretiert: Tänze, die die ursprünglichsten Körperbewegungen oder den Geschlechtsakt nachahmen, Gebärden mit den Armen, die den Seelenzustand (Traurigkeit, Freude, Trostlosigkeit...) zum Ausdruck bringen, ein Bauch, der sich unter den befruchten-

«Mit meinem auf dich gerichteten Finger
habe ich dich lebendig gemacht.
Jede Gebärde, die du von jetzt an setzest,
wird die Gebärde des Schicksals sein.»

Wasser für den Fremdling
Empfängt man einen fremden Gast in seinem Haus, so macht man ihn zu einem der Seinen. Zum Willkomm empfangen die Dagara (Burkina Faso) ihre Besucher mit einer Kalebasse, die ein erfrischendes Getränk enthält: Siedendem Wasser wird ein wenig Hirsemehl beigemischt.

den Strahlen des Mondes aufbläht usw. Die Gebärden verbinden, setzen Grenzen, verteilen und verändern Kräfte, beladen Orte und Dinge mit Energie, verändern die Natur und bringen den Menschen Heil oder Verhängnis. Durch sie werden tote Gegenstände lebendig, und sie werden in den Riten, bei denen man sich ihrer bedient, aktiv wirksam[23].

Wenn zum Beispiel die Baluba schwören oder Gott zum Zeugen anrufen, so berühren sie zuerst den Boden mit dem Zeigefinger, dann mit dem Mund, worauf sie mit dem gleichen Zeigefinger waagrecht über die Gurgel fahren und ihn zum Himmel heben. Und dazu rufen sie *«Nzambi!», «Im Namen Gottes!»*. Diese Gebärden bedeuten, diese Erde, die ich mit dem Finger berühre und die ich esse (die mir den Mund füllt), soll mir die Zunge verschlingen (mich meinerseits auffressen), und ich soll zu Tode kommen (durchgeschnittener Hals), falls das, was ich erzähle, vor Gott (zum Himmel gestreckter Zeigefinger) eine Lüge ist.

Die rituellen Gesten stehen in Beziehung zum menschlichen Körper und grenzen den Raum ab. Sie geben dadurch allem, was sich in diesem Raum befindet oder sich auf die beiden Pole *günstig/schädlich* hin bewegt, eine Richtung und eine Bedeutung[24]. Als Beispiele seien einige symbolische Gebärden in ihrem räumlichen Rahmen betrachtet.

Die vertikale Achse

Die Geste in der vertikalen Achse ist die ideale Gebärde: Sie verbindet die himmlischen Höhen mit der irdischen Tiefe und bestimmt den Ort der günstigen und der schädlichen Kräfte. In den meisten afrikanischen Ritualen ist die positive Geste nach oben gerichtet: zum Pol des Lebens, des Wachstums, der Kraft; die negative Gebärde aber nach unten: zum Pol des Todes, des Chaos, der Bedürftigkeit, der Schwäche. Die Gebärden, mit denen aufgehoben, in die Luft geschleudert, auf den Schultern getragen, ein Gegenstand in vertikaler Richtung geworfen und aufgefangen wird, können, wobei sie den grundlegenden symbolischen Sinn durchaus beibehalten, je nach Fall bedeuten: Verlangen nach ritueller Reinheit, Wunsch nach physischem Wachstum, Gebet, (positives) Gelübde. Die vertikale Gebärde von unten nach oben ist auch eine Geste des Überflusses, der Vervielfachung, in welcher der Wunsch des Menschen, der sie ausführt, zum Ausdruck kommt, daß sich der nach oben gehobene Gegenstand quantitativ und qualitativ vervielfachen, vermehren, vergrößern möge. Bei den Baluba zum Beispiel wird ein neugeborenes Kind nach dem Bad mehrmals in die Luft gehoben *(kusampula)* und so den höheren Geistern dargebracht: «Damit es wachse, die Welt und die mindernden Kräfte beherrsche.» Dann bläst man ihm in die Augen *(kupwinja)*, von links nach rechts und von rechts nach links: «Damit es seinen Blick auf das Universum öffne und sehend werde.» Anschließend bläst man ihm in die beiden Ohren: «Damit es sie den Geräuschen der Welt zuwende und höre.» Alle diese Gesten sind von Wünschen nach gutem Wachstum begleitet: «Halte durch! Öffne Augen und Ohren für die Dinge des Lebens.» Während der Segnungsrituale bei den Banyarwanda hebt der König nacheinander die zu sakralem Gebrauch bestimmten Gegenstände, etwa Körbe, Hacken und andere Geräte für die rituelle Bodenbearbeitung, in die Höhe, um sie zu heiligen[25].

Die Frontalebene

Diese Ebene der Ausgewogenheit ist die des Menschen, der mit dem Körper anliegenden Armen aufrecht und bewegungslos dasteht und seine Energien gleichmäßig auf die rechte und die linke Seite verteilt hat. Die Frontalebene unterscheidet sich von der durch sie hindurchgehenden vertikalen Achse in eben dieser beidseitigen Verteilung der Kräfte. Die dem Manne zugeordnete rechte Seite ist, in dieser Ebene, die Seite der Kraft, der Reinheit, des Besseren, während die der Frau zugeordnete linke Seite die der Schwachheit, der Unreinheit, des weniger Guten ist. Doch diese Schwachheit macht sie auch zur Seite der Zärtlichkeit und der Geborgenheit, weil sie der Mutter zugeordnet ist. Diese Aufteilung ist derart allgemein, daß in den meisten afrikanischen Sprachen die linke Seite wörtlich mit «schwache Seite», «Seite der Schwachheit», «weibliche Seite» oder «Seite der Frau» übersetzt wird, während die rechte Seite «starke Seite», «Seite der Stärke», «männliche Seite», «Seite des Mannes»... genannt wird. Solche Stärke und solche Schwäche sind im Arm konkretisiert: «rechte Seite» ist gleichbedeutend mit «starker Arm», «männlicher Arm», «linke Seite» hingegen mit «schwacher Arm», «weiblicher Arm» usw.

Bei den Völkerschaften in der zaïrischen Kasaï-Region wurde beispielsweise ein linkshändiges Kind während langer Zeit als ein Unglück für die Familie betrachtet. Und die Eltern unternahmen alles, um diesen «Mangel» zu korrigieren: Strafen, Verspottung, Gewichtsstein am linken Handgelenk, damit das Kind sich dieser Hand nicht mehr bedienen konnte. Die jungen Mädchen werden dazu erzogen, daß sie als unrein empfundene Tätigkeiten, beispielsweise die Intimpflege, mit der linken Hand ausfüh-

Die Geste des Uranfangs
Tanzen bedeutet für die Ewé (Togo), die Sonne zum Drehen zu bringen. Wie die Erwachsenen, die in Blätter des Bananenbaums gekleidet sind, Symbol für den ewigen Neubeginn und die Verbindung mit den Ahnen, vollziehen auch die Kinder diese Geste des Uranfangs, aber mit Federn in den Haaren, Symbol für die Austragung in der Gebärmutter und das Leben vor der Geburt.

ren; essen, ein lebensnotwendiges Tun schlechthin, und grüßen (Leben, Wohlergehen schenken, Austausch von Energien) sind hingegen Tätigkeiten für die rechte Hand.

In der Heilkunst werden die meisten Handlungen, die heilen sollen, mit der rechten Hand ausgeführt. Wenn bei den Bayansi in Zaïre ein Kind mit einem Husten zur Welt kommt, so wird es einem Ritual unterzogen, das es aus der Welt der Geister, aus der es kommt, loskaufen, losreißen soll, damit es in der Welt der Lebenden Halt findet: Schon am Tag der Geburt bindet ihm der Fachmann für dieses Ritual ein rotes Band mit einem Geldstück darin um den rechten Arm[26]. Dieser Arm «der Kraft» erhält so mittels der roten Farbe das durch das Ritual «erkaufte» Leben.

Die der *rechten* und der *linken* Seite zugesprochenene Attribute *Kraft/Schwachheit* haben gewisse Völkerschaften dazu bewogen, den linken Arm zu verstärken, um den betreffenden Menschen beidseits seiner vertikalen Achse ins Gleichgewicht zu bringen. Die Banyarwanda nehmen diese Stärkung so vor, daß sie einen Knochen von der linken Körperseite eines Stiers am linken Arm der zu stärkenden Person festmachen. Durch dieses Ritual empfängt dieser Mensch die Kraft eines ganzen Stiers[27].

Die horizontale Achse

Sie ist die Achse der Erdoberfläche, des Raums, in dem sich das menschliche Leben abspielt, aus dem alle Gesten, alle Symbole hervorgehen, die das Menschenwesen benötigt, um zu leben, zu überleben, sich zu schützen, sich mitzuteilen... Sie ist die Bezugsachse, auf die der Mensch alles zurückführt und von der er selbst ausgeht, wenn er zu den anderen hingeht, wenn er sich dem Kosmos zuwendet und zu ihm in Beziehung tritt. In der horizontalen Achse spielen sich die beiden großen Ereignisse vom

Der Fruchtbarkeitskult
Die Frauen aus dem Dorf Agou Avedje (Togo) tanzen während des Festes der Ölpalme im Kreis. Dieses Fest gehört zu einem Fruchtbarkeitskult, denn für die Ewé ist die Ölpalme das Symbol für Leben. Alte Sagen wissen zu berichten, diese Palme habe dem Menschen das Geheimnis des Feuers enthüllt.

Anfang und Ende des Seins ab: Der Geschlechtsakt, der durch Zeugung das Eintreten in das Leben ermöglicht, und der Tod, dieses Austreten aus dem Leben, das von einem für immer ausgestreckten, daliegenden Körper vollzogen wird. Deshalb wird sie als die «vereinigende» Achse aufgefaßt, die das unterirdische Universum mit dem All über der Erde verbindet. Sie «verschweißt» die drei Welten, die abgründige Welt der Ahnen, die Erde der Menschen und die Sonnenwelt Gottes und der höheren Geister, und verbindet sie unzertrennlich miteinander.

Die Bewegung des Stürzens, die unausweichlich zu einer horizontalen Stellung führt, kann verschiedene Bedeutungen haben, je nachdem ob es sich um eine Person oder um einen Gegenstand handelt, je nach der Art der Energie (positive oder negative Anziehung), je nach Ort des Sturzes oder der Art des Stürzens. Wenn gewisse Gegenstände zu Boden fallen, zum Beispiel die Pfeife bei den Baluba, Luluwa und Banyarwanda, so fürchten sich die Menschen, denn dieses Ereignis entfesselt unterirdische Energien, die dem Leben feindlich, schwierig unter Kontrolle zu bringen und immer zum Zuschlagen bereit sind. Der Sturz eines erwachsenen Menschen wird in vielen Fällen als ein schlechtes Omen, ein Vorzeichen des Todes, betrachtet. Bei den Bakaya und Baluba muß der gestürzte Mensch sofort mit einer Beschwörungsformel reagieren, oder eine Person, die der Szene beigewohnt hat, muß einen beliebigen Gegenstand opfern, der symbolisch das Leben des Gestürzten zurückkauft.

Wenn die stürzende Person oder der fallende Gegenstand den Boden berühren, so hat das beinahe immer eine unheilvolle Bedeutung. Fällt der Gegenstand hingegen auf etwas, das ihn daran hindert, den Boden zu berühren, so kann der Sturz günstige Auswirkungen haben. Als positiv gilt etwa bei den Banyarwanda und den Baluba der Sturz in ein Gefäß, das Nahrungsmittel enthält. Auch die Art des fallenden Gegenstandes kann einen Sturz zu etwas Positivem machen, so beispielsweise bei einer Kur, wenn das Übel aus dem Körper des Kranken «herausgezogen» wird: Man verjagt es, man entfernt es, man bringt es wortwörtlich «zu Fall».

Abschließend sei darauf hingewiesen, daß sich die horizontale und die vertikale Achse zur Wegkreuzung, zum Kreuz, zur Mitte verbinden. Mit diesen Begriffen ist eine eigene Symbolik verbunden, auf die später zurückzukommen sein wird.

Die Sagittalebene

Die Sagittalebene geht durch das Gesicht und den Rücken der Person. Zu ihr gehören, mit anderen Worten, *vor/hinter, vorwärts/rückwärts, innen/außen, Vorderseite/Hinterseite*. Viele rituelle Gebärden haben ihren symbolischen Ort in dieser Ebene: Gesten, durch die eine Energie in Gang gesetzt wird, eine Richtung erhält, ihre Richtung verliert... Je nach dem anvisierten Gegenstand ist sie günstig oder unheilvoll.

Nach vorne kann man die Geste des In-Schwung-Bringens machen: «vorwärtstreiben», «voranbringen», «vervielfachen». Doch die meisten Gebärden in der Sagittalebene haben schädliche, zerstörerische Wirkungen. Bei den Baluba zum Beispiel begleitet ein Vater, der sein Kind verwünscht, seine Worte mit der Geste des Sämanns, also mit einer Bewegung, durch die der Arm nach vorne geworfen wird und sich gleichzeitig die Hand öffnet. In einem solchen Fall bedeutet die Gebärde «Aufgabe», «Verbannung», «Ausschluß». Verschmutzte oder unheilbringende Gegenstände werden fortgeworfen, in einen Fluß oder anderswohin, um beseitigt zu werden. Eine Verwünschung wird dem Opfer in das Gesicht geschleudert, eine Krankheit dringt immer von vorne in den Körper ein. Doch alle diese verhängnisvollen Ereignisse können vermieden, abgelenkt, unschädlich gemacht werden, wenn man sie kommen sieht.

Das Haus, eine Ausscheidung der Erde
Das Volk der Dogara (Burkina Faso) betrachtet die Erde als unantastbares und ausschließliches Eigentum von Têgan, dem Schutzgeist dieses Gebietes, der den Boden den Menschen zur Verfügung stellt. Die Erde ernährt den Menschen durch die Vegetation, die sie aus sich hervorbringt. Sie gewährt dem Menschen Schutz, solange er lebt, und bietet sich ihm als letzte Heimstätte für seinen Körper an. Die Erde ohne gültigen Grund zu verletzen, wäre deshalb eine schwerwiegende Übertretung, die unberechenbare Folgen nach sich ziehen kann. Will man die «Erdkruste aufkratzen, um seinen Lebensunterhalt aus ihr zu ziehen», so muß man die Erlaubnis des Geistes Têgan einholen und ihn um Nachsicht bitten. Eine solche Geisteshaltung, die eine Bearbeitung des Bodens als einen Schlag gegen die höheren Mächte betrachtet, hat zur Folge, daß einem Hausbau immer ein Wiedergutmachungsritual (Gebete, Opfer...) vorausgeht, das vom Têgan-sob, dem Priester des Têgan-Heiligtums, ausgeführt wird. Dieser ist ein direkter Nachkomme des ersten Menschen, der diesen Ort in Besitz genommen hat. In einer solchen Weltanschauung wird die Behausung des Menschen nicht von außen auf den Boden gestellt, sondern sie ist eine Ausscheidung der Erde, etwas aus ihr Herausgewachsenes und unzertrennlich mit ihr Verbundenes.

Der Gegenstand als Garant des Überlebens
Mit seinen Händen begann der Mensch, Erde zu Gegenständen zu modellieren, denen er eine symbolische Bedeutung verleiht. Jeder Haushaltvorstand der Dagara (Burkina Faso) ist gehalten, einen Getreidespeicher zu errichten, um das Überleben seiner Familie zu sichern. Dieser Dagara-Speicher, eine Art riesiger Topf, wird aus mit Strohhalmen vermischter Erde hergestellt.

Im Rücken hingegen kann man «verstecken», um etwas vor dem bösen Blick, vor schlechten Einflüssen, vor haßerfüllten Augen zu schützen. Doch die rituelle Geste des Hinter-den-Rücken-Werfens kann auch bedeuten «nach hinten abschieben», «zur Ausschußware legen», «brechen mit». Sie konkretisiert sich zum Beispiel darin, daß man rückwärts geht, sich weigert umzukehren, daß man hinter dem Rücken durchgeht, daß man etwas verkehrt öffnet oder in der Hand hält. In seinem bereits erwähnten Werk schreibt Edouard Gasarabwe über das Ritual der letzten Waschung bei den Banyarwanda:

«Die Frauen, die den Körper eines Verstorbenen als letzte Waschung salben, bewegen sich rückwärts auf die Leiche zu, vollziehen die rituellen Salbungen mit vom toten Körper abgewandten Augen und gehen schließlich zuletzt mit dem Rücken zum Leichnam aus dem Raum.

Und doch war der Mensch, dessen Anblick unrein macht, früher ein geliebtes Wesen, bisweilen ein naher Verwandter, dem die anwesenden Lebenden über viele Generationen hinweg als Vater, als Ahn Dank schuldig sind.

Der Kontakt durch die Hände könnte auch eine rituelle Verunreinigung verursachen, doch die verwendeten Materialien, Kuhmist oder Butter in den rwandischen Bestattungsbräuchen, werden deshalb geweiht, damit keinerlei unreiner Rest den Lebenden etwas anhaben kann. [. . .]

Rückwärts gehend ziehen sich die Frauen zurück, ohne ‹den Tod geschaut› zu haben... Dahinter steht nicht die Vorstellung, dieser Tod würde ihnen dorthin folgen, wo sie unmittelbar danach leben werden, denn sie benötigen keine besondere Reinigung außer derjenigen, der sich alle Mitglieder der Familie unterziehen müssen.»[28]

Wenn eine Person in der Fremde stirbt, so schneiden ihr die Baluba und die Luluwa bei der Totenwaschung einige Haarbüschel und Fingernagelstücke ab, die man in das Gebiet ihrer Herkunft zurückbringt. Diese als die Seele des Verstorbenen betrachteten Gegenstände werden der ihm am nächsten stehenden Person anvertraut. Diese trägt sie weg, ohne sich umzukehren, und geht nicht mehr zu diesem Ort der Trauer zurück. Diese Geste, nicht nach hinten zu schauen, bedeutet, daß die Seele des Verstorbenen, welche die Mittelsperson begleitet, wohlbehalten am Ort ihrer Bestimmung angekommen ist. Sich umzukehren würde bedeuten, daß man

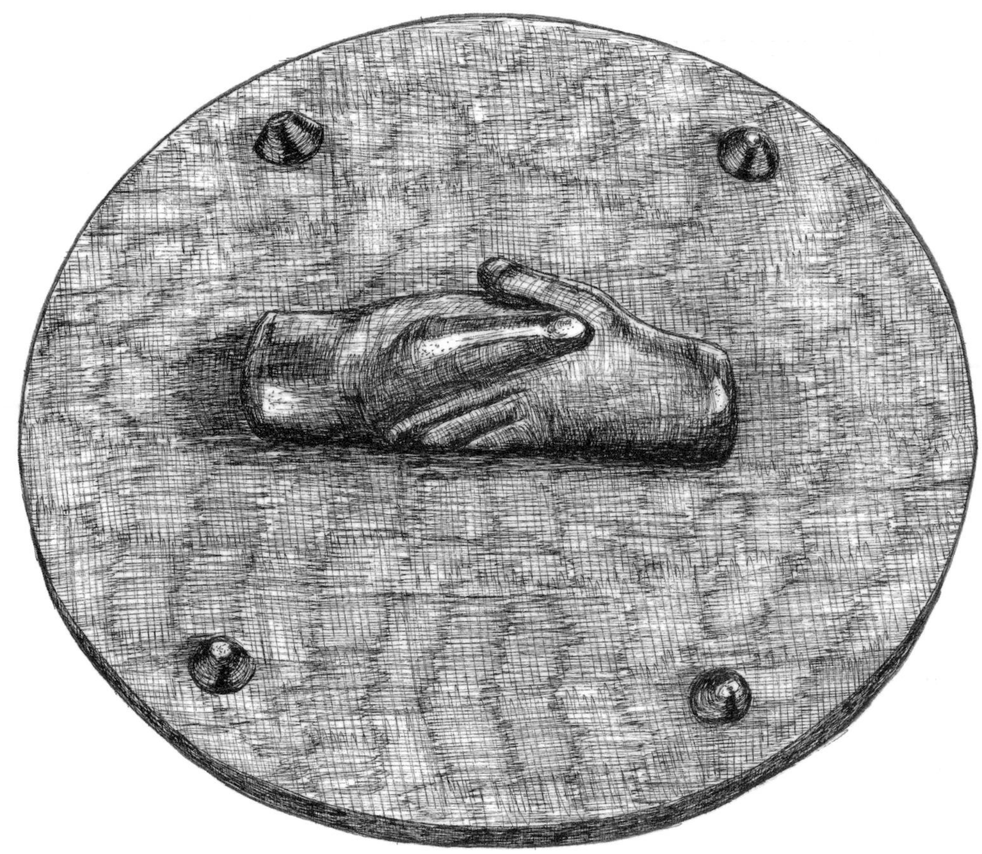

Sprichwort-Deckel der Bawoyo (Zaïre, Angola): «Es ist abgemacht, wir werden vereint sein»
Die Ehe ist ein sakraler Akt. Es ist wichtig, daß man sein «Ja» mit einer gebührenden Geste sichtbar macht. Das Hauptmotiv dieses Deckels sind die beiden sich haltenden Hände, die an das Sprichwort erinnern:
«Simbana, katubikana ko.»
«Halten wir uns fest aneinander, trennen wir uns nicht.»
Was das Leben bringen wird, ist nicht voraussehbar. Eines Tages begegnet ein junger Mann einer jungen Frau. Sie gefällt ihm, in ihm keimt der Gedanke an ein gemeinsames Leben. Schließlich teilt er sich der Frau mit. Die Zeit verstreicht. Und siehe da, eines Tages erhält der junge Mann ein Geschenk, eine Mahlzeit in einem mit dieser Holzscheibe zugedeckten Gefäß. Die Antwort der jungen Frau. Die Zustimmung: «Von jetzt ab gehen wir Hand in Hand, wir werden eins sein.» Die Antwort wird bestätigt und verstärkt durch die weiteren Motive auf dem Deckel: Vier Kugeln, jede für einen Berg stehend. Sie erinnern an ein Sprichwort:
«Myongo ya myongo podi dengana ko Maazi banthu limoongo dengana.»
«Die Berge kommen nie aufeinander zu, aber lebendige Menschen kommen am Ende immer aufeinander zu.»
Insbesondere wenn sie füreinander bestimmt sind! Dieser Sprichwort-Deckel und die darauf dargestellten Motive sind das Symbol der Selbstverpflichtung.

diese Seele von sich löst, daß man sie am Todesort zurückläßt und dadurch zu einem ewigen Herumirren verdammt.

Das letzte Beispiel kommt von den Fe'efe'e in Kamerun. Es handelt sich um ein Reinigungsritual nach einer Übertretung von Verboten:

«Die Reinigungszeremonie findet zu später Stunde in der Nacht auf einer großen öffentlichen Straße statt. Die Person, die sich der Reinigung unterzieht, bringt ein Ei, einige Kauri-Schnecken und eine mit Wasser gefüllte neue Kalebasse mit. Sie entledigt sich aller Kleider. Der Mann, der die Reinigung vornimmt, schlägt das Ei auf ihrem Kopf auf und gießt Wasser aus der Kalebasse darüber. Während der Verunreinigte sich wäscht, spricht der Offiziant die reinigenden Worte. Die Person, die die Übertretung begangen hat und jetzt ihre Verunreinigung losgeworden ist, muß nach Hause zurückkehren, ohne nach hinten zu blicken. Der erst Mensch, der am Ort dieses Rituals vorbeikommt, trägt die ganze Unreinheit des anderen mit sich fort.»[29]

Der Mensch und sein Wort

Für den Menschen als Glied der Gesellschaft und für den religiösen Menschen in Afrika ist die Sprache wie die Zeugung oder der Tod ein Mysterium. Sie ist das Urprinzip des Lebens. Sie aktiviert alle im Menschen vorhandenen guten und schlechten Kräfte. Auf Ciluba ist das Nomen *mwaku (mu-aku),* das «Wort» bedeutet, von der Wurzel *-ak-* mit dem Sinn «verwandeln», «den Zustand ändern», «sichtbar machen» abgeleitet. Auf Fulfulde, das in Mali gesprochen wird, heißt das Wort *haala;* seine Wurzel *-haal-* bedeutet «Kraft verleihen», «materialisieren». Schon früher haben wir mehrere Schöpfungsmythen und -erzählungen kennengelernt, in denen der Ursprung der Sprache in die Zeit der Erschaffung des Menschen verlegt worden ist, als der ewige und unerschaffene Schöpfergott dem Menschen die Sprache als einen Teil seiner selbst zum Geschenk machte.

Von da her gesehen gehört das Wort zu den bevorzugten Vermittlern des Sakralen. Es kann auf alles einwirken, um Gutes oder Böses hervorzubringen, um das, was ist, zu verwandeln, um Grenzen zu setzen, um Leben zu spenden oder Tod zu bringen; die Sprache ist, kurz gesagt, handelnd. Wird sie in Ritualen eingesetzt, so zielt sie immer auf einen klaren Zweck ab.

Der Spiegel-Nabel
Mit seinem Spiegel-Nabel steht Khosi verschiedenen Riten vor, mit denen das Übel abgewendet wird: Exorzismus, Vertreibung von Wahnvorstellungen, Reinigung nach einer zerstörerischen Verwünschung, Schutz vor einem Tod durch Gewalt oder Unfall (Herztod, Blitz, Ertrinken) und andere mehr. Dem Spiegel an der Stelle des Nabels kommt symbolisch die Rolle zu, daß er alle bösen Kräfte, die solches Übel auslösen, dorthin zurückschickt, woher sie kommen. Der Nabel ist ein strategisch bedeutsamer Punkt des Körpers. Durch ihn ist der Mensch mit dem Universum verbunden, durch ihn können die Energien des Universums, ob gut oder böse, mit dem Menschen in Beziehung treten.

Exorzistische Worte

Sie haben den Zweck, Unheilvolles zu verjagen, um das in den Lebewesen wirksame Kräftegleichgewicht wiederherzustellen. Der Exorzismus wird an einem Menschen, einem Tier, einem Ort oder einem Gegenstand vorgenommen, um zu heilen oder zu reinigen, indem der störende Einfluß «ausgetrieben» wird. Zeigt ein Mensch eindeutige Anzeichen von Besessenheit, Traumzuständen oder Verzauberung: Zittern, zusammenhangloses Reden, Halluzinationen, merkwürdige Krankheiten oder eine ganze Folge von unerklärlichen Unglücksfällen, so kann eine unheilvolle Kraft durch Wahrsagerei, Traumdeutung oder andere parapsychologische Verfahren aufgedeckt werden. Falls es sich bestätigt, daß eine unheilvolle Gegenwart wirksam ist und der störende Geist namentlich identifiziert wird, muß ein Exorzismus vorgenommen werden, um den Patienten zu heilen. Das geschieht im allgemeinen im Rahmen eines Reinigungsrituals.

Die nachstehend aufgeführten Luba-Worte werden gegen eine seltsame Krankheit, vermutlich Entkräftung, bei einer rituellen Mahlzeit rezitiert. Sie wenden sich an die unerwünschte Gegenwart:

«Wêwa mukishi, udi mumbuka kwenu muvwa panu ba buluba. Bidya byeba bya cibawu byûdi muvwa kulomba mbyebi. Patuka munda mwa muntu uya.»

«Du, Geist, du hast deine Behausung verlassen, um auf der Erde die Lebenden zu verwirren. Nimm die Mahlzeit, die du verlangst. Verlasse den Körper dieses Menschen und verschwinde.»

Der folgende Yansi-Text stammt aus einer Austreibungszeremonie, wenn ein Kind von bösen Geistern oder Zauberern befreit werden muß, die von ihm Besitz ergriffen und es krank gemacht haben. Der Exorzist bedeckt den Körper des Kindes mit vorgeschriebenen Medizinen und sagt dazu:

Opfer-Altar
Auf diesen Dagara-Altären (Burkina Faso) auf den Hausterrassen bringt man Opfer dar, die unter anderem die Ernte verbessern sollen. Sie haben Einfluß auf die Fruchtbarkeit und die Befruchtung von Mensch, Vieh und Erde. Man gießt das Blut des Opfertieres darüber und legt symbolische Gegenstände wie Hühnerfedern, Geldstücke, Muschelschalen usw. darauf.

«Der Zauberer bleibt nie in einem Körper, nachdem er entdeckt worden ist. Du, Zauberer, verlasse dieses Haus, verlasse den Körper dieses Kindes.

Marcasse, vertreibe die Zauberer aus dem Körper dieses Kindes. Es ist meines geworden, und ich dulde nicht, daß böse Geister es quälen.»[30]

Nicht nur der Kranke wird physisch und psychisch geheilt, auch die ganze Gemeinschaft gesundet; wenn das Gleichgewicht eines der Glieder einer Gemeinschaft aus den Fugen gerät, geht das gesamte gesellschaftliche Gleichgewicht verloren. Ein solcher Exorzismus kann an einem Feld, einem Haus oder einem ganzen Dorf vollzogen werden, wenn der Wahrsager oder andere Kenner okkulter Phänomene Anzeichen entdecken, die darauf hinweisen, daß der betreffende Ort verwunschen sei. Ein solches Zeichen ist es, wenn im Dorf Unglückstiere oder -vögel erscheinen, beispielsweise ein Schakal, eine Eule, ein anderer Nachtvogel..., wenn im Hause Gegenstände verschoben werden oder wenn ungewohnte Geräusche zu hören sind.

Wahrsagerei
Befragungsséance bei einem Dagara-Wahrsager (Burkina Faso). Er wird Bawboure genannt und nimmt über den Kanal der Kauri-Schnecken Kontakt zur Erde, zu den Ahnen und den Geistern auf. Er sitzt auf einem Ziegenfell. Sein linkes Knie liegt auf einem Sack aus Schaffell voller Begräbniszutaten. Ein Knüppel und ein Tierschwanz in Form eines Fliegenwedels dienen wie die Kauri-Schnecken dazu, die Kommunikation aufzunehmen. Es gibt mehrere Gründe dafür, einen Wahrsager aufzusuchen: Ein beunruhigender Traum, den man begreifen möchte, ein Opfer, das man darbringen und dessen Ausgang man wissen will, ein unerwarteter Todesfall, eine Krankheit usw.

Tod und Freundschaft
Während der Bestattung hat sich ein Freund des Verstorbenen zur Jagd in den Busch begeben. Er hat diesen Vogel erlegt und dem Sohn des Toten geschenkt. Diese Geste ist ein Symbol dafür, daß die Freundschaft zum verstorbenen Vater auf den lebenden Sohn übertragen wird. Sie ist konkretes Zeugnis für die Freundschaft, die die beiden Männer miteinander verbunden hatte, und zeigt, daß die Überlebenden sie verlängern wollen. In dieser Dagara-Gesellschaft (Burkina Faso) ist, wie in den meisten afrikanischen Gesellschaften, die Freundschaftsbeziehung zwischen den jeweiligen Familien gewissermaßen erblich.

Das nächste Beispiel stammt aus einem Luluwa-Dorf, das von einer Epidemie heimgesucht wurde. Als Ursache vermutete man einen bösen Zauber von einer übelwollenden Person:

«Ebu bwalu bu mutudi twêtu katubumanyi, tudi tucipa: ditunga dyetu dilongama. Muntu udi mulwa ne dyenda dijimbu, mwena cyanda wambamba ne: nkebe disaama, dikwata bâna baiwa, ngikala ne disanka, awu wapya kapya. Twendakana, tusungidila ditunga dilongama. Twendakanaayi, tukandika disaama edi dipweka ne maayi.»

«Da wir die Ursache dieses Unglücks nicht kennen, verdammen wir es, damit unser Dorf blühe. Möge die Person, die dieses Unglück verursacht, der Zauberer, der sagt: Ich muß eine Krankheit suchen, die die Kinder befällt, damit sie sterben, so daß ich der einzige glückliche Mensch bleibe, möge diese Person verflucht und bestraft werden. Machen wir uns also auf, verteidigen wir unser Land, damit es blühe. Machen wir uns also auf, dämmen wir diese Krankheit ein, möge sie mit dem Wasser wegfließen.»

Während der Austreibungszeremonie wird die übelwollende und unheilvolle Kraft verflucht, verurteilt, angeklagt. Man befiehlt ihr, sogleich den Ort zu verlassen, in den sie unberechtigterweise eingedrungen ist. Der Exorzist hebt die Unschuld, den guten Glauben und den Wunsch aller hervor, in Frieden zu leben.

Anrufungen

Sie zielen darauf ab, das Übernatürliche mit dem Menschlichen zu versöhnen, den störenden übermäßigen Energiezufluß in den Körper des Menschen zu integrieren, um das Gleichgewicht wiederherzustellen. Beim Exorzismus geht es darum, wie wir gesehen haben, das störende Element zu vertreiben, weil es schlecht, unheilvoll, lebensfeindlich ist und weil von ihm angenommen wird, daß es eine der Welt der Menschen *fremde Gegenwart* sei. Bei der Anrufung geht es ebenfalls um einen störenden Geist, doch dieser wird jetzt für an sich gut und wohlwollend gehalten; er liebt die Menschen und sucht deren Gesellschaft.

Um den störenden Geist zu entdecken, geht man gleich vor wie beim Exorzismus: Man erkennt ihn an äußerlichen Zeichen, deren übernatürlicher Ursprung vom Wahrsager oder von anderen Wissenden bestätigt wird. Wird diese fremde Gegenwart als positiv erkannt, so beginnt der Anrufer (er übt in vielen afrikansichen Gesellschaften auch die Funktion des Exorzisten aus) mit der Heilung durch ein besonderes Ritual. Das gilt beispielsweise für den *Pangool*-Kult, den Henry Gravrand bei den Sereer in Senegal studiert hat[31].

Die *Pangool* sind berühmte Verstorbene, deren Handlungen und Großtaten ihr Volk oder ihre Generation geprägt haben und die deshalb in die Nachwelt eingegangen sind. Obwohl sie in ihren Wohnungen unter der Erde hausen, bleiben sie den Lebenden sehr nahe und suchen deren Gesellschaft. Diese Einheit wird durch ein Ritual mit der Bezeichnung «Pangool-Kult» aufrechterhalten, der von den *Yaal-Pangool* geleitet wird: Sobald die Gegenwart des *Pangool* und dessen Name entdeckt sind, wird der Kranke, durch ein Tier (im allgemeinen ein Ochse oder ein Schaf) als Vermittler, dem Blutopfer und -bad unterzogen. Durch diese Reinigung wird er dem Ahn geweiht, der ihn bedrängt. Die dabei ausgesprochenen Worte heilen den Kranken spirituell und physisch, indem sie ihn in die Gesellschaft des Ahns und diesen in die Gesellschaft der Menschen einbeziehen.

Drohende Worte

Sie wollen das Positive beseitigen und das Unheilvolle beschwören. Am häufigsten sind Traumzustände (Verzauberung) und Verfluchung. Die dro-

Rechte Seite:

Der heilige Affenbrotbaum
Die Legende über die Gründung von Diakhao, der historischen Hauptstadt von Sine in Senegal, berichtet, eines Tages habe Waasila Faye den geheimnisvollen Ruf eines Pangool, eines Schutzgeistes, Mittler zwischen Gott und den Menschen, gehört. Er machte sich auf den Weg, um diesen Pangool zu suchen. Nach einem einwöchigen Fußmarsch offenbarte sich ihm dieser durch einen verzauberten Affenbrotbaum. So wurde ihm enthüllt, wo die Hauptstadt zu errichten sei.

henden Worte sind oft mit genau vorgeschriebenen Gesten verbunden. Will eine Baluba-Mutter beispielsweise ihr Kind verfluchen, so spricht sie die folgenden Worte, wozu sie ihre Brüste schüttelt oder den Spachtel schwingt, mit dem sie den Teig knetet, oder auch mit ihrem Besen auf den Boden trommelt:

«Wewa amu kuyi mwâmwa dibeela dyanyi edi, amu kuyi mupatuka munda mwanyi emu. Nansha ku tootoo bakishi ne batwambila, ne batwambila, ne upéta amu dikasa dibi.»

«Du, der du an meinen Brüsten gesaugt hast, du, der du aus meinem Schoß hervorgegangen bist, dein Betragen ist unerträglich! Sogar nach Jahren, so sagen uns die Hausgeister: Dich wird, was auch geschieht, ein großes Unglück treffen!»

Dazu ein weiteres Beispiel von den Fe'efe'e in Kamerun. Ein mit seinen Kindern zutiefst unzufriedener Vater spricht die folgende Verwünschung aus:

«Ihr, die ihr mich verleugnet,
Mich, der ich euer Vater bin,
Ihr sollt nie ein Dach gegen den Regen finden,
Nie ruhigen Schlaf auf euren Betten.
Ihr sollt, wenn ihr dem Unglück zu entfliehen glaubt, Zuflucht beim Übeltäter finden.
Mögen die Unwetter euch alle ausrotten.
Möge euch nichts gelingen.
Geht langsam: das Unglück, das euch von weitem Schritt für Schritt folgt,
Wird euch einholen und euch alle vernichten.
Rennt, rennt: Ihr werdet ihm auf eurem Weg begegnen.
Gedeiht wie der Wollbaum auf dem Dorfplatz,
Aber eines Tages werdet ihr gefällt.
Euer ganzes Vermögen reicht nicht aus, um meinen Geist zu beruhigen.»[32]

Die drohenden Worte in Form einer Verwünschung sollen den Fehlbaren, sobald er einmal erkannt ist und seine Missetat oder sein schlechtes Betragen bewiesen sind, sofort oder innerhalb kurzer Zeit treffen. Es kann aber auch, falls Zweifel bestehen, bei der bloßen Drohung bleiben; in diesem Fall werden die drohenden Worte auf gut Glück ausgestoßen, damit in der Menge der richtige Empfänger getroffen wird. Bei den Baluba sagt man zum Beispiel:

«Du, mein Wort, suche und finde denjenigen, der mir solches Unrecht angetan hat. Triff ihn mitten ins Herz. Er soll an seiner Untat keine Freude haben.»

Die drohenden Worte können aus Enttäuschung ausgestoßen werden, wie das obige Beispiel von den Fe'efe'e zeigt; aber auch aus Haß oder Eifersucht. Bei den Baluba stellt eine Person, die jemanden durch dessen Vieh treffen will, vor den Stall einen Fetisch, wozu sie die folgenden Worte spricht:

«Bwanga bwanyi bwa kabutu, udi mumanya cîndi mukuteekela kaaba aka.	*«Du mein zerstörerischer Fetisch, du weißt, weshalb du da bist.*
Butula mwaba eu mujima, kapashaadi cintu.»	*Zerstöre alles, was sich hier befindet; nichts soll mehr bleiben, nichts von diesem Überfluß.»*

Sie können auch von einem Bedürfnis nach Rache entspringen wie im folgenden Beispiel von den Fe'efe'e, wo ein Mann den Blitz auf einen anderen Mann herabwünscht, der ihm die Frau entführt hat:

«Als ich diese meine Frau heiratete,
die er derart entführt hat,

Heilungsriten
Der Ndzaambi-Kult ist unzweifelhaft ein Bestandteil der Yaka-Kultur (Zaïre). In der Form dieser Statue, die ebenfalls Ndzaambi, «Gott, das höchste Wesen» genannt wird, wird jedoch ein gewisser Einfluß der Bambala, der Nachbarn der Bayaka, sichtbar: Die Beutel mit Medizinen sind noch vorhanden, doch die Federn sind verschwunden und durch schlichte Schilfrohre ersetzt worden. Wie der Name besagt, ist Ndzaambi ein mächtiger und gefürchteter Fetisch. Er spielt in Heilungsriten eine Rolle, die gegen durch Verwünschungen verursachte Krankheiten der Gliedmaßen gerichtet sind.

Schützende Ahnen
Um sich unter den Schutz ihrer Ahnen zu stellen, errichten die Baluba (Shaba, Zaïre) an strategisch wichtigen Punkten ihrer Siedlungen kleine Altäre aus Stroh, auf die sie Statuen legen, die ihre Ahnen verkörpern.

wenn er zur Hochzeit auch nur ein Geldstück
oder einen Tropfen Öl beigetragen hat,
so gehe und komm zurück, um mich selbst zu treffen.
Wenn er aber nichts beigetragen hat,
so geh, reiße ihm das Herz heraus und
komm zurück, um es mir zu bringen.»[33]

Am meisten fürchtet man, in einen Traumzustand versetzt (oder verzaubert) zu werden, denn ein solches Opfer ist völlig der Macht des anderen ausgeliefert. Jeder Zauberer verfügt über ein Repertoire von Formeln, auf die er je nach Art des Zaubers zurückgreifen kann. Beim folgenden Beispiel der Yaka wünscht der Zauberer schlicht und einfach den Tod seines Opfers:

«Yaandi heena yikula	*«Derjenige, der das Pfand gegeben hat,*
y yaandi wabuta nzeembu	*ist auch der, der die Wurzel hervorgebracht hat,*
wabuta mabuundu	*die die Früchte hervorgebracht hat,*
kadi mamwaangana	*die ihrerseits zerstreut worden sind.*
mutu yaandi leelu kafuba kwaandi	*Möge heute dieser Mann sterben!*
kafwa, kabila, katota, kanyaanga	*Möge er sterben!*
kaamba twamvwa ku béetu	*Wenn keine Verwandtschaft uns eint,*
kavwa kadidiila	*möge er arbeiten und nach Belieben essen?*
kuhuna béétu twamvwa	*Wenn wir verwandt sind,*
kasala mbongo kadidiila	*kann er dann noch arbeiten und nach Belieben essen?*
kasala biima kadidiila	*Kann er noch etwas besitzen?*
aa kuhuna	*Wenn unsere Worte gerecht sind,*
kafwa, kabila.»	*möge er sterben, möge er zugrunde gehen.»*[34]

Sühnende Worte

Sie wollen das, was gut ist, bewahren und das Unheilvolle fernhalten. Es geht somit um Segnungen, Sündenbekenntnisse, Freisprechung von Schuld, Reinigung usw.

• Eine *Segnung* kann zu jedem Zeitpunkt im Leben des betreffenden Menschen vorgenommen werden: Taufe, Hochzeit, Abschied, Wiedersehen usw. Ihr Zweck ist es, das, was dem gesegneten Menschen *bevorsteht* (= die gute Fortsetzung), zu *klären,* positive Kräfte auf ihn herabzurufen und ihm Glück zu wünschen. In den meisten Fällen geschieht dies durch Ausspucken und Auflegen der rechten Hand auf die Stirne. Wenn eine Luba-Mutter zum Beispiel ihr Kind segnen will, das sich von ihr trennen muß, so drückt sie ihm zuerst die Hand, dann spuckt sie ihm leicht auf den Kopf und verteilt diesen Speichel mit der rechten Hand. Dazu sagt sie:

«Mwanaanyi, wenda bîmpa. Kweba kwikala kutooka.
Eeba makasa enda atuula mashinda.»
«Mein Kind, mache eine gute Reise. Dein Weg soll hell sein.
Möge das Gras, auf das du trittst, die Spur deiner Schritte bewahren.»

Kind, in einem Baum spielend
Um die Gefahr eines Sturzes zu bannen, rufen die Kinder der Sereer (Senegal), die auf einen Baum klettern möchten, zuvor Gott an. Dann beißen sie mit den Zähnen auf ein kleines Stück Rinde vom Stamm und sagen zum Baum:
«Du! Baum vor mir, Sène, ich esse zuerst von dir, damit du nicht mich ißt.»

• Das *Sündenbekenntnis* ist das Eingeständnis von Fehlern oder von unrechten Handlungen, die moralisch und sozial als schwerwiegend beurteilt werden und deren Folgen sowohl den «reuigen Sünder» als auch die ganze Gemeinschaft treffen. Die Beichte macht den Bußfertigen frei und stellt die durch die Verunreinigung gestörte soziale Ordnung wieder her. Es gibt verschiedenste Umstände, unter denen man seine Fehler eingesteht, und es sind in jeder Kultur wieder andere. Meistens handelt es sich um Übertretungen von kulturellen Tabus oder um Zauberei. Ein Beispiel:

«Ich habe gesündigt, ich habe Böses getan.
Gott, verzeihe mir all mein Unrecht.
Ich bekenne mich schuldig.
Ja! Als ich diese Sünde beging,
Wurde ich da von einem Fluch
Oder von einer Schicksalsfügung getrieben?
Ich vermag nicht zu sagen, was in mir vorging,
Ich verpflichte mich, es nicht wieder zu tun.»[35]

Auf das Sündenbekenntnis folgt meist ein Reinigungsritual, oft in Form einer Waschung des Körpers des Unreinen, womit symbolisch auch seine Seele gereinigt wird. Während dieser Zeremonie spricht der Offiziant reinigende Formeln.

• Eine *Freisprechung von Schuld* erfolgt, wenn eine Person, die sich unschuldig weiß, angeklagt ist, für den Tod eines Menschen oder eine andere Untat verantwortlich zu sein, deren Folgen als für das innere Gleichgewicht und den Zusammenhalt der Gruppe schwerwiegend beurteilt werden. Die Worte werden mit größter Überzeugungskraft ausgesprochen, jedes Wort wird betont und, wenn nötig, wiederholt. Die Formel ist im allgemeinen zweiteilig: Zurückweisung der Beschuldigung und Forderung nach Strafe für sich selbst, falls man lüge oder schuldig sei. Hier ein Beispiel von den Fe'efe'e:

«Ich bin nicht im Besitz eines Zauberspruchs,
Um das Leben der Menschen zu bedrohen.
Für das Unglück eines anderen bin ich nicht die Ursache,
Falls ich es doch sein sollte, soll mein Leben verwirkt sein.
Ich bin nicht schuldig am Blut, das jemand vergossen hat,
Ich gehe nicht zu den Nachbarn mit finsteren Machenschaften.
Doch wenn es so ist, soll mein Leben verwirkt sein.»[36]

Eine verbreitete Form der Freisprechung von Schuld hängt mit unklaren Umständen bei einem Todesfall zusammen. Der Tod wird nur selten als ein natürliches Ereignis betrachtet, und gewisse Personen werden immer angeschuldigt, durch geheime Praktiken einen Todesfall bewirkt zu haben, der die Gemeinschaft getroffen hat. Diese Menschen haben selbstverständlich das Bedürfnis, ihre Unschuld zu beteuern, wie das folgende Beispiel der Yaka zeigt:

«Nge mvuumbi	*«Du, Leiche,*
tala ngé léélu wufuudi	*du bist heute gestorben.*
ho béélu maléémba	*Wenn wir es sind, deine Onkel mütterlicherseits,*
tukuhoondele	*die dich getötet haben,*
muna ndzwa tuhoondi ku mbisi	*dann soll uns nicht mehr das Glück beschieden sein,*
ho bakwa yitaata bakuhoondele	*Wild zu erlegen!*
bahoondi ku mbisi	*Sollte von väterlicher Seite*
ngé fuudi	*der Tod gekommen sein,*
kiima kikuhoondele	*so soll ihnen nicht mehr das Glück beschieden sein,*
beetu tuzeyi kyoku	*Wild zu erlegen.*

Das Gespenst der Fehlgeburt
Eine Fehlgeburt gehört zu den Übeln, welche die Luluwa (Zaïre) am meisten fürchten. Um die Gefahr zu bannen, wird die Frau schon einen Monat nach dem Ausbleiben der Menstruation beim Heiler unter den Schutz des Fruchtbarkeitsgeistes gestellt, der in dieser Statue lebt.

bana bakuhoondele,	*Die Ursache des Todes ist uns unbekannt:*
teemuna meesu, wabalaanda	*Diejenigen, die dich getötet haben, öffne die Augen*
ku kadi kuyitaata,	*und verfolge sie. Ob es die väterliche Seite,*
tahoondi ku kiima	*ob es die mütterliche Seite sei,*
ku kadi kuyingudi,	*das Wild möge beim Schuldigen*
bahoondi ku kiima!»	*selten werden!»*[37]

Wenn man vom Toten bei der Beerdigung Abschied nimmt, wird ebenfalls eine Art Freisprechung von Schuld vorgenommen, ob eine Beschuldigung vorliegt oder nicht. Die Freisprechung wird spontan von allen Familienangehörigen des Toten beansprucht, die nacheinander das Wort ergreifen. Die Erklärung der eigenen Unschuld ist oft verbunden mit dem Wunsch nach einer Bestrafung, falls man schuldig sein sollte.

Beschwörende Worte

Eine Beschwörung will vor allem alles Negative weit von sich weg schieben und auf Distanz halten.

Sie wird bevorzugt in Eigennamen zum Ausdruck gebracht. Ihr Grundprinzip besteht im allgemeinen darin, daß «Vorbeugen besser als Heilen» sei. Wenn ein Seher oder ein Wahrsager das Übel kommen sieht und beschließt, es daran zu hindern, einen Menschen oder seine Gemeinschaft anzugreifen, so ruft er deshalb zu einem Beschwörungsritual zusammen. Während dieser Zeremonie spricht er Formeln aus, die das Übel abwenden können, zum Beispiel:

«Dieses Übel, das wir vorausgeahnt (vorausgesehen) haben,
Soll diese Linie nicht überschreiten,
Um bei uns einzudringen.
Wenn jemand mit dem Übel zusammen hereinkommt,
Soll er mit dem Übel zusammen wieder hinausgehen;
Wenn er mit dem Guten hereinkommt,
Soll er mit dem Guten wieder hinausgehen.»[38]

Altar der Geister

Im Hof eines Muluba (Shaba, Zaïre) ist dieser Altar der Geister errichtet worden. Er dient dem Ahn, dessen Schutz man für sich in Anspruch nimmt, als Wohnstätte.

Gebete

Gebete sind Worte, die an Gott und an die höheren Geister gerichtet werden, und zwar aus den mannigfaltigen Gründen, die den Menschen dazu bewegen können, Hilfe, Kraft, Mut und Schutz bei den Wesen zu suchen, die ihm überlegen sind und die er für mächtiger als sich selbst hält. Aus der Überzeugung heraus, daß alles, was ihm geschieht, falls es sich um etwas Gutes handelt, vom Höchsten Wesen oder den guten Geistern, falls es aber ein Übel ist, von Zauberern, übelwollenden Personen oder bösen Geistern gesandt ist, veranstaltet der afrikanische religiöse Mensch Riten und Opfer, die die Gottheiten versöhnen und den Schutz durch die Ahnen gewährleisten sollen. Er hat Vertrauen zu diesen Bewohnern des Jenseits, die nach seiner Meinung allein imstande sind, die Kräfte des Übels rings um ihn herum zu überwinden.

Das Gebet wendet sich, im Glück wie im Unglück, unmittelbar an das Höchste Wesen. Es ist meistens individuell, spontan und improvisiert. Man benötigt dazu weder Altäre noch besondere Kultstätten. Man muß nur ein wenig beiseite treten und in einer Haltung tiefster Achtung mit hörbarer Stimme sein Gebet sprechen. Wer diese Gebetshaltung des Afrikaners seinem Gott gegenüber besser verstehen möchte, informiert sich mit Vorteil zum Beispiel in *La terre africaine et ses religions. Traditions et changements*[39] und *Les religions d'Afrique noire. Textes et traditions sacrés*[40] von Louis-Vincent Thomas und René Luneau.

Das folgende Gebet der Luba wird von einer Person, die sich in der Fremde befindet, an das Höchste Wesen gerichtet, um von ihm Kraft, Gesundheit und Schutz gegen die Gefahren des Reisens zu erbitten:

«Mvidi Mukulu Mawééja Nnangila	*«O Ältester, Höchster Geist, Höchstes Denken des Liebens – Wollens – Wünschens,*
Mulopo mwéna matunga	*Herr, dem die Welt gehört,*
Wêwé ngufudila bintu byônso	*Du bist es, der alle Dinge geschaffen hat.*
Kadi mêmé mûndi muvwe ému	*Gewähre mir an diesem Ort, wohin ich gekommen bin,*
Ngiikale paanyi ne bukole	*Daß es mir gut geht,*
Nnyama mubi wa cilubi kammonyi	*Daß mich kein wildes Tier sieht,*
Nkuba kammonyi	*Daß der Blitz mich nicht findet,*
Mwéna mupongo kammonyi»	*Daß der Zauberer mich nicht ausfindig macht.»*

Das folgende an Gott gerichtete Gebet stammt von den Galla in Äthiopien und Kenya[41]:

O Gott, o Meister!
Du Reicher, der keine Armut kennt!
Herr, der keinen Herrn über sich hat!
Allwissender, der sein Wissen nicht von anderen hat.
König, dessen Thron nicht seinesgleichen hat!
«Steige heute hinauf, komme morgen herunter»,
Das sagt niemand zu dir.
O Gott,
Du hast mich den Tag in Frieden verbringen lassen,
Laß mich auch die Nacht in Frieden verbringen.
O Herr, der du keinen Herrn über dir hast!
Außerhalb von dir gibt es keine Kraft.
Du allein verdankst niemandem etwas.
In deine Hand gebe ich den Tag;
In deine Hand gebe ich die Nacht.

Du bist mein Vater.
Du bist meine Mutter.

Die Geister, die Ahnen oder alle anderen geistigen Wesenheiten werden in verschiedenerlei Riten und Feiern angerufen. Viele Möglichkeiten stehen zur Wahl, denn jeder Umstand kann eine spezielle geistige Wesenheit mit ihren besonderen Attributen und ihren klar abgegrenzten Zuständigkeitsbereichen erfordern. Als Beispiel sei diese Anrufung der Yaka zitiert. Sie wendet sich an den Geist der Jagd, der in einem Fetisch namens *naamba* wohnt:

«Tubokwekele beetu kulu	*«Wir alle flehen dich an,*
Tubokwekelé	*Wir flehen dich an.*
yikula kya mbisi kyâ ki	*Die Opfergabe ist hier,*
pheemba mbisi yi yâ yi	*Und weißes Kaolin ist hier,*
beenu bakulu ya naambwa yaayi	*Ihr, die Ahnen und du, Fetisch Naamba,*
lutuhéka kudya	*Gebt uns zu essen,*
lutuhéka kya méenga	*Gebt uns Wild,*
twatsastsila baana ya batekolu	*Um die Söhne und die Enkel großzuziehen.*
béenu baphati	*Bei euch ist*
béenu bangaanga	*Kraft und Schutz,*
béenu mayaanga	*Von euch hängt der Erfolg ab,*
makabu yimaawu ma	*Der Erfolg der Jagd.*
lulaanda malaambu	*Nehmt unsere Opfergaben an.*
lulaanda tsetsi	*Folgt den Gazellen,*
lulaandé tsoomba	*Folgt den Antilopen,*
kakadi wambuta	*Den großen und den kleinen.*
kakadi wakhéeka	*Du, Naamba, mache die Tiere schläfrig,*
ngé ngwa naambwa lambidika mbisi.»	*Gib uns Wild im Überfluß.»* [42]

Eigennamen der Personen

Völlig unabhängig von der eigentlichen Bedeutung eines Namens stellt «einen Namen geben» bereits eine wichtige religiöse Handlung dar. Die Wahl wird nie leichtfertig getroffen, denn der Name ist der bevorzugte

Der Tod und die Himmelsrichtungen
Bestattung einer bejahrten Dagara-Frau (Burkina Faso). Vor der auf einer hölzernen Sänfte unter Tüchern aufgebahrten Leiche berichten ihre ehemaligen Freundinnen über Ereignisse aus ihrem Leben. Mit Tänzen mimen sie die von der Verstorbenen ausgeübten Tätigkeiten, und sie rühmen deren weibliche Eigenschaften. Bald wird sie bestattet sein, mit dem Kopf gegen Sonnenuntergang. Diese Richtung ist Symbol für den Zustand «Frau» und deren Stellung innerhalb der Gesamtfamilie, insbesondere auch für ihr Verhältnis zu ihrem Gatten. Im Alltagsleben hält die Frau, sobald der Abend naht, Ausschau, ob ihr Mann nach Hause kommt. Wenn die Sonne untergeht, muß sie in der Küche das Abendbrot vorbereiten. Ein Mann hingegen wird mit dem Kopf gegen Sonnenaufgang bestattet: Er erhebt sich gleichzeitig mit der aufgehenden Sonne, um seiner Arbeit auf dem Acker nachzugehen.

Rechte Seite:

Bei den Dagara
Dagara-Mädchen (Burkina Faso), das seinen kleinen Bruder in den Armen hält.

verbale Träger für die vermittelnden Symbole. Das gilt für Namen, die Personen, Orten, Wasserläufen oder Gegenständen gegeben werden. Wir wollen kurz die Eigennamen von Personen und Orten betrachten.

- *Einer Person einen Namen geben heißt, ihr Leben geben.* Der Name schenkt Existenz, weil er den kennzeichnet, der ihn erhält, und ihn von allen anderen unterscheidet. Er macht den Menschen zur Person und weist ihm auch einen Ort zu, denn diese Identität verleiht ihm einen Platz in der Gesellschaft.
- *Einen Namen geben heißt kennzeichnen,* bedeutet zu sagen, *wer* die mit einem Namen ausgestattete Person ist, welche Bedeutung sie innerhalb der Gesellschaft hat.
- *Einen Namen geben bedeutet,* daß diese Person in den Kreis ihrer Mitmenschen *eingeordnet* wird.

Bei den Bantandu in Zaïre[43] zum Beispiel bestimmt die Reihenfolge bei der Geburt die Wahl des Namens für ein Kind. Der Name schöpft seine Bedeutung aus den Mythen, aus den verwandtschaftlichen Beziehungen oder dem gesellschaftlichen System. Wenn drei Knaben nacheinander geboren werden, wird der erste *Mbaki* genannt, wobei die Wurzel *-bak-* «fangen» bedeutet; der zweite *Mukoko,* was «in der Hand» heißt; und der dritte *Lutumba,* mit der Wurzel *-tuumb-:* «inthronisieren», «herrschen», «weihen».

Ernsthafte Freizeitbeschäftigung
In der Freitzeit geht man auch ernsthaften Tätigkeiten nach. Häuptling Demba aus dem Dorf Tabayel Samba in der Landschaft Casamance (Senegal) ist dabei, ein Heilmittel herzustellen, das vor bösen Kräften schützt. Es hält insbesondere die Buabé fern, eine Art Vampire, die unter anderem einsame Wanderer angreifen.

Wenn drei Mädchen hintereinander zur Welt kommen, heißt das erste *Nsona*, womit sowohl eine Zauberformel als auch ein Wochentag bezeichnet werden; das zweite *Nkéengi* mit der Wurzel *-keeng-*, «wachsam sein», «wachen über»; und das dritte *Yala* mit der Wurzel *-yal-*, «herrschen», «zur Schau tragen», «ausbreiten», «ausstrecken». Die Baluba geben jenen Kindern besondere Namen, deren Geburt als eher ungewöhnlich betrachtet wird, weil ihr gewisse ungewohnte Zeichen vorausgegangen oder gefolgt sind[44]. Hier einige sehr charakteristische Namen:

Mwauka: «Das unerwartet gekommen ist» (mit der Wurzel *-auk-*, «unerwartet erscheinen»); dieser Name wird einem Kind gegeben, das mehrere Jahre nach dem letzten Kind zur Welt gekommen ist.

Ngalula: «Das verwandelt wurde» (mit der Wurzel *-ad-ul-*, «verwandeln», «umwandeln»); dieser Name mit mehreren Varianten wird einem Kind gegeben, das nach drei oder vier Geschwistern vom anderen Geschlecht geboren wird.

Ntumba: «Das Glorreiche» (mit der Wurzel *-tumb-*, «berühmt werden», «verherrlichen»); von diesem Kind wird angenommen, es sei ein Geist aus dem Zwischenhimmel, der auf einer Sternschnuppe wohnt und zur Erde hinunter gekommen sei, um sich in einer auserwählten Familie in ein menschliches Wesen zu verwandeln.

• *Einen Namen geben, das bedeutet einordnen* in bezug auf die Zeit, die Ereignisse, das Verhalten; es bedeutet, die betreffende Person mit den sichtbaren und unsichtbaren Dingen und Seienden zu verknüpfen, die sie als ein erwartetes Element in ihre Gemeinschaft aufnehmen.

• *Einen Namen geben, das bedeutet kommunizieren,* mit den anderen sprechen, Zwiegespräche führen, Botschaften absenden, über das berichten, was einem während langer Zeit ein Anliegen war. Das erklärt, weshalb es eine derartige Fülle von Namen gibt, die mit einem bestimmten Umstand zusammenhängen, Homonyme und Eponyme. Es kann sehr viele Ereignisse geben, die zu einem Eigennamen führen. Das Verhalten der Eltern zur Zeit der Empfängnis, während der Schwangerschaft oder zum Zeitpunkt der Geburt kann dafür entscheidend sein.

Hier einige Namen der Bira in Ober-Zaïre:

Bia'bo: «verjage sie», spielt auf ein eheliches Zerwürfnis an, denn der Gatte hatte seine Frau aus dem ehelichen Heim verjagt.

'Dwa'bo: «verlasse sie», deutet an, daß die Frau während der Schwangerschaft von ihrem Mann verlassen wurde[45].

Und einige Namen der Luba:

Mwakana: «Das Willkommene». Das Kind war erwünscht, wurde mit Freude aufgenommen.

Mwindila: «Das Erwartete». Das Kind ist erwünscht, aber seine Geburt hat auf sich warten lassen.

Mushiya: «Das Verlassene», «Das Ausgesetzte»: Der Vater des Kindes ist vor der Geburt gestorben. Der Name wird auch einem Kind gegeben, dessen Mutter im Kindbett stirbt.

Auch zufällige Umstände können namengebend sein. In einem solchen Fall sind die Namen entweder durch das Verhalten der Umgebung gegenüber der Familie des Neugeborenen, durch Ereignisse während der Schwangerschaft oder zur Zeit der Geburt, durch einen ungewöhnlichen Geburtsort oder andere Gründe bestimmt.

Bankina, «man haßt es» auf Biluba, wäre ein Name für ein Kind, das zu einem Zeitpunkt zur Welt kommt, da seine Eltern im Streit mit ihrer Familie (ihren Familien) oder ihrer Nachbarschaft leben. Auf Kibira gibt es die Namen *Linyo, «Die Morgenröte»,* für ein Kind, das früh am Morgen zur Welt gekommen ist, und *Musu'bi, «(Kind) des Busches»,* für ein Kind, das zur Welt kam, als sich seine Mutter auf dem Feld oder im Busch befand.

• *Einen Namen geben bedeutet,* die übelwollenden Mächte vom Träger des Namens *fernzuhalten,* das Kind unter den Schutz Gottes und der positiven geistigen Kräfte zu stellen. In allen Gesellschaften entstehen auf diese Weise Namen, in denen Gott vorkommt oder die den Tod bannen wollen. Die folgenden Beispiele sind aus *Noms théophores d'Afrique*[46] entnommen. Sie bekennen, jedes auf seine Weise, die Existenz Gottes unter einem jeweils besonderen Aspekt:

Bayàng:	*Gott existiert* (Tupuri in Tschad und Nord-Kamerun)
Mwin-be:	*Gott ist* (Dagara in Burkina Faso)
Esolakî:	*Gott macht (Wunder)* (Kabiyedina in Togo)
Yendupab:	*Die Belohnung Gottes* (Mwaba in Togo)
Si-pàp:	*Gott hat versprochen* (Bamileke in Kamerun)
Gusuno kîro:	*Von Gott geliebt* (Babira in Benin)
Yamba:	*Gottes Güte* (Tupuri)
Doba:	*Gottes Hand* (Tupuri)
Ili-bani:	*Gott hat mich erschaffen* (Mooré in Burkina Faso)

Die Namen, die übelwollende Kräfte bannen sollen, spielen im allgemeinen nicht direkt auf diese an, sondern sie stellen den Träger des Namens unter einem ungünstigen Aspekt dar, damit alles Interesse an ihm verloren geht[47]. Hier einige Beispiele von den Fe'efe'e in Kamerun[48]:

Fie toh ndhi̩:	*Bekleidetes Grab*
Ngop hom:	*Geflügel für den Sperber*
Wèn wuà:	*Erlaubnis für den Tod*
Wu wèn (su):	*Eigentum eines anderen*
Si ba na nù:	*Zu nichts gut*
Mbàk loh khaa:	*Vom Regen durchnäßter Hahn*
Nné mbiaa wua:	*Wartet im (Kranken-) Bett auf den Tod*

Bei den Babira in Ober-Zaïre[49]:

Mbutya balimba:	*Gemüse der Zauberer*
Mulimba:	*Zur Zauberei bestimmt*
Lya'bo:	*Iß sie*
Nyama'bo:	*Ihr Fleisch*
Lya'ko'déni:	*Wann wirst du gegessen?*

Nicht nur die Namen von Personen, auch die von Orten sind von der Absicht derer geprägt, die sie ihnen verliehen haben, und sie zeigen, welche symbolische Bedeutung solche Orte in ihren Augen haben. So werden oft das Unheil oder ein unheilvoller Aspekt, die mit einem bestimmten Ort zusammenhängen, dadurch beschworen, daß man diese negative Eigenschaft im Namen deutlich hervorhebt, um das Gegenteil zu bewirken. Einige Beispiele aus der Kintandu-Sprache in Unter-Zaïre:

Kinsuka: mit der Wurzel *-suk-, die «völlig untergehen», «völlig dezimiert sein»* bedeutet; dieser Name wurde einem Ort gegeben, wo eine Epidemie zahlreiche Opfer gefordert hatte. Damit wird die durch das Ereignis ausgelöste Trostlosigkeit symbolisch zum Ausdruck gebracht.

Kinsyoona: Waise, Name für ein Dorf, dessen bedeutende Männer alle gestorben sind, Symbol für Einsamkeit und Verlassenheit.

Kinkiindu: Streit, Krieg, Konflikt. Name eines Ortes, in dem Gewalt herrscht, Symbol von Streit und Uneinigkeit.

Als wichtig sei festgehalten, daß der religiöse afrikanische Mensch nicht nur seinem Körper eine symbolische Bedeutung beimißt, sondern daß auch kraft der Worte dieses Menschen Ereignisse, Orte und Dinge ihrerseits zu Symbolen werden. Im folgenden Kapitel werden wir sehen, daß er diese gleiche vermittelnde Funktion auch den Elementen der *Natur* zuspricht, die ihm eine Antwort auf seine religiösen und sozialen Bedürfnisse geben.

Kapitel II

Die Natur arbeitet mit

Die Erde

Der schwarze Volta, Grenze zwischen Burkina Faso und Ghana
Viele Legenden kreisen um diesen Fluß. Manche betrachten ihn als Wohnstätte unterirdischer Geister; andere, so die Menschen vom Volk der Mètuolè, beanspruchen ihn in ihren Ruhmesgesängen als den mythischen Ort ihrer Herkunft:
«Ich bin der Volta,
Der Riesenkaiman des Volta,
Ich, Quelle-die-nie-versiegt.»

Die Kalebasse der vier Elemente

Adja-Mythos über die Entstehung der Welt [50]

«Am Anfang aller Existenz gab es eine Kalebasse. Sie füllte die Zeit und den Raum aus. Sie war das All.

In der Mitte war sie waagrecht unterteilt, ihr Deckel bildete den Himmel, ihre Schale die Erde. Der Himmel war männlich und enthielt das Wasser. Die Erde war weiblich, und in ihren Eingeweiden war das Feuer verborgen. Die Kalebasse insgesamt war somit der Himmel, die Erde, das Wasser und das Feuer.

Das Leben entstand auf Anstoß des Himmels, der eines Tages sein Wasser auf die Oberfläche der Erde schickte. Die Erde empfing den ersten Regen, der durch seine Frische Pflanzen zum Keimen brachte. Diese verwandelten sich, die einen in Tiere, die anderen in Menschen. Der Himmel und die Erde, die durch den Regen miteinander in Berührung gekommen waren, brachten den Blitz hervor, der den Uranstoß auslöste, indem er den Himmel und die Erde selbst, ebenso das Wasser und das Feuer, die in beiden enthalten waren, in fortwährende Bewegung versetzte.

Seit dieser unvorstellbar lange zurückliegenden Zeit haben unsere Ahnen, indem sie die Kraft des Blitzes für sich nutzten, gelernt, Feuer aus Stein und trockenem Holz zu erzeugen. Mit dem Feuer verwandelte der Mensch Laterit in Eisen. Dann schmiedete er das Eisen zu Waffen für die Jagd und Werkzeugen für die Arbeit auf den Feldern.»

Der afrikanische religiöse Mensch faßt das Universum als eine *Totalität* auf, die aus einem Netz von nahtlos verwobenen Beziehungen besteht, in dem warme und kalte, männliche und weibliche, positive und negative, starke und schwache Kräfte kreisen, aufeinanderprallen oder sich vereinigen. In allem, was sich darin entwickelt – Wald, Gewässer, Feuer, Tiere, Gestirne, Regen, Blitz, Gewitter, Wirbelwind, Unwetter, auch die Erde selbst... –, sind Strömungen dieser höheren Kräfte allgegenwärtig. Diese Polaritäten prägen die Natur aller dieser Geschöpfe und bestimmen deren Eigenart in allen Formen, in denen sie sich manifestieren.

In einem solchen Universum wird jedes durch eine Kraft hervorgebrachte Geschöpf seinerseits in seiner Gesamtheit eine *Kraft*,

- die imstande ist, zu wachsen oder abzunehmen, zu vergrößern oder zu verkleinern,
- die imstande ist, positiv oder negativ auf die anderen Geschöpfe einzuwirken, zu denen sie in Beziehung steht,
- die imstande ist, die positiven oder negativen Kräfte dieser anderen Geschöpfe auf sich einwirken zu lassen.

Der Mensch, der sich seiner Hinfälligkeit und der Endlichkeit seines Körpers bewußt wird, sucht nun in der Natur Elemente, die ihm als Mittler dienen können. Dazu gehören unbelebte wie die Dinge aus dem Reich der Mineralien, unbewegliche belebte wie die Pflanzen und bewegliche belebte wie die Tiere. Die symbolische Bedeutung, die er ihnen zuschreibt, beruht oft auf diesem dynamischen Prinzip einer Interaktion der aktiven Kräfte. In der Wiederholung der Riten und in der Beständigkeit der Kulte, in denen diese Symbole eine Rolle spielen, kommt die tiefe Überzeugung zum Ausdruck, daß die gesamte *Wirklichkeit* Kraft, Wirkung der Kraft, Interaktion der Kräfte und Erfahrung der Kraft ist, daß das *Universum* aus einer Urkraft hervorgegangen ist, die einen kleinen Teil ihrer selbst in alles vor ihr im Raum und in der Zeit Hervorgebrachte ausgebreitet hat, und daß jedes Geschöpf, das diese Kraft empfangen hat und sich in dieser Zeit und in diesem Raum entfaltet, seinerseits eine Kraft geworden ist, die ihm, dem Menschen, als Mittler dienen kann.

Symbolik der Gestirne

O Sonne!
Du, Schönheit, die man bewundern müßte,
Deren leuchtende Strahlung aber den Blick aufhält.
O Gestirn, aus Schönheit gemacht,
Schön schon bei deinem Aufgang,
Bleibst du schön bei deinem Untergang.
O Sonne!
Dein Lauf ist so rasch,
Du gehst über den Häusern vorbei,
Ohne sie anzuzünden.
Dank deinem Licht erkennen sich die Menschen.
Deine Gegenwart fördert die Begegnung.

(Sonnenhymnus der Asambala in Zaïre)

Die Sonne

Von einigen ihrer Aspekte her gesehen stellt die Sonne in den meisten afrikanischen Symbolen den höheren Geist dar, aus dem alle Gestirne hervorgehen. Sie ist das bildhafteste Symbol des Schöpfergottes, denn ihre Größe enthüllt und bestätigt die Existenz eines noch größeren Schöpfers als sie. Als eines der wesentlichen dynamischen Prinzipien ist sie in bezug auf die anderen Gestirne männlich, und zwar insbesondere auf den Mond, der ihre «Gattin» ist. Sie ist warm, Quelle des Lichts und der belebenden Wärme. Sie ist das Gestirn, das die Zeit mißt. In vielen afrikanischen Sprachen werden Zeit und Sonne mit demselben Wort bezeichnet.

Die Baluba betrachten die Sonne als den großen Lichtträger, das Erstgeborene der Gestirne. Sie ist schon bei der Erschaffung der Geister aus der Fontanelle des Höchsten Wesens hervorgegangen, von dessen Stirn sie ihren Glanz empfangen hat. Die Sonne ist das Tagessymbol Gottes. Beim Morgengebet wenden sich deshalb die Baluba der aufgehenden Sonne zu. Zu dieser frühen Stunde ist Gott bereit, die Gebete anzunehmen und zu erhören.

Während der Bestattungszeremonien der Dassa für Jäger in Benin nimmt der Offiziant bei Beginn des Rituals den Opfer-Hahn in die rechte Hand; er wendet sich in Richtung des Sonnenaufgangs und sagt: «Nach der Gnade Gottes.» Dann wiederholt er diese Worte in Richtung des Sonnenuntergangs. Dreimal wiederholt er die Gebärden und die Worte, wodurch er kundtut, daß er die bedeutungsvolle Handlung, die er vollziehen wird, und ebenso die Person, zu deren Ehren das Ritual stattfindet, in die Hände des Höchsten Wesens legt[51].

Für die Bakongo[52] ist der Lauf der Sonne ein Symbol für den Übergang zwischen dem Leben und dem Tod; er stellt auch die vier Stadien im Leben des Menschen dar, nämlich zwei auf der Erde: Sonnenaufgang/Geburt, Sonnenuntergang/Tod, und zwei in der Welt der Toten: Ankunft bei den Toten und Rückkehr ins Leben.

Die Stellungen der Sonne können bei gewissen Ritualen oder in den Gesetzen der Geheimgesellschaften eine wichtige symbolische Bedeutung haben. Bei den Baluba zum Beispiel ist eines der gebräuchlichsten Gebote für Mitglieder der Geheimgesellschaften oder Personen, die bestimmten Behandlungen unterzogen werden, daß man tagsüber keinen Geschlechtsverkehr haben oder nichts verzehren darf, solange es noch hell ist. Um einen vom Geist seines Opfers verfolgten Mörder von seiner Qual zu befreien, veranstalten die Bayansi ein Ritual, das, gleichgültig wo, zur

Mittagszeit, wenn die Sonne eine farbige Aura hat, abgehalten werden muß. Die Zeremonie, bei der ein Fetisch, von dem man glaubt, daß er Unglück ins Dorf bringt, durch Feuer zerstört wird, wird ebenfalls abgehalten, wenn die Sonne im Zenit steht[53].

Positive Rituale, also solche mit dem Zweck, die geschwächten Kräfte wiederherzustellen, werden bei Tageslicht abgehalten, die mindernden hingegen, beispielsweise Zauberei und andere Akte, die der Beherrschung oder der Zerstörung dienen, spielen sich in der Zeit nach dem Sonnenuntergang zu vorgerückter Nachtstunde ab.

Der Mond

Im Gegensatz zur Sonne, mit der zusammen er das Paar der großen Lichtträger der Urschöpfung bildet, dem Gestirn des Tages, ist der Mond in gewisser Hinsicht das nächtliche Antlitz Gottes. Er ist die Urgebärmutter, die in allen Menschen eine Religiosität weckt, denn er ist das Symbol für einen der wichtigsten Werte, die Gott den Menschen anvertraut hat: die fortwährende Erschaffung durch Fruchtbarkeit.

Einen Aspekt der Mondsymbolik zeigt uns der Schöpfungsmythos der Ohendo, den wir im Zusammenhang mit den Hautritzungen analysiert haben. Laut diesem Mythos hat der Geist der Fruchtbarkeit seinen Sitz im Mond. Von ihm empfängt die Frau Liebe, Schönheit und Fruchtbarkeit. Er stattet der Erde am ersten Tag des neuen Mondzyklus einen Besuch ab und bestimmt, gemeinsam mit den Ahnen und den Naturgeistern, das Los jeder Frau im beginnenden Monat. Sobald er zur Frau eine Beziehung aufgenommen hat, identifiziert er sich mit ihr, wodurch auch sie ihm gleich wird. Das heißt, er macht aus ihr ein Wesen, das imstande ist, neues Leben zu zeugen.

Sonnenuntergang über dem Kivu-See (Zaïre)

Der Mond ist eines der Schlüssel-Symbole im religiösen Denken der Tabwa. Er ist das ständig sich verändernde Bild der Dualitäten *gut/böse, Ordnung/Unordnung, Fruchtbarkeit/Unfruchtbarkeit.* Da er jeden Monat für einige Nächte verschwindet, ist er der Gott, der Leben spendet, sich dann aber zurückzieht und seine Geschöpfe allein läßt, umherirrende und verlassene Wesen in den Klauen von Zauberern und von allerlei übelwollenden Kräften. Sein Wiedererscheinen am Himmel wird gefeiert als Rückkehr des Heils, als Triumph des Guten über das Böse, als Sieg der Intelligenz über die Verwirrung.

Das Wiedererscheinen des Mondes wird überall in Schwarzafrika mit Freude begrüßt, denn der junge Mond wird als ein Abgesandter Gottes aufgefaßt, der den Menschen göttlichen Schutz und einen Teil seines Lichts bringt. Dieses Licht wird stärker, bis der Mond voll ist, eine Zeit der Gemeinschaft und des Feierns, die für den Kampf gegen die Hexerei günstig ist. Freudenfeste, Tänze, Feierstunden werden organisiert. Auf den Wegkreuzungen werden Opfergaben für die Geister niedergelegt, um deren Gunst zu erlangen. Gelübde und Wünsche werden ihm dargebracht.

In der Zeit des sich rundenden Mondes finden verschiedenerlei Rituale statt. Bei den Bayaka zum Beispiel beginnt der *mbwoolu*-Initiationsheilungskult immer während dieser Periode, die ein Symbol der Wiedergeburt und der Regenerierung ist. Die Bakongo, für die der Mond die Ursache der Übel ist, die den Menschen treffen können, bringen ihm diese dar, damit er sie heilen kann. Die Fon, die Gun, die Xwala und andere westafrikanische Völker halten ein Ritual ab, das *sukiku, dem Mond pfeifen,* heißt und bei dem die Neugeborenen dem Mond präsentiert werden, damit sie unter seinem Schutz ein langes und glückliches Leben haben[54]. Die As'ohendo veranstalten um eine (reich mit eingebrannten symbolischen Zeichen verzierte) Kalebasse herum ein als *wanga, Mondaufgang* bezeichnetes Beschwörungsritual, durch das jede Art von Unfruchtbarkeit, nicht nur der Menschen, sondern auch aller produktiven Bereiche wie Landwirtschaft, Jagd oder Fischerei, gebannt werden soll. Durch Vermittlung der rituellen Kalebasse, Symbol der Gebärmutter, werden so alle Übel, die man sich vom Halse schaffen möchte, dem Mond übergeben, der Fruchtbarkeit spendet und selbst die *Urgebärmutter* ist, damit er sie vernichte und durch etwas Gutes ersetze.

Die Dassa in Benin nennen den Mond *«Ina ayé», «Weltmutter»* oder *«Mutter mit vielen Kindern»*, womit die Sterne gemeint sind. Er ist das Zeichen, das den Menschen zeigt, daß es oben, über ihnen, ein Höchstes Wesen gibt. Er ist auch das Symbol der Treue, denn er ist noch immer nach seinem Verschwinden zurückgekommen. Er gibt Licht ohne zu verbrennen. Er mißt die Zeit und setzt die Feste und die wichtigen Ereignisse im Leben fest. Er ist das Maß für die Länge der Reise der Menschen auf der Erde. Fast überall in Schwarzafrika werden das Alter und die Zeit durch die *Anzahl Monde* gemessen.

Die wohlwollende Natur des Mondes wird von allen Schwarzen anerkannt. Der Afrikaner hat nicht nur das Bedürfnis, sich seiner Gunst zu versichern, sondern auch ihn zu verteidigen und zu schützen, insbesondere gegen die Sonne bei einer Mondfinsternis. Wo immer man sich befindet, ob in West- oder Ostafrika, in Zentral- oder Südafrika, wird die Mondfinsternis als ein Angriff der Sonne auf den Mond aufgefaßt. Zu seiner Verteidigung kommen die Leute von überall her aus ihren Häusern heraus. Mit Trommeln und allerlei Gefäßen erzeugen sie Lärm, um der Sonne Furcht einzujagen, damit sie ihr Opfer losläßt. Mit Drohgebärden gegen die Sonne oder Steine gegen sie schleudernd, schreien die einen «laß in los, Zauberer!», die anderen «Genug jetzt, weg mit dir!», bis die Mondfinsternis vorüber ist.

Sei willkommen, Mondschein!
Sei willkommen
Dein Kommen sei uns günstig
Du hast mich am Leben gelassen, als du fortgingst
Du findest mich lebendig wieder bei deiner Rückkehr
Gewähre mir Gesundheit
Gib meiner Familie einen gesunden Körper
Gib uns Fruchtbarkeit und Wohlergehen im Überfluß
Halte alles Übel von uns fern
Nimm dir jene vor, die uns übelwollen
O Mondschein!
Sei willkommen, Mondschein!
Sei willkommen
Vernichte nicht deinen Sänger
Vernichte nicht seine Familie
Halte das Übel von seinen Kindern fern
Füge der säugenden Löwin nichts Böses zu
Auch nicht ihrem Dorf
O Mondschein!
Sei willkommen!

(Begrüßung des Mondes nach dem Neumond bei den Asambala in Zaïre)

Rechte Seite:

Der Mond über der afrikanischen Savanne

Symbolik des Raums

Die Bazeela in Zaïre unterscheiden, je nach den übernatürlichen Kräften, die darin wohnen, drei Arten von Räumen. Der *mythische Tümpel* ist von *bisimba* genannten geistigen Wesenheiten bewohnt, Geistern der Besessenheit und des Trancezustandes. Er liegt jenseits eines Flusses, der sowohl die Grenze des von den Bazeela bewohnten Gebiets als auch die zwischen der sichtbaren und der unsichtbaren Welt bildet. Er ist das Symbol für «das Anderswo», die «Fremde». Der *Busch* liegt innerhalb des Zeela-Gebiets. Hier hausen die *myunza* genannten Wesenheiten, die mythischen Ahnen, Naturgeister, Symbole für die «Kräfte, die der Erde Bestand verleihen und die sie und alle auf ihr lebenden Wesen beschützen müssen». Das *Dorf* schließlich ist die Wohnstätte der *basyekulu*, der bekannten Ahnen aus den jetzt lebenden Sippen und Symbole für eine wirkliche Verwandtschaft[55].

Der Schöpfungsmythos der Luba berichtet, gleich am Anfang der Schöpfung habe *Maweeja Nnangila*, der allmächtige Gott, zwischen den großen Dingen der Welt drei geheime Räume erschaffen, in denen er verschiedene Tierarten ansiedelte. So wurde die *Savanne* erschaffen, um die Huftiere und andere wenig angriffige Tiere und Vögel aufzunehmen; weiter der *Wald* für die wilden Tiere, für die großen Tiere mit Krallen, die Raubvögel und die Nachtvögel und schließlich das *große Wasser* der großen Ströme und Flüsse für geheimnisvolle Wesen mit großen geheimen Kräften[56].

Terrassendorf am Berg Agou in Togo
Das Dorf ist der Raum, in dem sich der einzelne Mensch am sichersten fühlt. Der Ort ist bekannt, strukturiert, für jede Gemeinschaft gelten besondere kulturelle Schutznormen. Man muß sich mit schützender Zauberei ausstatten und viele Formeln kennen, «die die Gefahren bannen», wenn man das Dorf verläßt. Man begibt sich ins Unbekannte, und das ist ein großes Risiko.

Der Acker

Der Acker stellt für die meisten Ackerbau treibenden Völker Afrikas einen geheiligten Ort dar. Seine Symbole stehen in Beziehung zum Aussäen und zu den Samen, zur Fruchtbarkeit, zum Mond, zum Regen, zum Boden, zur Mahlzeit, zum Leben. Bei den Kalanga im Süden von Simbabwe liegt neben den Feldern des Häuptlings, wo alles geordnet ist, ein Acker *«der Unordnung»*, wo alle möglichen Arten von eßbaren Körnern durcheinander ausgesät werden. Sie sind für die Urschöpferin bestimmt, die Mutter des Gottes, der das Universum organisiert hat. Sie hat nämlich «den Menschen ein Muster aller eßbaren Körner geschenkt und sie gelehrt, wie man sie anbauen muß»[57]. Man nimmt an, der Acker beherberge außernatürliche Kräfte, die man nicht ohne zureichenden Grund stören dürfe. In seinem bereits erwähnten Wörterbuch schreibt Roberto Pazzi über die Völkerschaften Westafrikas: «Wenn ein neues Feld urbar gemacht wird, insbesondere wenn man es dem Wald abringen muß, wird zunächst an Ort und Stelle ein an die Ahnen und an die unsichtbaren Kräfte, die darin wohnen könnten, gerichtetes Sühneritual vollzogen. Man schüttet für sie einen Erdhügel auf oder bringt ihnen die ersten Feldfrüchte jeder Ernte dar.»[58] Bei bestimmten Völkerschaften in der Gegend von Kasaï in Zaïre werden alle Zeremonien, die mit einem Gottesurteil zusammenhängen, auf dem Acker vollzogen, besonders wenn dieser weit vom Dorf entfernt ist, denn dieser Ort wird als der Raum betrachtet, wo die Welten der Ahnen und der Menschen einander benachbart sind.

Der Acker

Der Acker ist einer der Räume, wo die Hand des Menschen die Geste des Uranfangs wiederholt, durch welche die Erde besamt wurde, damit die Menschheit zu ihrer Nahrung kam. In der Arbeitsteilung auf dem Acker widerspiegelt sich die Komplementarität von Mann und Frau. Bei den Dagara (Burkina Faso) ist der Mann der Produzent: Er macht das Land urbar, er pflügt, er häufelt die Furchen auf; sobald die Zeit der Ernte naht, bereitet er alles für die Frauen vor, indem er die langen Halme der Hirse, des Maises abschlägt… Den Frauen fällt die Aufgabe zu, die Knollen auszugraben, den Acker zu säubern, die Körner auszusäen, die Ernte einzubringen und zum Speicher zu transportieren, wo der Mann sie einlagert.

Die Termitenhügel

Den Termitenhügeln wird in gewissen Gemeinschaften große Bedeutung beigemessen. Sie gehören zum Symbolraum der «Höhe», wo die oberen Dinge zu Hause sind. Wenn beispielsweise bei den Bakaya ein Häuptling in sein Amt eingesetzt wird, so trägt man einen Erdklumpen herbei, der aus einem Termitenhügel herausgebrochen wurde. Man legt ihn in eine besondere Umzäunung, wo er symbolisch den mythischen Hügel des Uranfangs darstellt, der vom mythischen Eroberer Lunda bestiegen wurde, um die Dinge und die Seienden in Besitz zu nehmen und so an ihrem Erschaffungsprozeß teilzuhaben. Auf diesem «Hügel» empfängt der Häuptling seine zugleich soziale und spirituelle Macht. Er wird als der Wieder-Erschaffer eingesegnet[59]. Bei den Baluba und den Luluba ist der Termitenhügel das Symbol für den Zustand der «Vollständigkeit» des ersten menschlichen Wesens, das als Androgyn gleichzeitig männlich und weiblich war. Bei den As'ohendo wird die Beschneidung im eigentlichen Sinne des Wortes, der entscheidende Augenblick der Initiation, auf dem Termitenhügel vollzogen. Dieser ist, wie im früher zitierten Mythos beschrieben, der Ort, durch den *Sakasaka*, der mythische Heros, aus den Tiefen der Erde hervorkam, um Ordnung zu schaffen und die Geschöpfe zu besänftigen, die dort lebten und von seinen beiden vorausgegangenen Gefährten aufgestört worden waren. Er ist das Symbol für den Ort, wo die physischen Kräfte und das Wissen um die Dinge des Lebens erworben wurden, wo dem Menschen die Gesetze gelehrt wurden, die sein Schicksal lenken.

Geheiligter Raum: der Markt
Wie die Wegkreuzung ist der Markt ein Mittelpunkt, wo Lebewesen und Energien aller Art miteinander in Kontakt kommen. Ein solcher Raum muß geheiligt werden, damit er nicht zu einem Ort wird, wo Böswillige ihre mörderischen Geschäfte abwickeln, und damit alle, die ihn aufsuchen, vor jedem Schaden bewahrt werden. Ein Altar der «Marktwächter» wird aufgerichtet. In ihm nehmen die schützenden Geister und Ahnen Wohnsitz. In einem Dagara-Dorf (Burkina Faso) wird zu diesem Zweck auf dem Platz, wo jede Woche ein Markt stattfindet, ein Altar erstellt. Wer ein verlorenes Messer findet, legt es darauf, damit der Besitzer es zurückerhält. Es mag noch so lange gehen, bis sein Besitzer es abholt, es wird dennoch aus Furcht vor Vergeltung nicht gestohlen.

Die Wegkreuzung

Der Scheideweg, die Weggabelung. In den meisten heutigen Bantu-Sprachen ist das Wort für «Wegkreuzung» von einer Wurzel *-sang-* aus der früheren Bantu-Sprache abgeleitet, die neben vielen anderen Bedeutungen auch die von (sich) vereinigen, (sich) begegnen, (sich) vermsichen, (sich) einigen, (sich) versammeln, zusammenrufen hat. Der Afrikaner hat die Wegkreuzung zum Ort zahlreicher Kulte und Handlungen mit wohl- oder übelwollender Zweckbestimmung gemacht. Seit Jahrtausenden stellt er sie auf Steinen und in Höhlen aus der Urzeit als Kreuz dar. Sie ist das Symbol der Vermischung, der Begegnung, der Überschneidung, des Schnittpunkts.

Die Wegkreuzung wird gefürchtet und ist gefährlich. Sie ist der Ort sowohl positiver als auch negativer Begegnungen. Die Zauberer halten ihren Hexensabbat auf der Wegkreuzung ab, während die Dorfbewohner sich auf ihr treffen, um ein Unglück abzuwenden und die zerstörerischen Kräfte zu zwingen, sich aus dem Dorf zu entfernen. Die bösen Geister irren über die Wegkreuzungen, um die vorübergehenden Menschen zu erschrecken und im Körper eines von ihnen eine neue Heimstätte zu finden, während die guten, von ihrer Familie aber vernachlässigten Geister hier in der Hoffnung herumlungern, einem Menschen zu begegnen, in dem sie wiedergeboren werden können. Deshalb werden Opfergaben und die ersten Feldfrüchte einer Ernte an diesem Ort niedergelegt, wo sie die verschiedenen übernatürlichen Wesen zufriedenstellen sollen.

Die Wegkreuzung ist auch ein Ort, wo alles sich auf ungeordnete Weise miteinander vermischt. Bei vielen Völkerschaften werden deshalb alle Gegenstände, die bei einer Reinigungszeremonie nach einem Mord verwendet wurden, durch die der Geist des Toten, der sonst dem Mörder gefährlich werden könnte, gebannt werden soll, in der Nacht weggetragen und auf der Wegkreuzung niedergelegt. Da an diesem Ort die Wege ineinander übergehen, weiß der hier abgesetzte Geist nicht mehr, welchen Weg er wählen müßte, um den Mörder zu finden. Dasselbe gilt für gewisse Heilmittel, mit denen eine Epidemie bekämpft oder andere Krankheiten behandelt werden sollen: Was übrig bleibt, wird auf die Wegkreuzung geschüttet. Ein Dieb, der sich vor Vergeltung fürchtet, legt die gestohlenen Gegenstände, nachdem er ertappt wurde, auf der Wegkreuzung nieder. Stark behinderte Kinder, die als Inkarnation von schlechten Seelen gelten, werden nach ihrem Tod bei der Wegkreuzung bestattet.

Die Wegkreuzung erfüllt mit Schrecken: Man hat Angst, sie allein zu überqueren, gleichgültig zu welcher Tageszeit. In der Morgendämmerung und nach Sonnenuntergang ist diese Angst besonders groß, denn diese Zeiten werden als für das Herumirren von besonders übelwollenden Geistern günstig betrachtet. Zahlreiche Beschwörungsformeln sollen vor solchen schlechten Begegnungen schützen. Man muß sich auch davor hüten, beim Überqueren einer Wegkreuzung den Namen von irgend jemandem zu enthüllen, denn der betreffende Mensch könnte von den schlechten Kräften entdeckt und dadurch verwundbar werden.

Die Wegkreuzung spielt auch bei gewissen Ritualen eine Rolle, durch die von einer Krankheit befallene Menschen behandelt oder resozialisiert werden sollen. Bei den Luluwa zum Beispiel begibt sich eine Person, die sich geschwächt fühlt, am Abend mit einem Menschen, der Fetische herstellt, auf die Wegkreuzung. Hier wird ein wenig Erde für einen Fetisch gesammelt, der ihr die Gesundheit wiedergeben soll. Denn diese Erde, über die viele Menschen geschritten sind, symbolisiert alle diese vorübergegangenen Menschen, und deren Kraft, die in der eingesammelten Erde enthalten ist, wird vom Kranken aufgenommen. Bei den Bantomba werden verzauberte Personen am Abend auf der Wegkreuzung von ihrem Zauber erlöst. Da die «unteren Dinge» das identische Abbild der «oberen Dinge» sind, weiß die Tradition der Luba zu berichten, daß die Seele nach dem Tod eines Menschen zur Milchstraße aufsteigt und an deren Kreu-

Aufteilung des Raums
«Galle», auch «Konzession» genannt, von einem Zaun umgeben. Bei den Peul in der Region Fouladou (Senegal) wird der Raum in hohem Maße nach dem Geschlecht aufgeteilt. Eine Galle, eine Ansammlung von Wohneinheiten, ist in zwei klar geschiedene Teile gegliedert: Das Quartier der Männer im Osten, das der Frauen im Westen. Zwischen den beiden Quartieren befindet sich ein großer Platz, der als der Ort aufgefaßt wird, wo «alle von allen gesehen werden können». Während der Nacht ist der Platz stark belebt durch Besucher, die vom Ostteil nach Westen streben …

zung vom Urgeist befragt wird. Je nach ihrer Antwort wird sie entweder von guten Seelen empfangen, die sie nach Osten führen, wo sich das Dorf der Guten befindet, oder nach Westen gebracht, einem Abgrund, in dem das Dorf der Bösen liegt.

Für die Bakongo ist das Kreuz, mit dem die Wegkreuzung bildlich dargestellt wird, das Symbol für den Lebenszyklus des Menschen, welcher der Bahn der Sonne gleicht: Wie die Sonne wird der Mensch im Osten gebo-

Getreidespeicher
Die Wegkreuzung, die die Form eines Kreuzes hat, ist reich an symbolischem Gehalt. Bei den Dagara (Burkina Faso) zum Beispiel stellt sich der künftige Säugling, der «Einwanderer aus dem Jenseits», an eine Wegkreuzung, um die vorbeigehenden Frauen zu begutachten und sich eine von ihnen als Mutter auszusuchen. Das Wegkreuzungssymbol auf dem Speicher betont die mütterliche Natur dieses Behältnisses: Er wurde vom Mann nach dem Vorbild der weiblichen Gebärmutter errichtet, er nimmt die Gaben der Erde auf, schützt und bewahrt sie. In seiner Brust ruhen, wie in der einer Frau, die Keime des Lebens.

ren, indem er aus dem Ozean, dem Dorf der Toten, hervorkommt. Er beginnt seine Lebensreise im Osten und geht über den Gipfel des kosmischen Berges des Lebens in Richtung Westen, wobei er wie die Sonne seinen Zenit erreicht. Anschließend geht es abwärts, dem Westen zu, wo sein Weg im Ozean, am Eingang zum Dorf der Toten, endet. Damit er dessen Ausgang findet, wo er wiedergeboren wird, muß er den Gipfel des kosmischen Berges des Todes überqueren[60].

Tier-Symbole

Aus verschiedenen Gründen, einer davon ist der Totemismus, werden zahlreiche Tiere als Mittler zwischen den Menschen und den übernatürlichen Kräften aufgefaßt. Einige scheinen überall dieselbe Bedeutung zu haben, andere haben einen eher begrenzten Wirkungsbereich.

Die Schlange
Schlangen sind in den afrikanischen Traditionen Tiere von reicher und kraftvoller Symbolik. Einige Arten, die man als Glücksbringer betrachtet, werden als Haustiere gehalten, andere, die als Kräfte des Unglücks gelten, werden gefürchtet und vertrieben. Immer aber sind sie Träger einer aktiven Energie, die sie zur Zeit der Urschöpfung empfangen haben. Die repräsentativste Schlange in dieser Symbolik ist der Python, und zwar je nach Region der Königs- (P. regius) oder der Riesen-Python (P. sebae). Als Symboltier schlechthin löst diese Riesenschlange nicht nur bei Völkern,

Küchen-Altar
Bei den Dagara (Burkina Faso) liegen in den Räumen, die als Küche dienen, beim Herd drei Steine, die zusammen ein «Küchen-Altar» genanntes Ganzes bilden. Wie das Haus sind auch diese Steine zu einem Teil tief in den Boden eingelassen, was den Eindruck erweckt, sie würden aus der Erde herauskommen (als eine Verlängerung der Erde). Dieser Altar ist die Heimstätte der Haus-Geister. Er ist ein Symbol für die Frau-Gattin-Mutter, den Hausfrieden und das gute Einvernehmen zwischen den Gatten. Würde der Gatte im Zorn einen der Steine in Stücke schlagen, so käme dies einer Verstoßung gleich, denn es wäre nicht mehr möglich, einen Topf für die Zubereitung der Mahlzeit darauf zu stellen.

die sie zum Totemtier erkoren haben, sondern auch bei allen anderen Menschen, in deren Überzeugungen sie eine bestimmte Rolle spielt, eine religiöse Haltung aus.

Bei den Venda zum Beispiel war es der Python, der durch Erbrechen alle Geschöpfe erschaffen hat. Er ist das Symbol des Schöpfers und kommt deshalb in zahlreichen rituellen und religiösen Zeremonien vor, insbesondere bei der weiblichen Initiation, wo die jungen Mädchen tanzend seine Bewegungen nachahmen und so an die Windungen des Uranfangs erinnern[61].

Die Peda im Süden Togos und in Benin verehren den Python und betrachten ihn als ihr Totem und als das Symbol ihrer Ahnen. Man stellt sich unter seinen Schutz und bleibt mit ihm verbunden, indem man sich schon in zartester Kindheit durch das *«Peda-ue»*, *«Zeichen der Peda»*, eine Art Gesichtsnarbe, kennzeichnen läßt: Zwei Striche auf der Stirn, über den Backenknochen und den Augenwinkeln. An diesem Symbol erkennt man die dem Python geweihten Personen. Die Erklärung für diesen Brauch findet sich in einem Mythos, wo die Schlange bei einem schlafenden Kind eine Rolle als Beschützerin spielt[62].

Für die Baluba hat der Python an der Göttlichkeit teil, denn er war in Form einer Kreatur von Doppelnatur Herrscher über die Geschöpfe, bevor diese Macht dem Menschen übertragen wurde. Im Schöpfungsmythos wird berichtet, dieses Zwitterwesen, von dem der menschliche Sündenfall ausgegangen war, sei in zwei Schlangen verwandelt worden, eine männliche und eine weibliche, die gleichzeitig mit der Erde aus dem Himmel verstoßen wurden. Als die Erde sich vom Himmel entfernt und ihre Wasser sich geschieden hatten, fiel ein sintflutartiger Regen vom Himmel, der Verwirrung unter den irdischen Lebewesen stiftete. Die beiden Schlangen, die im Wasser lebten, stießen ihren Atem in die Luft aus. Die beiden Atemstöße flossen zusammen und bildeten einen Regenbogen. Dieser bewirkte, daß der Regen aufhörte, und alles kam wieder in Ordnung. Dank seiner «Regenbogen»-Natur ist der Python seither für die Baluba das Symbol des Bundes zwischen den Kräften des Himmels und der Erde, des Friedens und der kosmischen Einheit.

Bei den Bayaka ist *Kyanza Ngoombi*, die Urschlange, das Symbol des Schöpferwesens, das aus der Tiefe einer leblosen Masse, in die es sich zurückgezogen hatte und in der es sich eingeschlossen fühlte, herauszukriechen begann. Jede Bewegung bewirkte einen Riß in der Masse, und aus diesen Rissen kamen die Geschöpfe hervor, die das Universum füllen. Doch lassen wir diesen Mythos selbst zu Worte kommen.

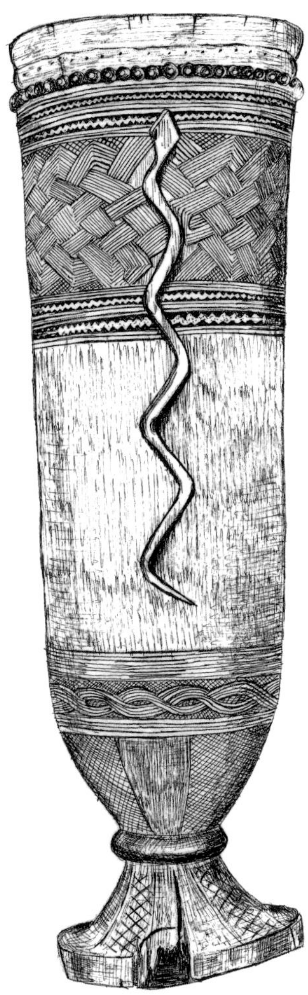

Trommel der Bashileel (Zaïre)
Die in diese Trommel der Bashileel eingeschnitzte Schlange soll die günstigen Schallwellen leiten, damit die abgesandten Botschaften ihr Ziel unter guten Bedingungen erreichen. Neben meteorologischen Voraussetzungen, die für solche mit der Trommel übermittelten Nachrichten unerläßlich sind, müssen auch von religiösen Vorstellungen geprägte Bedingungen erfüllt sein, damit bestimmte Botschaften «empfangen» werden. Das gilt besonders für Botschaften an die Toten, die Ahnen und die Geister. Die Schlange dient dafür als Kanal.

Kyanza Ngoombi, das «Urwort»

Schöpfungsmythos der Yaka

«Am Anfang gab es nur ein formloses Ding, eine kompakte Masse ohne Gesicht und Namen, die dort so lebte, unbeweglich, ziellos.

Eines Tages aber begann dieses Ding sich zu bewegen: einige Risse da, einige Spalten dort, und, hopp!, kommt eine Form heraus, sie hebt sich immer deutlicher ab und wird zu einem der Geschöpfe, die es heute gibt und die das Universum füllen. Die Sonne, der Mond, die Planeten, die Sterne, die Erde, die Berge, die Bäume, die Pflanzen usw. wurden so erschaffen. Allmählich nahm jedes Ding seinen Platz ein. Alles verfestigte sich. Und da erhob sich aus den gähnenden Spalten ein Wesen mit dem Namen Kyanza Ngoombi, was ‹Das Urwort› oder ‹Das allem vorausgehende Wort› bedeutet. Dieses Wesen war eine Schlange mit doppeltem

Kopf, ein riesiges Wesen, das sich langsam aus seinen wellenförmigen Windungen entrollte und den einen seiner Köpfe gegen Westen, den anderen gegen Osten wandte. So blieb es, lang hingestreckt, liegen, ohne sich zu bewegen, völlig erstarrt alle aus den Eingeweiden der Erde hervorgegangenen Geschöpfe bedeckend.

Eine unmeßbare Zeit verfloß. Dann, eines Tages, begann Kyanza Ngoombi unmäßig zu schwitzen. Er schwitzte und schwitzte so stark, daß unter seinem nach Westen gewandten Kopf das von seinem Körper abfließende Wasser den Fluß Kwango bildete und der Schweiß unter seinem nach Osten gewandten Kopf sich in den Fluß Wamba verwandelte.

Aus dem Kwango erhalten wir die Fische und das ganze Unterwasservolk, das uns geschenkt ist, um unseren Hunger zu stillen. Vom Wamba haben wir die Natur und die Vegetation, in der die Geister unserer Toten hausen, und die Heilkräuter, die unsere Ängste besänftigen.

Noch jetzt sind die Erschütterungen, die Abschwemmungen, die Erdrutsche und die Auswaschungen das Werk von Kyanza Ngoombi.»

Diese der Schlange zugeschriebene Funktion des *Verbindens* findet sich in vielen anderen Schöpfungsmythen wieder. Im Ohendo-Mythos über die

Bestattungssack
Dieser Bestattungssack der Dagara (Burkina Faso) wird aus dem Fell einer Ziege hergestellt, die beim Tod eines Menschen getötet wird. Beim Schlachten muß in diesem Fall ein besonderes Ritual eingehalten werden: Zuerst wird der Kopf abgeschnitten, dann das Tier gehäutet, ohne in Stücke zerlegt zu werden. Aus dem intakten Fell wird schließlich dieser Sack hergestellt, der mit Kauri-Schnecken und anderen Gegenständen gefüllt wird, die als Geld verwendet werden können. Eine vom Tod besonders betroffene Person verteilt diese Kauri-Schnecken im Dorf, um gewissermaßen die Reise des Toten in die andere Welt zu bezahlen.

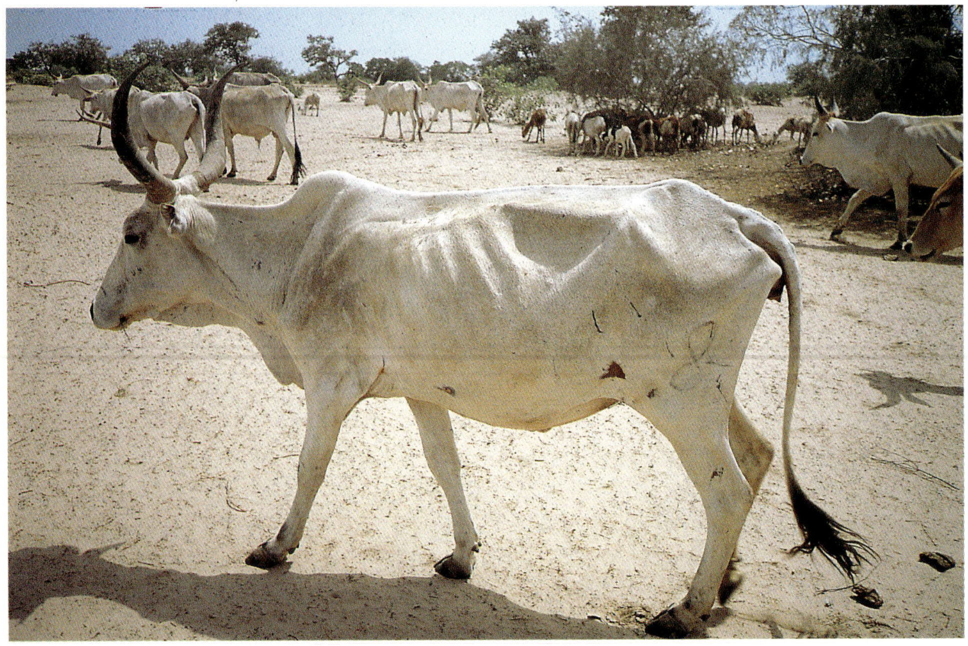

Das Rind, ein Opfertier
Rinder sind bei den Sereer in Senegal die bevorzugten Opfertiere. Stellvertretend für den Menschen wird ihr Blut zu rituellen Zwecken vergossen, wodurch der Mensch von einem gewaltsamen Tod verschont bleibt.

Schmuck: mythische Tiere
Armreifen und Ringe schützen ihren Träger vor jeder Krankheit und vor jeder Zauberei einer Drittperson. Das Chamäleon, ein Tier vom Uranfang der Schöpfung, vermag eine Trockenheit auszulösen oder Regen zu bewirken, fruchtbar oder unfruchtbar zu machen, je nachdem ob man dem unter seinem Schutz stehenden Menschen wohl oder übel will. Eine Version der Schöpfungsgeschichte der Dagara (Burkina Faso) berichtet, die erschaffenen Kreaturen seien aufeinander geklettert und über diese Treppe zum Himmel hinaufgestiegen, um zu erkunden, was darin vorging. Oben erhielt das Chamäleon den Auftrag, sich heimlich bei Gott einzuschleichen, um das Feuer zu holen. Als es jedoch nicht mit dem Feuer, sondern mit einer Wunde am Kopf zurückkam, weil es mit Stockhieben vertrieben worden war, bekamen es die aufeinander stehenden Kreaturen mit der Angst zu tun. Die Treppe geriet aus dem Gleichgewicht, alle Geschöpfe fielen auf die Erde hinunter und zerstreuten sich, entweder verletzt oder dem Wahnsinn verfallen.

Erwerbung der Macht zum Beispiel tritt eine Schlange mit dem Namen *akota'ook'akot'ote* auf, was «diejenige, die mit dem Schwanz und dem Kopf beißt» bedeutet. Diese Schlange, die sich unendlich auszudehnen vermag, verbindet durch ihren Körper das Himmelsgewölbe mit der Erde.

Der negative, doppelsinnige und zweideutige Charakter der Schlange wird auch dort sichtbar, wo sie Symbol ist. Sie kann Gefahr, Zauberei, Übelwollen bedeuten. Bei den Batomba und den Bayansi in Zaïre beispielsweise gibt es ein Ritual, bei dem eine Schlange zur Aggressivität aufgestachelt wird. Bei den ersteren will der Häuptling sein Volk, mit dem er unzufrieden ist, bestrafen, indem er die Schlange auf es hetzt. Bei den letzteren hingegen wird die Schlange als Totem, als Hüterin der Güter (im weiten Sinne des Wortes) der Gemeinschaft, gegen jeden Versuch, Unordnung unter das Volk zu bringen, eingesetzt. Bei den Thucookwe in Angola gehört die durch ihren Kopf symbolisierte Schlange zum Wahrsagungsritual; sie gilt als Mittlerin des Zauberers[63].

Schließlich muß darauf aufmerksam gemacht werden, daß Schlange und Regenbogen zum gleichen Symbolkomplex gehören, wie der bereits erwähnte Mythos der Luba zeigt. Ein weiteres Beispiel: Fast überall in Westafrika gibt es einen Kult, der *Kult des Regenbogens* oder *Kult der Schlange* genannt wird. Er ist aus der Überzeugung hervorgegangen, daß «der Regenbogen der Riesen-Python ist, der sich, nachdem er zur Fülle seiner langen Lebensjahre gelangt ist, zwischen der Erde und der Sonne ausstreckt»[64].

Der Adler

In den meisten Bantu-Sprachen gehört der Name des *Adlers* zu den Attributen und Bezeichnungen des Schöpfergottes. Als himmlisches Symbol der spirituellen und intellektuellen Fähigkeiten überbringt der Adler den Menschen die Botschaften vom «Himmel in der Höhe». Er baut sein Nest auf den Felsen, damit er besser über die Menschen herrschen kann, deren Wächter er in einem gewissen Sinne ist. Die Basongye betrachten ihn als eine Vorwegnahme des Menschen, als ein Symbol des Bruchs zwischen den geistigen Kräften, die er bringt, und den gefühlsmäßigen Kräften, die er durch eine Gegenwart vertreibt. Häuptlinge und wichtige Führer tragen seine Federn als ein Symbol ihres sozialen und spirituellen Aufstiegs[65].

Der Adler ist auch Symbol der irdischen Macht. Krallen, Schnäbel, Federn und andere Körperteile des Adlers verzieren zur Hervorhebung seiner Macht Hut und Kleidung des Häuptlings. Bei den Balega im Osten von Zaïre ist dieser Vogel das Symbol der Bami, der traditionellen Häuptlinge, zugleich aber auch der Isolierung, die solche Macht zur Folge hat. Bei den Bayansi symbolisieren die Federn, die Knochen, die Krallen oder der Schädel des Adlers ebenfalls die Macht und die Kraft des Häuptlings. Man begegnet ihnen in zahlreichen Riten, wo diese Macht und diese Kraft eine Rolle spielen. Die Krallen dürfen zum Beispiel im Ritual nicht fehlen, durch das die Wälder gegen die in gefährliche wilde Tiere verwandelten Zauberer geschützt werden; die Federn gehören zu den Abgeschiedenheits-Zeremonien bei der Einsetzung des Häuptlings; die Knochen sind ein Teil des Segnungs- und Schutzrituals für das Kind, das einmal Häuptling werden soll; und der Schädel kommt im Ritus vor, durch den ein Häuptling auf einer Reise beschützt werden soll[66]. Im Wahrsagekorb der Cookwe sind die Adlerkrallen das Symbol für Zauberei und unheilbringende Kräfte, doch der Adler gehört, in anderem Zusammenhang, in dieser Kultur auch zu den königlichen Symbolen[67].

Durch sein stattliches Aussehen, seinen Mut, seinen Scharfblick und seine gefährliche Natur ist der Adler Symbol für Macht, Intelligenz, Weitsicht, (außersinnliche) Klarsicht, Unparteilichkeit, Gerechtigkeit, kurz, für alles, was den Menschen adelt.

Das Krokodil

In einigen Schöpfungsmythen tritt das Krokodil als eines der Tiere des Uranfangs auf, die dem Schöpfer bei der Ordnung des Universums beistanden; in anderen Erzählungen als das Tier, durch das der Tod zu den Menschen gekommen ist. Sein Körper enthält magische Kräfte, die es zu einem königlichen Tier machen. Gewisse Körperteile werden von vielen Menschen dazu verwendet, um Amulette gegen den Blitzschlag herzustellen. Die Baluba benutzen es auch als *muvu,* als Schutztier oder Doppelgänger für den Menschen. Sein Körper kann zum Zufluchtsort für die aktiven Lebensprinzipien des Menschen werden. Die Venda sehen in ihm das Symbol für das Königtum und für die Vereinigung des Mannes mit der Frau, eine Vereinigung, die den «Fluß hervorbringt, der die Erde befruchtet». Die

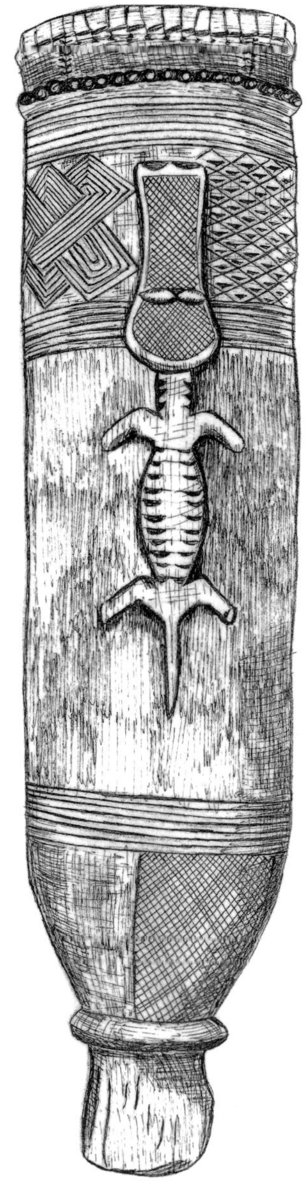

Trommel der Bashileel (Zaïre)
Reptilien spielen als Symbole der Urschöpfung eine wichtige Rolle. Sie verfügen über magische Fähigkeiten und sind insbesondere imstande, Dinge zu verändern, an denen Tiere beteiligt sind, welche beim Aufbau oder der Zerstörung der Welt mitgewirkt haben. Auf dieser Trommel der Bashileel, die unter anderem dazu dient, Botschaften über größere Entfernungen abzusenden, ist das Krokodil ein Symbol für Gefahren in den Gewässern. Es schützt zudem den Trommler, es ist gewissermaßen sein tierischer Hüter, in dem er sich bei einer Gefahr verstecken kann. Das links vom Tierkopf in das Holz eingravierte Imbol-Zeichen steht für «ausbreiten, senden, weitergeben, mitteilen oder informieren», bezieht sich also auf die eigentliche Funktion der Trommel.

Thronbesteigung durch den Nachfolger des Königs war mit der Zeremonie der «Öffnung der Pforte» verbunden: «In der Reihenfolge ihres Alters, angefangen beim ältesten, versuchten die Prinzen einer nach dem anderen die Pforte zu öffnen, die nur der legitime, von Gott auserwählte und bezeichnete Thronprätendent zu öffnen vermag. Die königlichen Initiierten wissen aber, daß in Wirklichkeit *das Krokodil* die Pforte zum königlichen Palast ist.»[68]

Das Krokodil hat auch einen negativen Aspekt, denn es ist Symbol für den Zauberer und die unheilvollen Kräfte. Das gilt zum Beispiel für die Krokodil-Zauberer, die bei den Bayansi und Basakata die Fährleute und

die Fischer terrorisieren, indem sie um jeden Preis versuchen, sich des Schattens, also der Seele der Reisenden zu bemächtigen, um diese zu ihren Dienern zu machen. Zahlreiche Riten sollen den Schatten vor dem Blick eines solchen Krokodils «verbergen»[69].

Das Huhn

Unter den Haustieren erfüllt das Huhn in ganz Schwarzafrika ebenso wichtige wie vielfältige symbolische Funktionen.

Tradtionellerweise wurde es nicht so sehr als Fleischlieferant, sondern als Ritualtier gehalten: *«Das Huhn ermöglicht die gute Ausführung der*

Riten» oder *«die Gegenwart des Huhns vollendet den Ritus»,* sagen die Baluba. Für die menschlichen Beziehungen hat es ebenso zahllose symbolische Funktionen wie für das Verhältnis zwischen den Lebenden und den Toten.

Auf der Ebene des Gemeinschaftslebens ist das Huhn Symbol für Willkommensein und Anerkennung. Es festigt die affektiven, sozialen oder geistigen Bande zwischen dem, der es gibt, und dem, der es erhält, oder zwischen denen, die sich bei einer Mahlzeit in es teilen. Es gehört zur Geburt wie zur Hochzeit, zur Bestattung wie zu den Beziehungen zum Jenseits. Es fehlt nicht bei einer Versöhnung und ebensowenig beim Verzeihen und bei der Tilgung von Sünden. Man bedient sich seiner, um Glück zu wünschen oder um eine Buße zu bezahlen. Priester und Heiler benutzen es, um zu pflegen, während sich der Zauberer seiner bedient, um zu zerstören... Da jedoch der Mensch mit vielem von dem, was er tut, darauf abzielt, mit seinen Ahnen in Einklang zu sein, sich ihres Schutzes zu vergewissern, beschränkt sich die Symbolkraft des Huhns nicht auf das bloß Soziale.

Es ist das Symbol für die Versöhnung, die Nähe und die Harmonie zwischen den Lebenden und den Toten. In den Mahlzeiten, die den Toten beim Ahnenkult oder bei gewissen Trauer-Veranstaltungen dargebracht

Wassertiere
Hin und wieder stößt man in Bodenvertiefungen der Savanne auf Tümpel, ein kostbares Geschenk der Natur, läßt sich doch das Wasser als Tränke für das Vieh und für die Bewässerung der Gemüsekulturen nutzen. Im Wasser leben Fische, Frösche und sogar kleine Kaimane. Laut den Überlieferungen der Dagara (Burkina Faso) sorgen diese Krokodile für das Gleichgewicht in der Natur. Weil sie im Wasser leben und sich von ihm ernähren, ziehen sie während der Trockenzeit Regen an. Deshalb ist es grundsätzlich verboten, sie zu töten. Der Genuß ihres Fleisches ist strikte untersagt. Wenn dennoch aus Versehen oder mit Absicht ein solcher Kaiman getötet wird, wird im Dorf zur Wiedergutmachung ein Begräbnis wie für einen der Ältesten veranstaltet, dem wirkliche Weisheit nachgesagt wird.

werden, darf im allgemeinen Hühnerfleisch nicht fehlen. In einigen Bantu-Sprachen wird ein Huhn, das zu diesem Zweck geschlachtet wird, «Huhn der Ahnen» oder «Huhn der Verbundenheit» genannt. Bei bestimmten Völkerschaften, etwa den Basongye, wird ein solches Huhn gegessen, ohne daß die Knochen zerbrochen werden dürfen. Diese werden anschließend auf dem Opferaltar ausgebreitet.

Wenn bei den Bakaya ein Neffe stirbt, so schenkt der Onkel mütterlicherseits, der bei seinen Neffen und Nichten die Rolle eines Beschützers spielt, dem Vater des Verstorbenen ein «Huhn des verschwundenen Blutes». Diese Gabe hat eine doppelte Bedeutung: Sie soll einerseits das durch diesen Tod gestörte Gleichgewicht wiederherstellen, dem geschwächten und verlorenen Blut (der ganzen Familie) neue Kraft verleihen und andererseits die durch den Tod unterbrochene Lebenskette wieder verschweißen.

Bei den Luluwa[71] und den Baluba verbringt der überlebende Partner, der nach dem Tod des Gatten oder der Gattin nach Meinung seiner Mitmenschen noch in Gemeinschaft mit dem Geist des oder der Verstorbenen lebt, die Trauerzeit als eine tote Zeit, in der das Leben verlangsamt weitergeht. Damit man zu seinem (ihrem) normalen Leben zurückkehren kann,

Das Huhn, eine Freundin der Menschen
Die Menschen waren damals die einzigen Bewohner auf der Erde. Die Tiere lebten noch alle in Gemeinschaft mit Gott. Ohne sich zu fragen, woher sie gekommen seien, begannen die Menschen, allein über ihre Angelegenheiten zu bestimmen, und kümmerten sich nicht um ihren Schöpfer. Sie sagten: «Morgen tun wir das, das tun wir später…» Weil sie für sich allein und ohne Beschützer lebten, kam der Tod zu ihnen. Am Morgen starb im einen Haus unerwartet das Kind, am Abend verlor in einer anderen Hütte, ohne jede äußere Ursache, die schwangere Gattin ihr Kind… Die Menschen wurden sterblich. In dieser Zeit hatte es sich das Huhn angewöhnt, heimlich das Haus Gottes zu verlassen und bei den Menschen Körner zu picken. Als es eines Tages zurückkehrte, hörte es, wie Gott sich darüber beklagte, daß die Menschen ihn nicht kannten. Es stieg zu den Menschen hinunter, um es ihnen mitzuteilen. Und diese begannen zu sagen: «Wenn Gott es will, tun wir morgen dies», «wenn Gott es will, gehen wir dorthin…» Von da an wurde das Leben verlängert und erging es den Menschen bei ihren Geschäften besser. Als Gott vernahm, das Huhn habe auf diese Weise die Menschen gerettet, schickte er es aus dem Himmel zur Erde zurück mit den Worten: «Da du die Menschen derart liebst, sollst du auf die Erde gehen und bei ihnen bleiben; kehre nie mehr hierher zurück; kümmere dich weiterhin um die Angelegenheiten der Menschen (Dagara-Mythos, Burkina Faso).

Seit dieser Zeit regeln die Dagara die wichtigen Probleme in ihrem Leben mit Hilfe des Huhns. Es wird geopfert, wenn man die Erde, die Naturgeister, die Ahnen anruft. Die wichtigste Rolle kommt ihm bei Bestattungen zu.
Zusammen mit Ackerfrüchten und anderen Tieren, die den Erfolg des Verstorbenen auf der Erde symbolisieren, wird es neben dem Leichnam zur Schau gestellt, den es nun während seiner ganzen Reise ins Jenseits begleiten wird. Unser Bild zeigt ein Huhn, das neben dem mit einem roten Tuch bedeckten Sarg angebunden ist.
Dieser vor kurzem fertiggestellte Speicher kann erst nach einer Zeremonie genutzt werden, bei der sein Besitzer unter anderem einen schwarzen Hahn und eine weiße Henne geopfert und mit dem Blut der Opfertiere Federn auf dem Speicher festgeleimt hat (nebenan und auf der folgenden Doppelseite). Alle Teile dieses Haustiers dienen bei den verschiedensten Zeremonien als Symbole. Die weißen Federn sind ein Zeichen dafür, daß bei einem Ritual eine weiße Henne geopfert werden mußte.

muß er (sie) sich einem befreienden Reinigungsritus unterziehen, bei dessen Abschluß er (sie) der Familie des (der) Verstorbenen ein «Huhn der Trauer-Entsagung» übergeben muß. Dadurch wird man vom Geist des (der) Verstorbenen befreit, denn das verbindende Band wird durch das Blut dieser Gabe zerschnitten.

Das Huhn stellt das Gleichgewicht wieder her, verbindet und hält zusammen. Es ist der Preis, den man bezahlt, um sich von Verboten und Verfehlungen loszukaufen, sein Blut symbolisiert das menschliche Blut, dem es neue Kraft und Dynamik verleiht.

Wenn zum Beispiel bei den Baluba oder bei den Bayaka und vielen anderen Völkerschaften in Zentralafrika eine Person gewollt oder zufällig einen Mitmenschen verletzt, wobei Blut fließt, so glaubt man, der Verletzte sei in seiner Lebenskraft geschwächt und dadurch schutzlos den schädlichen Kräften ausgeliefert. Zur Wiedergutmachung muß der Verursacher dieser Verletzung seinem Opfer ein Huhn anbieten und ihm eine Schnur am Handgelenk festmachen: Das Huhn gibt dem Blut neue Kraft, und die Schnur verbindet den Verletzten mit den Seinen.

Wenn ein Mann früher bei den Bakaya infolge Sterilität, Impotenz oder irgendeiner Krankheit keine Kinder haben konnte, so wandte er sich, nachdem er mit seiner Gattin darüber einig geworden war, äußerst diskret an seinen Bruder, seinen Vetter oder einen anderen Mann aus seiner Familie, damit er ihm mit seiner Frau ein Kind zeuge. Bei der Geburt des Kindes erhielt dieser leibliche Vater vom Ziehvater des Kindes einen Hahn mit doppelter symbolischer Bedeutung: einerseits wurde so «das Blut (des leiblichen Vaters) erkauft», und andererseits wurden die unheilvollen Folgen dieser unerlaubten Beziehung neutralisiert, die dem Kind hätten schaden können. Ebenso mußte der Mann, der so sein Blut «gegeben» hatte (falls er verheiratet war), seiner Gattin, die von seiner Tat nichts wissen durfte, ein Geschenk machen und mit seinen eigenen Kindern zusammen den Hahn verzehren, um sie zu stärken und um zu ihnen zurückzukehren. Dieser «Bluthahn» hob einerseits jede sichtbare oder verborgene Bindung zwischen den aus dieser Handlung hervorgegangenen Kindern und ihrem Erzeuger auf und stellte andererseits die sozialen und familiären Bande zwischen den beiden Familien, die der ganzen Gemeinschaft bekannt waren, wieder her.

Das Blut des Huhns macht wieder gut und erneuert. Das gilt zum Beispiel für bestimmte Kultgegenstände, die bei jedem Mondaufgang mit dem Blut eines Huhns, einer Ziege oder einer Taube «genährt» werden müssen, das sie erneuert und ihre magische Kraft verstärkt. Solche Bräuche sind in ganz Zentralafrika verbreitet.

Der Unterschied «Henne/Hahn» kann bei gewissen Ritualen große Bedeutung haben, so etwa bei den Zeremonien, die bei den Baluba und Luluwa mit Kindern von besonderer Geburt verbunden sind. Bei diesen Völkerschaften ist die Überzeugung verbreitet, daß gewisse Geburten, die als ungewöhnlich angesehen werden, sich durch Anzeichen schon vor der Empfängnis oder während der Schwangerschaft ankündigen und daß diese Kinder ihr ganzes Leben lang in ihrem Schicksal und in ihrem Verhalten davon geprägt seien. Das gilt zum Beispiel für Zwillinge. Obwohl sie in hohem Ansehen stehen, gelten diese «gezeichneten» Kinder als schwächlich, mögliche Opfer von Mißgunst oder Eifersucht, und sie müssen deshalb durch besondere Rituale geschützt werden, und zwar im allgemeinen bei Beginn eines neuen Mondzyklus. Jede «gezeichnete» Geburtsart hat ihr eigenes Ritual. Gleichgültig wie dieses im einzelnen gestaltet wird, für einen Knaben wird ein Hahn benötigt, Symbol der männlichen Zeugungskraft, für ein Mädchen eine Henne, Symbol der weiblichen Zeugungskraft. Ebenso bietet der Vater seinem Sohn unmittelbar

Junge Mädchen aus dem Volk der Dagara, die ein Huhn zerlegen

nach dessen Beschneidung einen «Beschneidungshahn» an als Symbol der Männlichkeit, die das Kind durch diesen Eingriff erlangt hat. Nur Männer nehmen an dieser Mahlzeit teil.

Neben dem Blut haben auch das Alter, das Ei, die Farbe und verschiedene Körperteile des Huhns eine symbolische Bedeutung, unter Umständen verbunden mit besonderen Nebenbedeutungen.

Bei den Thucookwe werden Küken als Zutaten für verschiedene Präparate mit therapeutischer oder religiöser Bedeutung verwendet.

Bei den Bakaya kann das Hühnerei bei bestimmten rituellen Zeremonien das Huhn ersetzen. Während der Pubertät und der ganzen Zeit der sexuellen Reifung der Frau symbolisiert das Ei deren Geschlechtsorgan; sein Ort ist die Gebärmutter, wo der Fötus ausgetragen wird. Mit zunehmendem Alter verläßt es die Gebärmutter und steigt langsam hinunter, bis es in der Menopause die Vagina verschließt. Damit hört die Fruchtbarkeit auf. Wenn bei den Yaka über eine schwangere Frau gesprochen wird, zieht man in schamhafter Zurückhaltung den Ausdruck «sie brütet Eier aus» dem roheren «sie ist schwanger» vor.

Als Symbol des menschlichen Seins stellt das Ei, das der Zauberer von demjenigen verlangt, der seine Dienste beansprucht, die Person dar, der Schaden zugefügt werden soll.

Das Ei kann auch ein Symbol der Naturkräfte sein. Wenn nach Überzeugung der Yaka ein Zauberer jemanden durch den Blitz töten will, so schleudert er während seines finsteren Rituals in Richtung seines Opfers ein Ei, das sich in einen Hahn mit langen roten Federn verwandelt und, sobald dieser sein Ziel erreicht, zu einer Feuerkugel wird. Dann wird die Feuerkugel wieder zum Hahn und dieser zum Ei, das zum Meister zurückkehrt und von diesem in solcher Form aufbewahrt wird.

Die Farbe der Federn eines Opferhuhns kann bei bestimmten Zeremonien von Bedeutung sein. Im Ahnenkult und bei allen Riten, die mit Toten zusammenhängen, wird ein Huhn mit weißen Federn den anderen vorgezogen.

Die Adzing in Zaïre beispielsweise bestatten ihre Toten zusammen mit einem weißen Huhn. Die Thucookwe nehmen ein weißes Huhn, um böse Geister auszutreiben und ihre Kranken zu reinigen. Die Luba- und Luluwa-Heiler nehmen das Blut eines weißen Huhns, um ihren Medizinen mehr Kraft zu verleihen. Bei den Bashileel begibt sich der Heiler mit

Perlhuhn-Kopf

In den Beziehungen zwischen nichtverwandten Angehörigen der Dagara (Burkina Faso) spielt das Perlhuhn eine wichtige Rolle, vor allem bei Freundschaften zwischen einem Mann und einer Frau. Es ist das Symbol für die Freude und die menschliche Wärme, die eine Freundschaft verschafft. Es gilt als offizielle Konkretisierung der Freundschaft. Auch die Butter ist als Symbol in solche freundschaftlichen Beziehungen einbezogen. Wenn der Freund in Gegenwart seiner Freundin stürzt, so schickt sie ihm ein Gefäß mit Butter, «damit er seine Wunden verbinden» kann, wenn jedoch der Freund als Zeuge bei einem solchen Unfall der Frau dabei ist, läßt er ihr ein Perlhuhn zukommen, «damit die Schande ausgelöscht» wird.

einem weißen Huhn in der Hand in den Busch, um die Pflanzen einzusammeln, die er für die Herstellung seiner Heilmittel benötigt. Bei den Bayaka wurde die Sünde der Blutschande durch ein weißes Huhn getilgt, das nach der Zeremonie freigelassen und zusammen mit den Schuldigen aus dem Dorf vertrieben wurde. Wurde es anschließend eingefangen, so durfte es nur von sehr alten Menschen, die das Fortpflanzungsalter überschritten hatten, verzehrt werden.

Ebenfalls bei den Bakaya werden Personen, die in der Fremde geboren wurden und zum erstenmal in ihr Dorf heimkehren, und zwar im allgemeinen von ihren Großeltern oder nahen Verwandten, mit einem weißen Huhn empfangen, als Zeichen des Willkomms und der Aufnahme durch die Lebenden und die Ahnen.

Fast überall in Schwarzafrika empfiehlt man einem Menschen, der einen Unfall überlebt hat oder einer anderen tödlichen Gefahr entronnen ist, «iß ein weißes Huhn».

Das Huhn mit schwarzen Federn wird in Riten benötigt, durch die man sich aus dem Würgegriff böser Geister befreit. Bei den Thucookwe dient es dem Geist nach seiner Austreibung als Zufluchtsort. Die Baluba glauben, das schwarze Huhn, Symbol der Schwammigkeit und der Unbeständigkeit, hindere die Ahnen daran, mit den Lebenden in Kontakt zu treten: Es darf deshalb bei Zeremonien für die Ahnen nicht in der Nähe sein. Aus der Überzeugung heraus, das schwarze Huhn sei ein Symbol für das menschliche Sein, ist bei den Adzing seine Verwendung in Ritualen für die Toten streng untersagt. Würde man den Toten ein schwarzes Huhn anbieten, argumentieren sie, so hieße das, ihnen eine Person anzubieten, also den Tod eines Menschen zu wollen.

In der afrikanischen Tiersymbolik kommt dem Huhn grundsätzlich eine positive Bedeutung zu. Es besiegelt die Freundschaft, die sozialen und familiären Beziehungen. Es festigt die Gemeinschaft mit den Toten und den höheren Kräften. Es bezahlt mit seinem Blut, um die Sünden der Menschen zu sühnen. Es heilt und erneuert.

Zu dieser vor allem mit seiner Bedeutung im sozialen und religiösen Leben der Menschen zusammenhängenden Symbolik kommt eine andere, die auf seinem eigenen Verhalten beruht. Wenn man bei den Baluba, Luluwa, Basongye, Otetela und vielen anderen Völkerschaften in Zaïre zwei Hühner sieht, die sich schweigend und Schnabel an Schnabel sehr nahe gegenüberstehen, so sagt man, sie würden den Besuch eines geachteten Gastes ankündigen, der mit seinem Huhn zu begrüßen sei. Dann fragen sich nämlich die beiden Hühner: Welches von uns kommt in die Pfanne? Kämpfe zwischen Hähnen werden von denselben Völkern als Zeichen von Wahnsinn gedeutet. Man empfiehlt, sie nicht voneinander zu trennen, denn wer dies tun würde, müßte damit rechnen, selbst von diesem Wahn befallen zu werden. Wenn mehrere Hennen schweigend und ohne sich zu rühren, mit leicht geneigten Köpfen beieinander stehen, so wird dies als eine Botschaft der Toten aufgefaßt, die eine Opfergabe verlangen.

Linke Seite:

Tätigkeiten im Dorf
Frauen des Peul-Volkes bei der Besorgung ihrer Haushaltpflichten. Bei den Peul in der Region Fouladou (Senegal) ist das Geschlecht für die Aufgabenverteilung in der Gesellschaft maßgebend. In der Landwirtschaft besorgen die Männer die Erdnuß-, Hirse- und Sorghum-Äcker, die Frauen die Reisfelder. In der Tierzucht ist das Vieh Männersache. Die Männer führen die Tiere auf die Weide, sie sind für die Schlachtung und die Zerlegung zuständig. Frauen hingegen, die eigenes Vieh besitzen, stellen für dessen Betreuung Männer ein. Was die Hausarbeit angeht, so kochen die Frauen die Mahlzeiten, sie kümmern sich um den Haushalt und die Kinder, während die Männer nur eine einzige Aufgabe haben, nämlich ihr eigenes Haus sauber zu halten.

Pflanzen-Symbole

Blüte der eßbaren Pflanze, die Hühnerfuß heißt

Du, Farn der Vollkommenheit,
Ich erkenne dich an deinen Wohltaten.
Du bedeckst mein Gesicht,
Wenn ich die Kranken heile,
Und doch sehe ich dich nicht.
Hand des Unsichtbaren,
Du füllst den Raum
Zwischen dem Himmelsgewölbe und der Erde,
Du schiebst dich zwischen
Die Häuser und den Friedhof.
Verbinde dich mit diesen Blättern,
Um dem Sterbenden
Das Leben wiederzugeben.
Lege dich auf meine Hände
Und gib ihnen diese Kraft,
Das Außergewöhnliche zu bewirken.

In Schwarzafrika gibt es eine Fülle von pflanzlichen Vermittlern des Sakralen. Bei den einen ist es der Geruch, bei anderen der Geschmack, bei wieder anderen sind es Wirkungen, die sie beim Essen auslösen, oder andere Eigenschaften. Gewisse Pflanzen, etwa die wilde Pfefferminze, werden für die Wahrsagerei verwendet, weil ihr Aroma die Kraft besitzt, die vom Medium angerufenen Geister anzulocken. Andere, so der Knoblauch, werden für Austreibungszeremonien benutzt, weil sein Geruch die Quälgeister vertreibt. In der Reihe der höher wachsenden Pflanzen spielen die Palme und der Bananenbaum als Symbole eine wichtige Rolle.

Die Palme

Sie wird zu den Bäumen gezählt, die der «nährende Schöpfer aus freien Stücken geschenkt» hat. Man kann ihre Früchte essen, die auch Öl liefern, man kann ihren Wein trinken und ihr Mark verzehren. Ihre Blätter und Zweige lassen sich für die verschiedensten Zwecke verwenden: Initiation, Heilungskulte, Bestattungen, Maskentänze, Hochzeiten . . ., um den sakralen Raum zu *kennzeichnen,* abzugrenzen, um die Welt der Menschen und die Welt der Geister voneinander zu trennen. Die Palme spielt in gewissen afrikanischen Schöpfungsmythen eine wichtige Rolle, zumeist im Zusammenhang mit dem Verlust des paradiesischen Zustandes.

Bei den Baluba ist es die Raphia-Palme, die *dibondo* oder *Baum der Geister* genannt wird: Als das Höchste Wesen sein Schöpfungswerk vollendet hatte, vertraute er dem Mann und der Frau die Raphia-Palme als Wohnstätte an. Dieser Baum brachte einen herrlichen Wein hervor. Doch der

Auf den Komoren
Palmen in der ehemaligen Morini-Festung.

Heiliger Baum, Wohnstätte der Geister
Die Pangool, Ahnen von höherem Rang, Schutzgeister und Mittler zwischen den Menschen und Gott, lieben die Menschen und suchen deren Gesellschaft. Ihre Häuser liegen unter der Erdoberfläche, aber in der Nähe menschlicher Siedlungen, ihr bevorzugter Aufenthalt sind die Bäume. Weil sie ihre Pangool achten, respektieren die Sereer (Senegal) auch die Bäume. Muß man aus irgendwelchen Gründen einen Baum fällen, bittet man zuerst die Geister um Verzeihung, die darauf wohnen und jetzt gezwungen sind umzuziehen.

Schöpfer hatte dem Mann und der Frau eindringlich verboten, davon zu trinken. Die beiden lebten glücklich bis zu jenem Tag, als der Mann, angestiftet vom vierten der am Uranfang vom Höchsten Wesen erschaffenen Geister und von der Schlange, damals noch ein Geschöpf von undefinierbarer Natur, gegen seinen Schöpfer revoltierte. Dieser unterzog ihn daraufhin der «Prüfung des Palmweins»: Die Sonne, der Mond, der Mensch und deren entsprechende Geister mußten ihm, dem Schöpfer, eine Kalebasse voll Palmwein bringen, ohne unterwegs davon zu trinken. Sonne und Mond erfüllten den Auftrag zur Zufriedenheit, so wie ihnen befohlen worden war, doch der Mensch konnte nicht widerstehen und trank vom Wein. Das brachte Unordnung und Tod in die Welt und war Ursache für den Verlust des Paradieses...

Bei den Bakongo ist ebenfalls eine Palme mit dem Verlust des Urzustandes verbunden. Mahungu, das erste menschliche Wesen, ein vollständiges und vollkommenes Geschöpf, war davon betroffen. Wie der folgende Mythos berichtet, hatte ihm das Höchste Wesen verboten, um die Palme herumzugehen, die in der Umzäunung wuchs, wo er lebte. Doch eines Tages ging Mahungu um den Baum herum, und dabei wurde er in zwei verschiedene Wesenheiten gespalten, die zu Mann und Frau geworden sind.

Mahungu

Mythos der Kongo über die Erschaffung von Mann und Frau

«Zu dieser Zeit lebte im Universum ein einziges Wesen mit Namen Mahungu, was in sich selbst vollständiges, totales, vollkommenes, in sich geschlossenes Wesen bedeutet.

Mahungu war tatsächlich der Höhepunkt an Vollkommenheit. Er lebte in vollkommener Harmonie mit allen geschaffenen Wesen, kannte nur fortwährende Freude und immerwährendes Glück und wußte bis dahin nichts von Leiden und Schmerz.

Mahungu besaß alle Macht, beherrschte alle einander entgegengesetzten Kräfte: Er konnte mit seinem heftigen Atem Unwetter und Stürme auslösen, mit seinem leichten Atem eine milde und beruhigende Brise hervorrufen. Als ein Wesen vollkommener Synthese war er imstande zu erschaffen und zu zerstören, entstehen oder sterben zu lassen.

Mahungu war weder Mann noch Frau. Doch in seiner Eigenschaft als vollkommenes Wesen enthielt er Mann und Frau in sich. Er mußte Hermaphrodit sein.

Und Mahungu, das Urwesen, wurde in zwei Teile gespalten...
Bei den Bakongo in Zaïre war es üblich, daß ein Häuptling oder eine ranghohe Persönlichkeit noch zu Lebzeiten die Gegenstände bestimmten, die ihr Grab schmücken würden. Dazu gehörten Kunstwerke aus Speckstein (Steatit), einem leicht bearbeitbaren Mineral aus Steinbrüchen in Unter-Zaïre. An künstlerischen Motiven fehlte es nicht. Bestimmte Skulpturen erinnerten an die gesellschaftliche Stellung des Verstorbenen oder an eine charakteristische Seite seiner Persönlichkeit, andere spielten auf besondere Ereignisse (Leid oder Trauer) im Leben des Toten an. Auch mythologische Themen, die an die Urzeit der Schöpfung erinnerten, waren beliebt. Dazu gehört Mahungu, das Urwesen, aus dem das erste Menschenpaar hervorgegangen ist.

Eines Tages sah Mahungu, wie in der Nähe seines Hauses ein Baum keimte, der unter dem Namen Göttlicher Baum oder Baum Gottes bekannt war. Heute wird er Palme genannt.

Das Höchste Wesen verbot ihm, sich ihm zu nähern, vor allem, um ihn herumzugehen. Mahungu gehorchte einige Zeit lang. Doch eines Tages näherte er sich, von unwiderstehlicher Neugierde gepackt, dem Baum und ging um ihn herum. Alsogleich wurde er vom Höchsten Wesen in zwei Teile gespalten, die zu zwei verschiedenen Wesenheiten wurden: Lumbu, der Mann, und Muzita, die Frau. Gleichzeitig entstanden im Mann und in der Frau das Leiden und das Gefühl, nicht vollständig zu sein.

Der Mann wollte seine weiblichen Eigenschaften wiederfinden, die ihn verlassen hatten, die Frau wollte ihre männlichen wiederfinden. Sie sagten zueinander: Gehen wir abermals, aber in umgekehrter Richtung, um den Baum herum, vielleicht gelingt es uns, unseren ursprünglichen Zustand wiederzufinden. Sie machten sich noch einmal auf den Weg. Doch als sie beim Ausgangspunkt zurück waren, stellten sie fest, daß sie noch immer zwei waren, und daß es ihnen nicht gelungen war, nur mehr eine Person zu sein.

Das Leiden, die Unvollkommenheit und das Gefühl, unvollständig zu sein, setzten sich endgültig in ihnen fest, gleichzeitig damit auch das Heimweh nach ihrer verlorenen Einheit. Das Bedürfnis des einen nach dem anderen wurde stark, und je näher sie sich kamen, um so mehr milderte sich das Gefühl, unvollständig zu sein, aber auch um so stärker wurde in ihnen das Bedürfnis, nahe beieinander zu sein, bis zu jenem Tag, als die unterschiedlichen Teile ihrer Körper ineinander verschmolzen, miteinander in Einklang kamen und sie einen Augenblick lang den ursprünglichen Zustand von Mahungu wiedererleben ließen.

Sie wiederholten mehrmals diese Annäherung, aber es gelang ihnen nie, ihr Dauer zu verleihen oder den Augenblick der vollkommenen Einheit aufrechtzuerhalten. Doch aus dieser Vereinigung ging ein anderes Wesen hervor, das ihnen ähnlich war und das, ohne das aus sich selbst vollkommene vollständige Wesen zu sein, das Symbol dieses Versuchs des Mannes und der Frau bleibt, die ursprüngliche Einheit wiederzufinden.»

Der symbolische Wert der Palmzweige wird derart hoch eingeschätzt, daß man sich bei den Basongye nicht mit einem Strick aus den Nerven dieser

So gewinnen die Ewé in Togo Palmwein

Blätter erhängen darf. Da die Palme das Symbol des Lebens in seiner Fülle ist, erinnern ihre Blattnerven an das erste, von Gott empfangene Gesetz, wonach «niemand sich das Leben nehmen darf».

Bei den Annang im Südosten von Nigeria haben die jungen Blätter von *ajei,* der Ölpalme, eine wichtige symbolische Funktion im Leben der Leute: Eine Botschaft oder eine Einladung werden durch ein *ajei*-Blatt bestätigt, das der Bote dem Empfänger bei der Erfüllung seines Auftrags übergibt. Eine in Gefahr befindliche Person fühlt sich gerettet, sobald sie mit einem *ajei*-Blatt in der Hand beim Häuptling ankommt. Wenn jemand, ein Freund oder ein Bekannter, einem neugeborenen Mädchen eine aus einem *ajei*-Blatt verfertigte Schnur um das Handgelenk bindet, so bedeutet dies, daß er dieses Mädchen zur Frau für seinen Sohn bestimmt. Wenn man jemanden verhexen oder zu jemandem einen bösen Geist schicken will, so muß man nur dessen üblichen Namen aussprechen und dazu kräftig auf einen *ajei*-Zweig schlagen. Wenn irgendwo ein *ajei*-Zweig in den Boden gesteckt wird, so wird damit angedeutet, daß dieser Ort (in der Regel für eine begrenzte Zeit) geheiligt und für eine religiöse Zeremonie vorgesehen ist[72].

Die Palmen-Symbolik hängt eng mit der universellen Baum-Symbolik zusammen: Mit den Wurzeln reicht sie in die Welt der Ahnen hinunter, mit ihrem Stamm nimmt sie am Leben der Menschen teil, und mit ihren Zweigen fängt sie die kosmischen und göttlichen Kräfte ein, um sie an die Menschen weiterzugeben. Die ganze Symbolik der Höhen und der Tiefen ist darin enthalten.

Der Bananenbaum

Er ist das Symbol für die ewige Erneuerung des Lebens. Die Schwarzen sehen in ihm das Abbild der Welt, wo die einen sterben, während andere geboren werden. Sobald nämlich der Mutter-Bananenbaum stirbt, wächst ein Schößling aus dem Boden, der ihn ersetzt und so fort. Der Bananenbaum ist so ein Symbol für den Lebenszyklus, den ewigen Neuanfang der Dinge, die erneuerte Ewigkeit der erschaffenen Dinge.

In vielen Schöpfungsmythen, insbesondere bei den Luba, wohnen die guten Seelen nach dem Gericht im «Dorf-der-Bananenbäume», während die bösen Seelen in die unterirdischen Abgründe gestürzt werden. Um ein neugeborenes Kind mit dieser Welt der Ahnen zu verbinden, vergraben gewisse Völkerschaften in Zaïre seine Nabelschnur unter einem Bananenbaum. Andere Völker geben dem jungen Menschen ein Stück Banane zu kosten.

Alle Teile der Pflanze haben an dieser Symbolik teil. So gilt die Banane als das beste Nahrungsmittel im Dorf der Ahnen. Die Bayansi geben dem Totengräber, bevor er das Grab für einen Elternteil von Zwillingen schaufelt, eine Banane, um ihm zu zeigen, daß man ihm dieselbe Ehre zuteil werden läßt wie denen, vor denen sich der Verstorbene verantworten muß. Um eine schwangere junge Frau in Einklang mit ihren Ahnen zu bringen, die sie bei der Geburt beschützen müssen, geben die Basakata in Zaïre der künftigen Mutter eine wohlausgereifte Banane. Die junge Frau ißt diese Frucht während eines Rituals, das ganz speziell Schutz gegen die Gefahren beim Gebären bieten soll. Der Stamm des Bananenbaums kann Symbol für eine Person sein: Wenn der Häuptling der Basakata stirbt, wird er heimlich in der Nacht bestattet. Auf sein Totenbett legt man den Stamm eines mannsgroßen Bananenbaums, den man mit der Decke des verstorbenen Häuptlings bedeckt, um den getrauert wird. Um einer Frau, die ihr erstgeborenes Kind verliert, die Chance zu geben, weitere Kinder zu haben, stecken die Bayansi zwei Tage nach der Bestattung den Stamm eines Bananenbaums in das Grab des Kindes und bitten dieses, wenn es ein gu-

Rechte Seite:

Affenbrotbaum, Grabstätte des Musikanten
Woher er auch kommen mag, ob aus Mali, Senegal, Burkina Faso oder Niger, ob er zu den Songhai, den Mendé oder den Wolof gehört, der Musikant ist ein besonderes Wesen von besonderem Ansehen, eine Art Sklave, dessen Gunst von den freien Menschen gesucht wird. Die Vielschichtigkeit dieses Menschen wirkt über seinen Tod hinaus nach: Er ist das Wesen, dem es zusteht, im Affenbrotbaum (Baobab) bestattet zu werden. Die Sereer aus dem Sine-Saloume-Tal in Senegal erzählen, daß der Körper eines Musikanten nach dessen Tod zum Affenbrotbaum getragen wird. Der Baumstamm öffnet sich, der Musikant begibt sich hinein, worauf sich das Loch wieder verschließt. Eine Schlange windet sich um den Leib des Toten. Das wird zumindest von den Sereer behauptet, denn die Zeremonie findet unter strengster Geheimhaltung statt.

tes Kind war, in seiner Familie wie der Schößling eines Bananenbaums «wiedergeboren» zu werden. Die Blätter des Bananenbaums haben eine grundsätzlich mäßigende symbolische Bedeutung. Sie werden in Ritualen verwendet, durch die zerstörerische Kräfte gedämpft werden sollen, beispielsweise um die üblen Absichten eines Zauberers zu bannen oder um den Blitzschlag zu beruhigen[73].

Wegen seines raschen Wachstums, das ihn nach kurzer Zeit Früchte tragen läßt, wird der Bananenbaum zu einem Symbol für Wachstum und Fruchtbarkeit. Wenn eine Tante mütterlicherseits bei den Bayansi ihrer Nichte Fruchtbarkeit wünscht, übergibt sie dieser in einem Segnungs-

ritual einen Ableger eines Bananenbaums, der später bei ihrem Gatten gepflanzt wird. Die As'ohendo betrachten den Baum als ein weibliches Attribut schlechthin: «Die Frau ist der Bananenbaum, der Mann ist die Palme», sagen sie. Der Bananenbaum ist auch das zentrale Element bei der Initiation der Ohendo-Mädchen, denn er gilt als der Sitz des Geistes dieser Initiation. Wenn die künftigen Initiierten das Dorf verlassen und den Ort aufsuchen, an den sie sich zurückziehen, pflanzt man an der Stelle, wo nach ihrer Rückkehr die Initiation abgeschlossen wird, einen Bananenbaum. Derselbe Ritus wird am Ort, wo sie diese Initiationszeit verbringen, wiederholt. Die Initiierten können erst ins Dorf zurückkehren, wenn sie die von diesem Bananenbaum hervorgebrachten Früchte gegessen haben. Und bei ihrer Rückkehr ins Dorf müssen sie, bevor die mit der Initiation verbundenen Verbote aufgehoben werden, die Früchte des Baumes essen, der bei ihrem Weggehen gepflanzt worden war[74].

Diese wenigen Beispiele sollen zeigen, in welchem Maße die ganze Natur, gleich wie der menschliche Körper selbst, den Afrikanern Elemente für ihre Symbolik liefert. In gewissen Fällen werden die natürlichen Elemente jedoch durch künstliche Produkte ersetzt, die ihren symbolischen Gehalt übernehmen. Einer der interessantesten Fälle sind die Perlen.

Verdrängung der natürlichen Träger

Bevor Schwarzafrika mit den anderen Kontinenten in Berührung kam, stammten die Perlen, ein wichtiger symbolischer Gegenstand für die Schwarzen, je nach geographischer Lage von Pflanzen, Tieren oder aus dem Wasser. In Zentralafrika beispielsweise wurden sie von kleinen Weichtieren produziert, die man im Sand der Flußläufe einsammelte[75], oder von gewissen Schnecken. Andere gewann man aus bekannten wilden Früchten. Die seltenen und besonders widerstandsfähigen Samenkörner wurden durchlöchert und am Nerv eines Blattes der Raphia-Palme zu einer Kette aufgereiht. Die Basongye etwa verwendeten die schwarzen Samen des *ekonde a bukishi,* einer Bananenart, die ungefähr alle sieben Jahre ungenießbare Früchte trägt. In Westafrika schätzte man Perlen mineralischer Herkunft. Sie wurden aus Steinen gehauen, etwa aus durchsichtigem Quarz, aus blauen Korallen, aus Chalcedonit oder Malachit... Gleichgültig ob die Perlen aus dem Wasser der Flüsse, aus Pflanzen oder aus Steinen stammten, sie waren schwierig zu beschaffen. Und weil sie so selten waren, galten sie auch als kostbar. Um einige wenige Perlen zu erwerben, verkaufte man sogar eine Frau oder ein Kind der Familie in die Sklaverei.

Schon gegen Ende des Mittelalters brachten Inder und Chinesen, die mit Afrika Handel trieben, Perlen aus Glas oder bunten ähnlichen Materialien auf den Kontinent, wo sie sofort Anklang fanden. Später, im 16. Jahrhundert, betrieben die Portugiesen an der afrikanischen Westküste ebenfalls einen schwunghaften Tauschhandel mit den Küstenbewohnern. Zu den Waren, die die Portugiesen mitbrachten, gehörten Glasperlen, die man Körner oder Kiesel nannte und die in Deutschland, Frankreich, Holland und Venedig hergestellt wurden. Allmählich verdrängten diese künstlichen die natürlichen Perlen, und sie übernahmen sowohl deren konkrete (Geld, Schmuck, Verzierung...) als auch symbolische Funktionen.

Perlen haben sehr viele symbolische Werte und Bedeutungen. Wir wollen hier einige aufzählen und auch auf Gelegenheiten hinweisen, bei denen sie eine Rolle spielen. Bei den Baluba wie auch bei den Basongye ist

Perlenkette
Bei den Baluba und den Basongye in Zaïre ist sie das Symbol für die Vereinigung individueller Leben zu einer in sich geschlossenen Gemeinschaft.

eine Perlenkette das Symbol für die Vereinigung individueller Leben in einer in sich geschlossenen Gemeinschaft. Jede Perle in einer solchen Kette stellt ein einzelnes individuelles Leben dar, das mit den anderen Leben (= die anderen Perlen) zusammen ein Ganzes (= die Kette) bildet, dessen Überleben nur durch den Zusammenhalt aller möglich ist. Eine Perlenkette, die einem Familienoberhaupt gehört, ist deshalb ein Symbol für die gesamte Familie, jede einzelne Perle bedeutet ein Glied dieser Familie. Eine Perlenkette, die das Oberhaupt einer Sippe besitzt, stellt die ganze Sippe dar, jede einzelne Perle eine Familie, die zu dieser Sippe gehört. Es wird zum Beispiel als ein sehr schlechtes Vorzeichen gewertet, wenn in der Familie eine Perle der Familienkette in Stücke zerbricht, auch wenn dies ein rein zufälliges Ereignis ist: Man glaubt, ein baldiger Tod in der Familie werde so angekündigt. Ebenso verhängnisvoll ist es, wenn jemand von einer zerbrochenen Perle träumt. Wenn aber im Traum zusätzliche Perlen zur Kette hinzugefügt werden, so wird sich die Familie durch weitere Geburten vergrößern.

Perlen sind ein Symbol für Reichtum, für soziales Wohlergehen. Wenn zum Beispiel jemand Pläne entworfen hat, wie er sich Güter erwerben könnte, und nun seine Kette reißt, so daß die Perlen daraus herausfallen, oder wenn er nicht aufgereihte Perlen verschüttet, und das im Traum oder in Wirklichkeit, so bedeutet dies, daß alle von ihm geplanten Unternehmungen scheitern werden.

Perlen sind ein Weggeld: Wenn bei den Bestattungszeremonien der Bazeela und Baluba der Tote gewaschen wird, so gibt man ihm einige Perlen in den Mund oder in die Hand, damit er seine Reise in die andere Welt bezahlen kann[76].

Bei den Dassa in Benin gehörten Perlen zu den weiblichen Schmuckstücken. Jedes junge Mädchen, das zur Schönheit erblühte, erhielt welche zum Geschenk. Doch schon bald erhielten sie eine neue Bedeutung. Mit dem sexuellen und ehelichen Leben verbundene Symbole wurden wichtiger: Zeichen der ehelichen Liebe, der Treue zu dieser Liebe und zur Ehe. Perlen gehören deshalb zur Aussteuer und sind ein Teil der Mitgift. Die Perlenkette, die der künftige Gatte seiner künftigen Gattin an dem Tag schenkt, da er die letzte Rate des Brautgeldes bezahlt, besiegelt die Hochzeit und schließt den langen Prozeß ab, der mit dem Anhalten um die Hand der künftigen Gattin begonnen hatte. Die junge Frau bestätigt durch die Annahme des Geschenks vor aller Öffentlichkeit, daß sie zur Ehe bereit und sexuell reif ist, um Gattin und Mutter zu werden. Die Perlenkette wird beim ersten Geschlechtsverkehr um die Hüften getragen. Später wird sie bei der Geburt jedes Kindes in dieser Familie vor aller Welt vorgezeigt, und zwar an dem Tag, da das Neugeborene in die Gemeinschaft aufgenommen wird. Sie ist das Zeichen der Integrität der Frau und bezeugt, daß jedes Kind aus der ursprünglichen Liebe zwischen Vater und Mutter hervorgegangen ist[77].

Perlen gehören zu den Ingredienzen zahlreicher Medizinen und Amulette. Sie wirken als Katalysator für die geheimen Kräfte, die man ihnen anvertraut. Wenn bei den Bambala in Zaïre der Baum gefällt wird, der den Neubeschnittenen als Sitz dienen wird, begeben sich die früher Beschnittenen am Abend vor der Beschneidung, mit Raphia-Blättern und Perlen bekleidet und mit roter Erde und Kaolin geschminkt, in den Wald[78]. Wenn dem Geist des Häuptlings gehuldigt wird, trägt die Offiziantin, die Gattin des Häuptlings, Ketten aus roten Perlen am linken Arm und an den Beinen, wodurch sie zur Trägerin und Überträgerin von Leben wird. Hat bei den Bayansi ein Kind beispielsweise ein Huhn gestohlen und wollen seine Eltern aus Angst vor Vergeltung dieses zurückgeben, so veranstaltet man eine Zeremonie, bei der die Offiziantin einige Perlen und ein Geldstück in eine mit Tabaksaft zubereitete Mischung legt. Einige Tropfen des Gemisches werden dem gestohlenen Huhn in den Hals geschüttet, worauf man es laufen läßt: Die Perlen wie auch das Geldstück dienen dazu, den Schuldigen loszukaufen, sie schützen ihn vor unheilvollen Folgen.

Wie weiter oben beschrieben wurde, begnügt sich der Mensch nicht mit natürlichen Elementen im Rohzustand, er erfindet auch weitere Objekte, denen er eine symbolische Funktion zuerkennt. Das gilt insbesondere für Kultgegenstände, denen das letzte Kapitel dieses Buches gewidmet ist.

Kapitel III

Die Kunst feiert den Kosmos

Die Allmacht Gottes: «Ich fürchte niemanden.»

«N'kisi», Gegenstand, mit dem sich die Yaka gegen das Übel wehren
Als Mittel gegen Fallen, in die man während des Lebens treten kann, als Hilfe für die Menschen, die trotz allem leben müssen, sind fast überall in Schwarzafrika Kulte entstanden, mit denen schweres Leid bekämpft wird. Bei den Bayaka in Kwango (Zaïre) haben solche phoongo genannten Rituale einen eigentlichen therapeutischen und prophylaktischen Zweck, und zwar sowohl bei körperlichen als auch bei seelischen Leiden. Jeder Kult verfügt über eine Reihe von mit Macht ausgestatteten Gegenständen und eine Armee von Ahnen und Geistern, die diesen Ritualen vorstehen. Die Yikubu, «Gegenstand, der das Alpdrücken beseitigt» genannte Statue, ist aus diesem Bemühen hervorgegangen und hat in einem solchen Kult ihre Bedeutung. Sie ist ein grundsätzlich männlicher Fetisch, der im Initiationsritual für die Yaka-Jünglinge die Rituale leitet, bei denen Gegenstände verlebendigt werden. Er hat auch andere Funktionen, etwa bei der Behandlung von Krankheiten, die mit männlicher Unfruchtbarkeit und Impotenz zu tun haben. Die beidseits des Körpers angebundenen Beutel, aus denen lange Federn herausragen, enthalten verschiedene Ingredienzen, denen eine Zauberwirkung zugeschrieben wird.
Die Trommel, auf der die beiden Hände ruhen, ist das Symbol der Männlichkeit. Dadurch erhält der Gegenstand männliche Grundzüge.

Bwanga

Luba-Mythos vom sakralen Ursprung der Statuen

Nachdem sich der Himmel von der Erde getrennt hatte, ließen sich die Menschen wagemutig auf der noch unbewohnten Erde nieder: die einen im Tal, die anderen in der Ebene, noch andere auf den Abhängen der Berge oder am Ufer der Wasserläufe. Ihr Ungehorsam hatte unter ihnen allerlei Übel und Leiden hervorgebracht: Krankheiten, Hunger, Mord, Streit unter Verwandten, Diebstahl...

Als Ngoy, der große Geist, dies sah, suchte er Nkulu, den Urgeist, auf, um bei ihm ein Wort für die Menschen einzulegen. Dieser hörte ihm zu. Denn Ngoy war, wie sein Name sagt, der Geist, «der vollendet», «der bewirkt, daß Unvollkommenheiten aufhören».

Nkulu tauchte in den Kisale-See, seinen Wohnsitz, hinunter und kam mit einer aus Holz geschnitzten Statue zurück, die er Ngoy überreichte:

«Bringe ihnen diesen Gegenstand. Es ist Bwanga, das heißt das Heilmittel, auf das die Menschen warten, damit ihr Übel gemildert wird. Sage ihnen, sie sollen mehrere gleiche Statuetten schnitzen, die du mir hierher bringst. Das ist ein Muster.» Ngoy begab sich mit der Statue zum Wahrsager, damit er weitere schnitze. Der Wahrsager arbeitete ununterbrochen, Tag und Nacht. Nach einiger Zeit übergab er Ngoy eine große Anzahl von Statuen verschiedener Form und Größe. Ngoy brachte sie zum Urgeist, wie dieser von ihm verlangt hatte.

Nkulu enthüllte nun Ngoy die Zauberformeln, durch die sich diese Statuen beleben und mit Heilungsvermögen ausstatten ließen. Er lehrte ihn die Kräfte der Pflanzen und die Natur der Zutaten, mit denen man die Statuen durchtränken mußte, damit sie in fortwährender Verbindung mit ihm selbst und mit den anderen Geistern im Kosmos bleiben würden.

Da zu diesen Zutaten auch Knöchelchen von Toten gehörten, glaubte Nkulu, es sei gut für die Menschen, wenn sie von allen, also von ihm selbst, den Naturgeistern und den zu Ahnen gewordenen Toten beschützt würden. Er rief deshalb diese letzteren zusammen, ernannte sie zu Boten seiner Macht und befahl ihnen, mit den Geistern zusammen für den Schutz der Lebenden zu sorgen. Deshalb stellen die Menschen seit undenklicher Zeit Bwanga-Statuen her, um ihre Leiden zu erleichtern und um die Verbindung mit Nkulu, dem Wohltäter, aufrechtzuerhalten.

Zugang zum Sakralen, Hilfsmittel für den Menschen: Für die afrikanische Symbolik wird das Kunstwerk die Ausdrucksmöglichkeit schlechthin. Der Mensch verwandelt mit seinen Händen den natürlichen Rohstoff und macht daraus das Band, das ihn mit den Seinen verbindet. Gemeinsam überschreiten alle zusammen auf ihrem Weg zur Transzendenz durch das Mittel des verwandelten Gegenstandes die Schwelle zum Unsichtbaren.

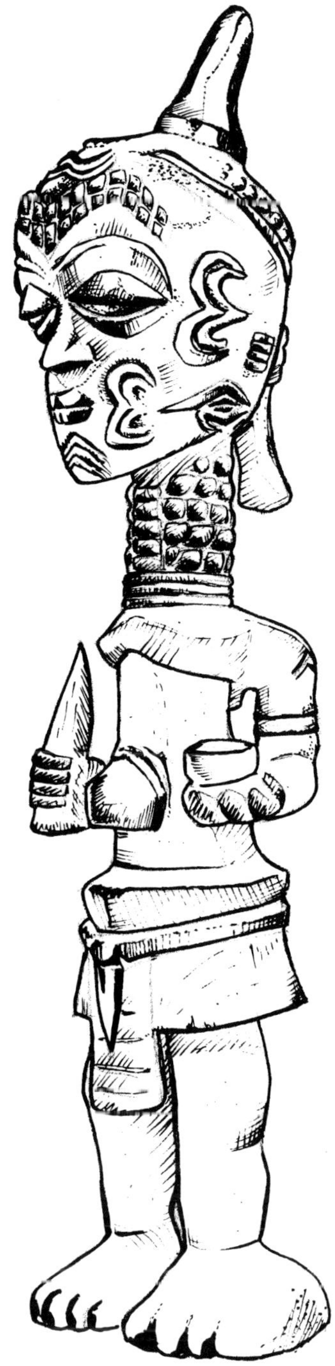

Der Kopf, Gegenstand besonderer Aufmerksamkeit
Weil diese Statue der Luluwa (Zaïre) bei vielen Heilungs- und Beschützungsritualen eine Rolle spielt, sind die strategisch wichtigen Stellen des Körpers und insbesondere des Kopfes durch Symbole gesichert. Die Schläfen, weil negative Energien durch sie in den Menschen eindringen könnten, aber auch positive durch sie entweichen könnten; die Umrisse der Lippen, damit das wirksame, handlungsfähige Wort seinen Mund verlassen kann; die Stirn, damit die Kommunikation mit den kosmischen Energien nie unterbrochen wird.

Das Kunstwerk

Der Rohstoff

Eine Vielzahl von natürlichen Stoffen verschiedenster Herkunft und Beschaffenheit dient dem Künstler als Rohstoff für die Herstellung von Kunstwerken: (vulkanischer) Tuff, Steine, Ton, Metalle (Gold, Silber, Eisen, Kupfer, Bronze, Messing...); hinzu kommen pflanzliche Produkte: Holz verschiedener Baumarten, Fasern, Blattnerven, Blätter des Bana-

Initiationsmaske der Bayaka-Knaben
Diese kholuta genannte Maske nimmt bei den Bayaka (Kwango, Zaïre) die zweite Stelle in der Hierarchie der Initiationsmasken ein. Sie hat große Macht, denn unter ihrem Hut befinden sich «Verteidigungswaffen», nämlich Substanzen, die als gefährlich gelten und die von Gegenständen oder Tieren stammen, die dem Menschen feindlich gesinnt sind und ihm Schaden zufügen können: Gräte des elektrischen Fisches, Schilfrohrfasern, die Wunden zufügen, angriffslustige Ameisen... Von da her gesehen ist sie ein Schutzsymbol, und gerade das haben junge Menschen nötig, wenn sie nach der Initiation mit dem Leben als Erwachsene fertig werden sollen. Der Hut kann «Schutzwaffen» enthalten, die eher mit dem Erdboden zusammenhängen, etwa geschützte landwirtschaftliche Produkte (Pfefferkörner, Erdnüsse, Mais, Yams...). In diesem Fall ist die Maske gleichzeitig Symbol für die mit dem Erdboden verbundene Fruchtbarkeit und für die Welt der Nutzpflanzen, die dem Menschen Schutz und Sicherheit gewährt.

nenbaums und verschiedener Palmenarten, Papyrus, Gräser und Lianen, Baumwolle, Rinde, Körner, Früchte, Nüsse, Flaschenkürbisse...; und solche tierischer Herkunft: Leder, Elfenbein, Zähne, Tierhörner und -knochen, Schneckenhäuschen, Bienenwachs, Vogelfedern, Kauri-Schnecken, Wolle und anderes mehr. Von der Materialbeschaffenheit hängt die Bearbeitungstechnik ab, wobei dem Künstler eine Vielfalt von Möglichkeiten offensteht. Am menschlichen Körper: Hautritzung, Einschnitte, Tätowierung, Farbstoff, Bemalung; am Metall: Hämmern, Treiben, Meißeln, Bronzeguß, Filigrantechnik; am Holz: Schnitzen, Eingravieren, Einbrennen, Nageln, Überziehen; auf Geweben: Weben, Sticken, Färben, Bemalen, Bedrucken, Applizieren, Collagen; mit pflanzlichem Material: Flechten, Korbflechten; mit Erde: Modellieren, Aufschütten... Von der Solidarität des bearbeiteten Materials und der Form des Gegenstandes ist auch das verwendete Werkzeug abhängig. Der schwarze Künstler benutzt sehr rudimentäre Instrumente. Am häufigsten trifft man an: die Zähne und Fingernägel des Künstlers selbst, Messer, Steinabschläge, Pflanzenblätter (mit ähnlichen Eigenschaften wie Glaspapier), Kämme verschiedener Form und Größe, Webstühle, Handbeile, das Feuer, Nadeln...

Der Künstler

Daraus, daß sich in der afrikanischen Kunst Gebrauchsgegenstände und Objekte, die Mittler des Sakralen sind, unterscheiden lassen, geht nicht notwendigerweise hervor, daß es in ein und derselben Gesellschaft zweierlei Handwerker geben würde. Die afrikanischen Künstler sind ganz allgemein vielseitig. Sie sind Schmiede, Korbflechter, Bildhauer, Körperkünstler, Bauern oder Hirten..., im Alltag werden sie, falls ein zwingen-

Linke Seite:

Senegalesischer Handwerker beim Korbflechten

der Grund dafür besteht, zu *«Medien», durch deren Hände das Unsichtbare sichtbar gemacht wird.* Doch implizit drängt sich eine Form der Spezialisierung auf: Den einen wird man eher bitten, einen Kultgegenstand herzustellen, beim anderen bestellt man eher die gebräuchlichen Werkzeuge. Was die Herstellung solcher alltäglicher Gebrauchsgegenstände betrifft, so ist der Handwerker keinerlei Einschränkungen unterworfen. Er kann seine Ware in seinem Hof, aber auch auf dem Marktplatz fabrizieren. Bei Gegenständen für den religiösen Gebrauch ist der Künstler jedoch an gewisse Vorschriften gebunden, meistens an die folgenden: rituelle Reinigung, Absonderung an einem verborgenen Ort, sexuelle Enthaltsamkeit, Gebet und Meditation, Zurückhaltung bei der Ernährung, verbunden mit einem Verbot bestimmter Lebensmittel, strenges Fasten, Beendigung der Arbeit beim Einbrechen der Nacht, Darbringung von Opfergaben, Verteilung von Almosen und verschiedenen anderen Gaben.

Die afrikanische Vorstellung von einem Kunstwerk

Jede menschliche Gemeinschaft bildet sich ihre Vorstellungen von Kunstwerken aufgrund eigener existentieller Erfahrungen, die durch Zeit und Raum in einem besonderen kulturellen, historischen, sprachlichen und sozial-religiösen Kontext bedingt sind. Deshalb ist die Haltung solchen Erzeugnissen gegenüber bestimmt durch den Gebrauch, den man davon macht, und durch die vitalen Interessen, denen sie entsprechen müssen. Und in den traditionellen afrikanischen Gesellschaften ist es ein Grundanliegen jedes einzelnen Menschen, mit seinesgleichen und mit den höheren Mächten zu kommunizieren.

Der Mensch versucht, dieses Anliegen zu befriedigen, indem er Symbole benutzt, die die Natur ihm anbietet: seinen eigenen Körper und die natürlichen Elemente. Doch er stellt auch andere Objekte mit spezieller Funktion her. Das sind die zahlreichen Symbole, von denen die meisten heute als afrikanische *Kunstgegenstände* bezeichnet werden.

In bestimmten Fällen ist der Gegenstand selbst das Symbol, bisweilen dient er als Träger für andere Symbole. Doch in allen Fällen ergänzt er die *Kunst des von Menschenhand veränderten Körpers* (Tätowierungen und Hautritzungen), dessen Zeichen er aufnimmt, die *Kunst des bewegten menschlichen Körpers*, von dem er gewisse Gebärden und Haltungen übernimmt, und schließlich die *Kunst des Wortes*, durch das er nicht mehr ein unbelebter Gegenstand ist, sondern selbst lebendig wird, damit er den Menschen zum Ziel seines Suchens begleiten kann. Eben damit man voll an den Riten und Feiern teilhaben kann, die die wichtigen Augenblicke im Leben der Menschen begleiten, sind die meisten dieser Gegenstände geschaffen worden. Man ersieht daraus, wie sehr die verschiedenen Formen von künstlerischem Ausdruck, die sich in Afrika entwickelt haben, mit den rituellen und kultischen Belangen verquickt und verwoben sind.

Man sollte die afrikanischen *Kunstgegenstände* nicht nach europäisch-ästhetischen Kriterien beurteilen, sondern muß sich die grundsätzliche Frage stellen, wozu sie dienten, weshalb und wie ihre Benutzer darauf gekommen sind, sie herzustellen, welche Bedürfnisse sie zu erfüllen hatten, welches Geheimnis sie bargen – und nicht was sie einem Besucher von Völkerkunde-Museen bedeuten, sondern welchen Sinn sie für die Menschen hatten, die sie hervorbrachten und noch immer verwenden.

In diesem Kapitel wollen wir versuchen, die symbolische Funktion des Kunstwerks in der kosmischen Liturgie aufzuzeigen, wobei wir nach zwei Kriterien geordnete Gegenstände vorstellen: Einerseits Objekte aus dem Alltagsleben, in denen das Symbol als *Kraftquelle für den Menschen* erscheint, und andererseits Objekte aus dem sozial-religiösen Bereich, wo das Symbol einen *Zugang zum Sakralen* darstellt.

Kunst und Symbole im Alltag

Lebenskunde

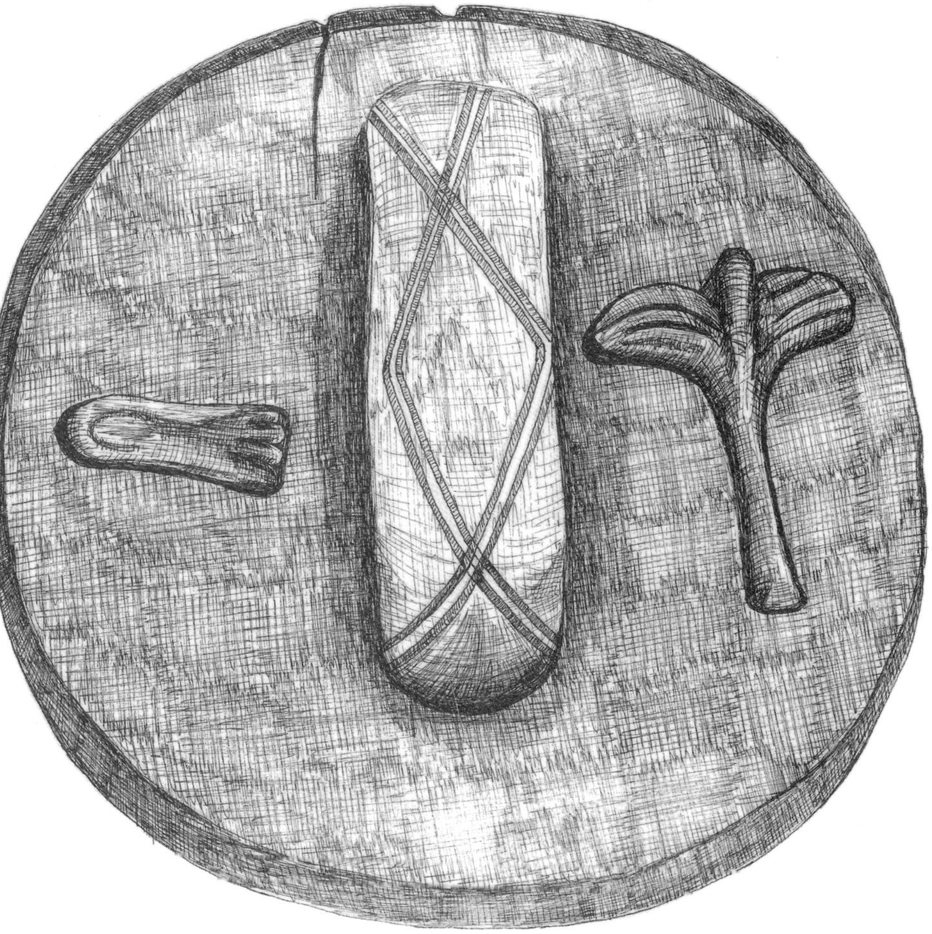

Deckel mit Sprichwörtern der Bawoyo und eingebrannte Kalebassen der Fon

In der angolanischen Enklave Cabinda an der Westküste von Zaïre leben die Bawoyo. Man findet bei ihnen in Holz geschnittene, geschnitzte oder eingravierte Gegenstände, die *mataampha* (Einzahl taampha)[79] genannt werden. Einige haben die Form von Scheiben, andere die von Brettchen. In der «Einstimmung» haben wir die Geschichte ihrer Entstehung erzählt.

Diese Gegenstände sind eigentliche Kommunikationsmittel mit Symbolen, die an Sprichwörter erinnern, Mahnungen aussprechen und verschiedenerlei für die Aufrechterhaltung menschlicher Beziehungen wichtige Botschaften übermitteln. Die jungverheiratete Frau erhält als Hochzeitsgeschenk eine Auswahl solcher Schnitzereien: Die darauf festgehaltenen Sprichwörter beziehen sich auf das Familien- und Eheleben. Der Häuptling besitzt an seinem Hof ebenfalls eine Sammlung davon, die er zu gegebener Zeit dazu benutzt, um durch Symbole das auszudrücken, was sein Mund nicht sagen will oder kann. Solche Ideogramme stellen Machtinsignien, historische Tatsachen und Ereignisse, persönliche oder mit einem Aspekt seiner Macht verbundene Losungen dar. Gewisse Botschaften, beispielsweise die Losungen, sind für ihn selbst bestimmt, zur Bestätigung seiner eigenen Identität. Andere hingegen wenden sich an seine Umgebung.

Deckel mit Sprichwörtern der Bawoyo (Zaïre, Angola)

Kein Häuptling, keine Ordnung
Gegen das 16. Jahrhundert zu gelangten Portugiesen in die Enklave Cabinda zwischen dem Königreich Congo und Angola. Ermuntert von portugiesischen Händlern und unterstützt von Holländern, Engländern, Spaniern und Schweden begannen die Asolongo aus Soya, Nachbarn der Bawoyo, die Stadt Ngoyo, die gesellschaftlich-politische Hauptstadt der Bawoyo, systematisch zu plündern. Die Königin verschwand spurlos. Während langer Zeit herrschte in Ngoyo Unordnung. Schließlich wurde die Herrschaft einem traditionellen Priester anvertraut. Daraus entstand ein Sprichwort, an das ein allgemeineres Sprichwort auf dem Deckel erinnert:
«Ngoyo mwaya, ya syala fumu ko.»
«Ngoyo, unsere Hauptstadt ist leer (in Unordnung), (denn) die Königin ist nicht mehr.»
Links vom Griff verdeutlicht ein Fuß diesen allgemeinen Sinn durch ein anderes Sprichwort:
«Tambi ca kuulu ntelendende, ayi kuna kukanizi kweenda fwene vitila to.»
«Sobald du deinen Fuß hebst, um zu gehen, weißt du nicht, wohin er dich führt.»
Damit ist gemeint, daß man nie weiß, wie die Dinge sich entwickeln: Nach der Ankunft der Portugiesen kam es zur Plünderung, danach zu einer Verschiebung der Grenzen und dem Verschwinden der Königin, wodurch die jetzige Unordnung entstand. Wer hätte all das voraussehen können? Ein anderes Sprichwort, dargestellt durch die Canna-Pflanze mit ihren roten Blüten, warnt vor äußerem Schein:
«Buna mwene ceeka ceeka, ayi masisa buna ngazye?»
«Meinst du, die roten Canna-Blüten seien reife Palmnüsse?»
Die kräftig roten Canna-Blüten ziehen zwar von weitem den Blick auf sich, doch sie sind nur als Schmuck zu gebrauchen. Dennoch haben sie dieselbe Farbe wie die reifen Palmnüsse, aus denen man Öl gewinnt. Man darf sich vom äußeren Schein nicht verführen lassen.

Vohergehende Doppelseite:

Ende der Initiation
Die Initiation ist zu Ende. Die initiierten Jünglinge der Peul in der Region Fouladou (Senegal) sind heimgekehrt. Im Dorf herrscht Jubel, das Fest ist in vollem Gange. Musikanten zeigen, was sie können, den jungen Leuten zum Gruß und all denen zum Dank, die zum Erfolg dieses Übergangs von der Kindheit in das Erwachsenenleben beigetragen haben.

Deckel mit Sprichwörtern der Bawoyo (Zaïre, Angola)

Nieder mit dem Egoismus!
Das gesellschaftliche Leben und menschliche Beziehungen erfordern bisweilen gegenseitige Hilfeleistungen in Form von Geschenken oder Ausleihungen: Heute leihst du mir etwas, wer weiß, ob nicht morgen ich dir etwas leihe? Daran erinnern der Einbaum und das Paddel, die in den Deckel eingeschnitzt sind: «Bwatu bibutu bakala nsabu ko, kete nsoombo nkhafi.»

Die *mataampha* sind somit vor allem im Haushalt und am Häuptlingshof anzutreffen. Doch solche Scheiben werden auch für Mitteilungen in anderen Bereichen der menschlichen Beziehungen verwendet. Die Motive bestehen in diesem Fall aus Sprichwörtern, mit denen Gefühle oder soziale Spannungen, Liebes- oder Kriegserklärungen, eine Aufforderung, Schulden zurückzuzahlen, Warnungen usw. zum Ausdruck gebracht werden. In dieser Bedeutung lassen sie sich mit den Gewichtssteinen für Gold der Akan und Ashanti vergleichen, die ebenfalls unter bestimmten Umständen Botschaften übermitteln[80], oder mit den eingebrannten Kalebassen in Benin.

Die Kommunikation durch die *mataampha* geschieht sehr einfach, ohne jede Komplikation oder besonderes Zeremoniell. Wenn zum Beispiel eine Frau daheim ihrem Gatten einen Wunsch übermitteln will, so verwendet sie bei einer Mahlzeit den Deckel mit den Motiven, die den Gegenstand ihres Wunsches darstellen. Ein Häuptling stellt ein Brettchen hin, das seinem Gast den Zweck des Treffens mit aller Deutlichkeit vor Augen führt, oder er läßt die Mahlzeit in einem Gefäß mit einem die Umstände darstellenden Deckel auftragen. Bei Mitteilungen über längere Strecken dienen die Brettchen als eigentliche «Briefe», die ein Bote dem Empfänger überbringt.

Sobald das *taampha* seinen Auftrag erfüllt hat und nicht weiter benutzt werden muß, wird es vom Empfänger in einer Ecke seiner Behausung abgelegt.

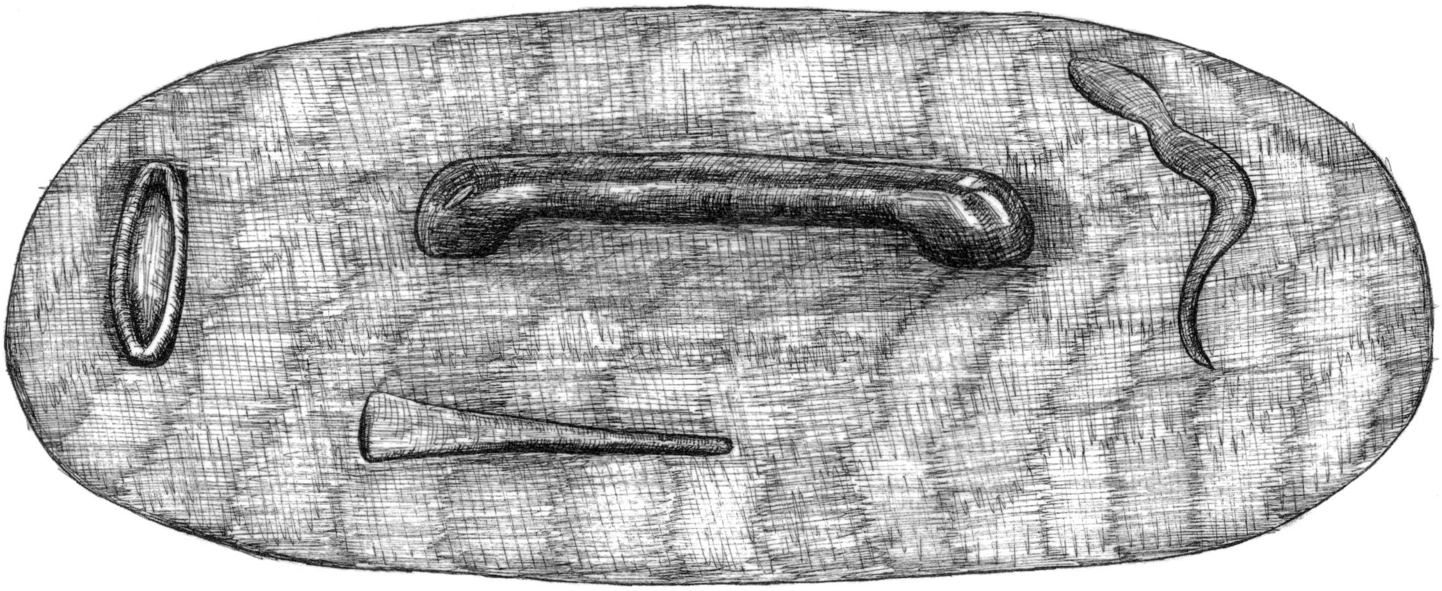

«(Sage nicht:) Man leiht sich nicht den Einbaum eines Verwandten, eine Beschädigung könnte zu Streit in der Familie führen.»
Das ist eine versteckte Weigerung, jemandem Hilfe zu leisten: «Weißt du denn, ob dir nicht eines Tages etwas so Einfaches wie ein Paddel fehlt?»
Das zweite Sprichwort, dargestellt durch die Viper rechts auf dem Deckel, macht darauf aufmerksam, daß gewisse Handlungen sehr langwierige Folgen haben können:
«Mphili yafwa, m'baamba wasiala.»
«Die Viper ist tot, aber ihr Gift bleibt.»

Die Entzifferung der *mataampha* setzt gute allgemeine Kenntnisse der Woyo-Sprichwörter voraus. Einige von diesen sind ausschließlich für die mündliche Weitergabe bestimmt, während andere auf die eine oder andere Weise bildlich dargestellt werden sollen. Ebenso wichtig sind selbstverständlich präzise Kenntnisse über die innere Struktur des Codes. Da diese drei Bedingungen eng miteinander verknüpft sind, läßt sich, falls nur eine von ihnen nicht erfüllt ist, die Botschaft kaum deuten und höchstens annäherungsweise verstehen[81].

Doch wie wird die Botschaft des *taampha* artikuliert? Welche Beziehungen bestehen zwischen den Sprichwörtern und den sie darstellenden Zeichen? Wie hängen die Zeichen untereinander zusammen? Wie kommt es, daß diese Symbole nicht isolierte Zeichen sind, sondern ein Ganzes, eine vollständige Botschaft darstellen?

Enthält ein *taampha* mehr als ein Sprichwort-Symbol, so ist in der Regel ein Haupt-Sprichwort vorhanden, welches das zentrale Anliegen zum Ausdruck bringt. Hinzu kommen ein oder mehrere Neben-Sprichwörter, die das Haupt-Sprichwort unterstreichen oder verdeutlichen. Wer ein *taampha* deuten will, geht deshalb folgendermaßen vor: Zunächst sucht man das Haupt-Sprichwort, das, wie die besondere Verwendungsart des *taampha* nahelegt, im allgemeinen aus einem Bildzeichen in der Mitte des Brettchens besteht und sich deshalb leicht finden läßt. Anschließend überzeugt man sich, ob die Neben-Sprichwörter zusätzliche Informationen enthalten und das Haupt-Sprichwort bestätigen. Die Botschaft wird schließlich aus der Summe aller dieser Elemente ermittelt.

Als Beispiele seien zwei in Sprichwort-Deckel eingeschnitzte Symbole vorgestellt. Das eine handelt von Hochzeit und Ehe, das andere von Macht.

Nkhaazi ayi mwana nkhazi, Onkel und Nichte[82]

Dieses *taampha* schenkt der Onkel mütterlicherseits seiner Nichte zur Hochzeit. Es enthält Ratschläge und Empfehlungen des Onkels an seine Nichte, damit sie zu einem harmonischen und glücklichen Heim kommt. Will man die Bedeutung dieses Deckels verstehen, so muß man die Stellung des Onkels im allgemeinen Verwandtschaftssystem der Bawoyo kennen[83].

Die Bawoyo sind matriarchalisch organisiert. Das bedeutet, daß Abstammung und Herkunft, die Beziehungen zwischen den Mitgliedern einer Sippe, Status und Stellung jedes einzelnen in der Gemeinschaft von der Mutter her bestimmt sind. Der Vater als Ernährer und Beschützer hat zwar durchaus seine Bedeutung und eine wichtige Stellung, doch die wirkliche Verantwortung trägt der Onkel mütterlicherseits. Dieser Onkel übt eine größere Autorität über seine Neffen und Nichten aus als der Vater über seine Kinder. Er wacht darüber, daß alle Rituale für ihre gute Einfügung in die Gemeinschaft respektiert werden. Er entscheidet bei allen wichtigen Veränderungen in ihrem Leben. Er bestimmt, welcher Erbteil zu gegebener Zeit wem zusteht, er wacht darüber, daß in ihren Heimen alles seinen richtigen Gang nimmt, er kann sogar eine Scheidung verfügen, falls er es für nötig hält.

Der Deckel *nkhaazi ayi mwana nkhazi, Onkel und Nichte,* besteht aus vierzehn Symbolen mit gemeinschaftsbezogenen Empfehlungen, die folgendermaßen zu deuten sind:

1. *Nkhaazi, der Onkel,* und 2. *Mwana nkhazi, die Nichte.* Diese Bildzeichen zeigen *nkhaazi,* den Onkel mütterlicherseits, der seiner Nichte, *mwana nkhazi,* die heiraten wird und ihm zuhört, Ratschläge erteilt. Diese beiden Personen sind das Hauptmotiv des Deckels. Sie geben Einblick in die gesellschaftliche Organisation der Bawoyo und verdeutlichen die oben erklärte Beziehung zwischen Onkel und Nichte für alle Nichteingeweihten.

3. *Ziinga, die Schnecke. Ziinga* ist ein kleines Weichtier aus der Klasse der Schnecken *(Tympanonotus fuscatus, var. radula).* Ihr Häuschen ist im Vergleich zu ihrem Körper sehr groß, was den Eindruck von Langsamkeit erweckt. Dieses große Häuschen dient ihr, wenn nötig, als Zufluchtsort. Auf Kiwoyo bedeutet deshalb das Wort *ziinga* «Leben». Es ist vom gleichlautenden Verb *-ziinga-, leben,* abgeleitet. Das Symbol steht für folgendes Sprichwort:

> *Ziinga ci bumphati, ziinga ci bungaanga:*
> *ziinga ayi bánthu, moonyo welacya.*
> Leben voller Sorgen, Leben voller Weisheit:
> Um mit Menschen zu leben, muß man geduldig sein.

Das Sprichwort besagt mit anderen Worten: Man muß wissen, im Leben eines Ehepaares gibt es viele Probleme; wesentlich ist, daß man sie mit Weisheit und Geduld anpackt. Dort nämlich, wo Menschen leben, gibt es immer Sorgen und Ärger. Oder auch: In seinem Heim muß man sich gegenseitig ertragen, so wie *Ziinga* ihr Häuschen trägt, welche Probleme daraus auch entstehen und wie sie sich auch stellen mögen.

Das Weichtier *Ziinga,* das auf Gegenständen immer durch sein Häuschen dargestellt wird, ist folglich unter bestimmten Umständen das Symbol für Geduld, Weisheit und Heiterkeit, in anderen Zusammenhängen auch für Zurückhaltung, Mäßigung und Selbstbeherrschung.

4. *Nthumbu-mveemba,* eine Art Samen *(Dioclea flambellipes,* Familie der *Schmetterlingsblütler).* Die *nthumbu-mveemba* reifen in den Hülsen einer Wasser-Schlingpflanze. Sobald die Frucht reif ist, springt sie auf, und ihre Samen breiten sich auf dem Wasser aus. Sie werden vom Fluß in das Salzwasser des Ozeans mitgerissen, wo sie absterben. Die Wellen werfen sie auf den Strand zurück, wo sie, weil unfruchtbar geworden, im Boden verwesen. Dieses Motiv drückt folgendes Sprichwort aus:

Nthumbu-mveemba:
lyambu lyatumbuka liméene,
Ka lifwila ntekolo kali nkhomba baana ko.

Das Korn *nthumbu-mveemba:*

Ein aufgeklärtes Problem ist ein gelöstes Problem.
Daran kann weder der Enkel noch das Kind sterben.

Das Sprichwort empfiehlt, daß im Leben eines Ehepaars ein Problem nie totgeschwiegen werden soll. Man muß vielmehr seine Sorgen offenlegen, damit der Partner oder die Partnerin sich ändern können, falls er oder sie die Ursache dafür sind, oder damit man sich gegenseitig helfen kann, eine Lösung zu finden. Oder auch: In einer Familie darf man Spannungen nicht so weit kommen lassen, daß eine Situation entsteht, die Unglück bringen, ja sogar einen Tod verursachen könnte.

5. *Cyala-myoko*, eine Art Korn *(Schrebera golugensis*, Familie *Ölbaumgewächse). Cyala-myoko* ist wie *nthumbu-mveemba* die Frucht einer Wasserpflanze, die am Strand eingesammelt wird. Sie weist in der Mitte eine Einbuchtung auf, weshalb sie zwei nebeneinandergehaltenen, geöffneten und ausgestreckten Händen mit nach oben gerichteten Handflächen gleicht, eine Gebärde, die bei den Bawoyo ein Zeichen der Öffnung zu den anderen hin, der Verfügbarkeit und des Großmuts ist[84]. Das Zeichen steht für ein Sprichwort, das «zeige dich verfügbar» bedeutet.

Cyla myko ke zifumu,	Halte deine Hände den Häuptlingen entgegen,
ke zingaanga,	denen, die die Macht haben,
ayi ke bantu bonso.	und allen anderen.

Die Stellung, welche die Frau in diesem matriarchalischen System einnimmt, erfordert von ihr großen Einsatz und viel Verfügbarkeit. Sie hat nicht nur die Verantwortung für ihr Heim, sondern sie erfüllt auch in der Sippe wichtige Funktionen, zum Beispiel bei gewissen Reinigungs- und Heilungszeremonien. Darüber hinaus kann sie durch ihr Verhalten entwe-

Schilfmatte aus Mayombe (Zaïre)
Jetzt benutzt man solche Matten, um sich darauf zu setzen und darauf zu schlafen. Früher wurden sie auch bei Bestattungen als Sarg verwendet, und zwar insbesondere für Kleinkinder und Sklaven. Der Körper wurde zuerst in ein Leichentuch aus Raphia-Gewebe und dann in eine Matte gewickelt, die man mit Lianen festband. Dann wurde der Leichnam bestattet. Die Matten aus Mayombe zeichnen sich durch eine reiche künstlerische Ausstattung mit symbolischen Motiven aus.

der die durch die Ehe miteinander verbundenen Familien einander näherbringen oder aber im Gegenteil Feindschaft zwischen ihnen stiften. Das Sprichwort erinnert die junge Ehefrau an die Rolle, die ihr im Dienste der Großen wie auch der Kleinen in ihrer Sippe zugedacht ist.

6. *Lungenza la lianya, das Maiskorn.* Das Zeichen verbildlicht folgendes Sprichwort:

Wonzo wamonakena lungenza la lianya	Wer ein Maiskorn besitzt,
na wmana sola maanya.	hat ein Maisfeld abgeerntet.

Damit wird gesagt, daß die Art der Güter, die man besitzt, etwas über deren Herkunft aussagen kann. Wenn man feststellt, daß das Maisfeld geplündert worden ist, und bei einer Person in der Nachbarschaft Mais findet, so kann es leicht geschehen, daß diese Person des Diebstahls bezichtigt wird. Die jungverheiratete Frau wird darauf aufmerksam gemacht, daß ihre Erziehung im Verhalten sichtbar wird. Sie sollte sich deshalb so benehmen, daß kein Verdacht und schon gar nicht eine Anklage aufkommen können, die ihr schaden würden.

7. *Mphiinda, Erdnuß.* Sprichwort:

Mwana ncientho mobongo mphiinda	Das junge Mädchen ist ein Erdnußsamen,
nawiwocia likanda.	Es vergrößert die Sippe.

Da die Generationen durch die Frau aufeinander folgen, erwartet man von ihr eine zahlreiche Nachkommenschaft, denn ihre Unfruchtbarkeit würde den Tod der Sippe bedeuten.

8. *Seéngo,* die Hacke. Weil die Feldarbeit neben dem Haushalt die wichtigste Tätigkeit einer Woyo-Frau ist, bildet die Hacke, ebenso wie der Topf, eines ihrer wichtigsten Attribute: Sie ernährt (= läßt leben) die Familie

Garben aus weißer Hirse, *die im Speicher eingelagert werden.*

Kataster-Baum
Bäume spielen eine große Rolle bei der Aufteilung des Raums in Schwarzafrika. Bei den Sereer (Senegal) besitzt jede Familie ihren Baum, der ihr Grundstück markiert. Um den Baum als Grenzstein herum wird die Erfahrung, was man aus dem Leben gelernt hat, weitergegeben. Rituelle Mahlzeiten und andere Familienfeste finden unter diesem Baum statt, der auch die Wohnstätte der Familiengeister ist. Unser Bild zeigt zwei Bäume, die den beiden Familien gehören, deren Hütten man im Hintergrund sieht.

durch ihre Arbeit auf dem Acker. Daran erinnert der Onkel seine Nichte durch das Sprichwort:

Mvata seengo kafwanga nzala ko.	Wer die Hacke benutzt, verhungert nicht.

9. *Sela ba mayaka, Maniok-Stücke,* und 10. *Ngulubu, Schwein.* Diese zwei Symbole gehören zusammen. Ein Schwein liegt auf dem Rücken, und ihm gegenüber sieht man vier Scheiben Maniok. Damit wird das folgende Sprichwort verbildlicht:

Ngulubu kafwa nthoondo mi yáka.	Das Schwein ist am Maniok gestorben.

Weil Schweine auf Maniok versessen sind, werden sie rasch einmal beschuldigt, sie hätten das Maniokfeld verwüstet, auch wenn sie gar nichts damit zu tun hatten. Die junge Frau wird vor unguten Neigungen gewarnt, die dazu führen könnten, daß sie unbesehen eines Vergehens bezichtigt wird, das mit solchen Neigungen zusammenhängen könnte, auch wenn man völlig unschuldig ist.

11. *Ngongólo, ein Tausendfüßler* aus der Klasse der Myriapoden hat sich eingerollt. Damit wird auf das Sprichwort angespielt:

Ngongólo kafutamena, lyambu like vaawu.	Der Tausendfüßler rollt sich ein, weil er einen Grund dafür hat.

Ein Tausendfüßler rollt sich ein, sobald man ihn berührt. Aus dieser Stellung geht somit hervor, daß er berührt worden ist. Das Sprichwort ist das Woyo-Gegenstück zu «kein Rauch ohne Feuer». Der Onkel will seiner Nichte sagen, sie sollte jedes Verhalten vermeiden, das unnötige Gerüchte auslösen könnte, denn es ist schwierig, seine Unschuld zu beweisen.

12. *Luloonga ayi mayaka, die Maniok-Platte,* 1. *Nkhaazi,* der Onkel, und 2. *Mwana nkhazi,* die Nichte. Die Kombination der drei Symbole (der Onkel, der seiner Nichte die Maniok-Platte zeigt) erinnert an das Sprichwort:

Ukaambwa cia lambila nnuni,
kete sele ba mayaka
untulila muna luloonga.

Auch wenn du nichts hast, was du deinem Gatten kochen könntest, so stelle ihm wenigstens diese Maniok-Stücke im Teller hin.

Der Onkel will seiner Nichte sagen, man müsse sich im Haushalt zu helfen wissen, damit immer etwas Eßbares im Hause sei. Dieses Symbol ist das wichtigste auf dem Deckel, denn neben dem konkreten Sinn, «Maniok-Stücke», hat es noch eine übertragene Bedeutung: Es steht für alle Formen der Befriedigung, die ein Mann zu Recht von seiner Gattin erwarten darf. In diesem Symbol sind alle Ratschläge und Empfehlungen auf dem Deckel zusammengefaßt.

13. *Nsomo, die Gabel,* und 14. *Luto, der Löffel.* Mit Gabel und Löffel zu essen, ist ein Zeichen guter Erziehung. Das Symbol ist Ausdruck der Achtung und Hochschätzung, die mit diesen Werkzeugen verbunden sind. Das meint das Sprichwort:

Nuniaku kacinzama, kaliila mu luto ayi nsomo.	Damit dein Gatte geachtet wird, sorge dafür, daß er mit Löffel und Gabel ißt.

Ein Deckel mit vielerlei Aussagen. Wir haben versucht, den Sinn der Symbole für die menschlichen Beziehungen herauszuarbeiten. Dem Onkel ist es offensichtlich ein wirkliches Anliegen, daß seine Nichte sich in ihrem Haushalt «richtig» verhält, also den Traditionen entsprechend lebt, damit sie glücklich werde. Die junge Frau wird das Geschenk lange aufbewahren und sich immer wieder mit ihm befassen. Es dürfte auch vorkommen, daß sie es von Zeit zu Zeit an einer auffälligen Stelle ihres Hauses zu sehen bekommt, diskret hingestellt von ihrem unzufriedenen Gatten, der möchte, daß sie die guten Ratschläge ihres Onkels in die Tat umsetzt.

Kasayi-Samt

Zwei Zeichen auf diesem Kasayi-Samt (Zaïre) sagen etwas über die verwandtschaftliche und gesellschaftliche Identität der Bakuba aus, des Volkes, das diese Raphia-Gewebe geschaffen hat: Ein Woot genanntes Zeichen aus ineinander verschachtelten konzentrischen Rauten und ein als Imbol bezeichnetes Symbol, das fast gleich, aber auf einer Seite offen ist. Woot ist der Name des mythischen Ahns, «derjenige, der befreite, der loskaufte», ein Symbol für das Heil, die Befreiung aller Völker des Kulturkomplexes Woot (Bakuba) und für dessen genetischen und gesellschaftlichen Ursprung. Das Zeichen Imbol, «der Mittler», tritt dann auf, wenn das, was im Hauptsymbol gesagt wird, mitgeteilt, verbreitet, weitergegeben werden soll... Es begleitet das Symbol Woot, um zu unterstreichen, daß «wirklich Woot der Retter und Befreier der Bakuba ist».

Und nun noch ein zweites Beispiel. Auf diesem Sprichwort-Deckel sieht man drei Symbole, die sich ebenfalls auf das Leben als Paar beziehen.

Ngaandu ayi cimbololo, das Krokodil und der Kaiman[85]

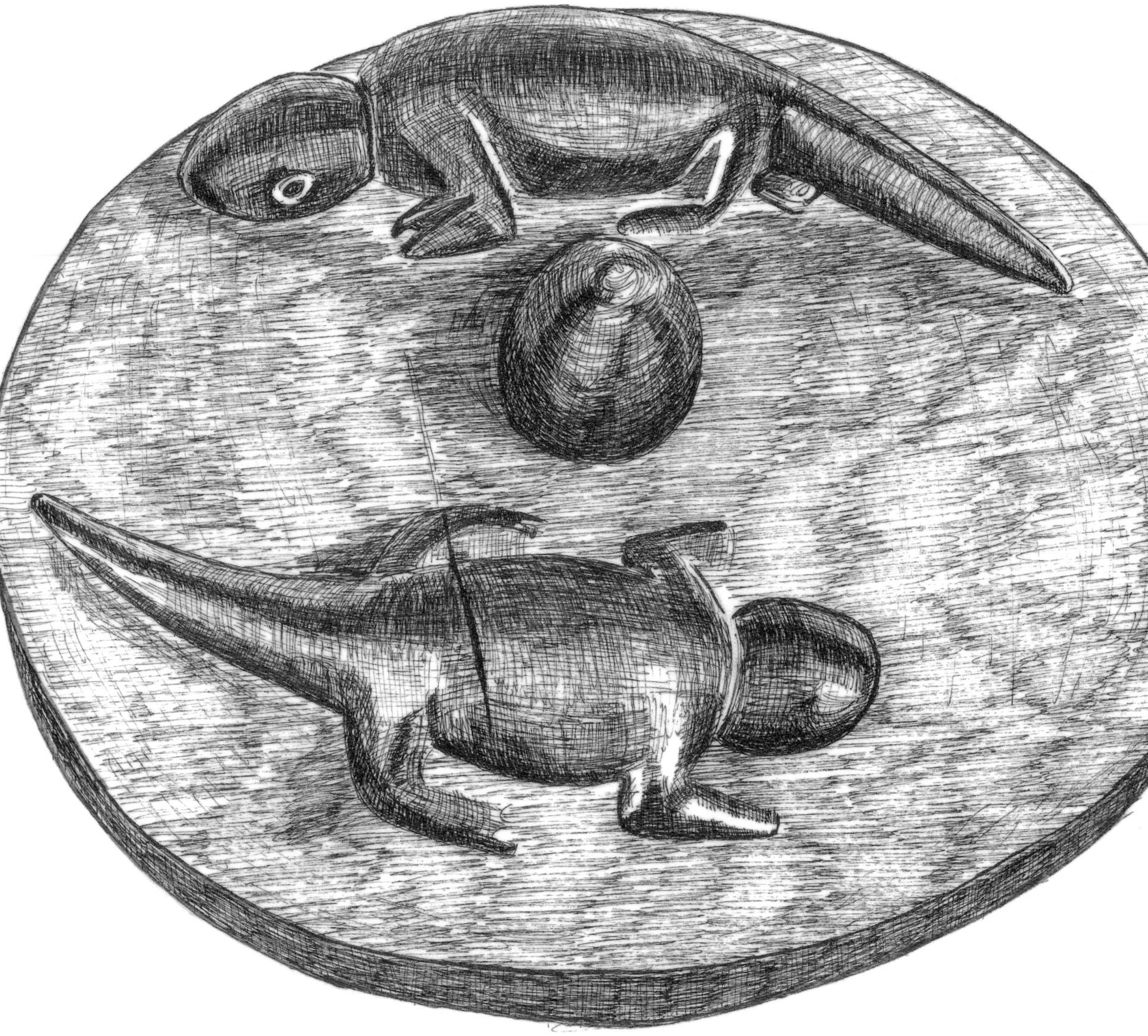

1. *Moongo, der Berg.* Dieses Symbol ist das zentrale Motiv. Es stellt einen hohen Berg mit kahlem Gipfel dar und erinnert an das Sprichwort:

Vendebele cia moongo	Einen hohen Berg
Cikumaku nthiinu.	Besteigt man nicht im Laufschritt.

Damit wird auf Schwierigkeiten angespielt, die im Leben eines Paares entstehen, und wird zu Mäßigung und Geduld geraten: Man soll nicht versuchen, seine Probleme überstürzt und ungeduldig zu lösen, denn eine geglückte Ehe ist vergleichbar mit dem Gipfel eines Berges, auf dem man nur ankommt, wenn man langsam hinaufsteigt und sich die notwendige Zeit nimmt.

2. *Ngaandu, das Krokodil,* und 3. *Cimbolo, der Kaiman.* Diese beiden Symbole erinnern zusammen an das Sprichwort:

Cimbolo putuku	Der Kaiman springt (ins Wasser),
Ngaandu putuku	Das Krokodil springt,
Bieze biviakeene.	Doch die Wellen, die sie aufwirbeln, sind verschieden.

Dieses Sprichwort warnt die Frau vor der Gewohnheit, Verhaltensweisen, die sie bei anderen Frauen in ihrer Umgebung feststellt, unüberlegt nachzuahmen. Denn ein und dieselbe Handlung kann unterschiedliche Folgen haben. Es rät von Snobismus und gegenseitigem Überbieten ab, denn eine solche Haltung könnte dazu führen, daß das Paar am Wesentlichen vorbeilebt.

Der Alltag bringt Scherereien in jeder Menge mit sich, und wo man sich auch befindet, man spürt die Auswirkungen. Eine ganz schlichte Wahrheit, an die man sich von Zeit zu Zeit erinnern muß. Die eingebrannten Kalebassen der Fon in Benin übernehmen diese Aufgabe und dienen als eigentliche Schatzkästlein für solche Überlegungen. Man kann darauf jederzeit das Wort finden, mit dem sich eine Beziehung wiederherstellen

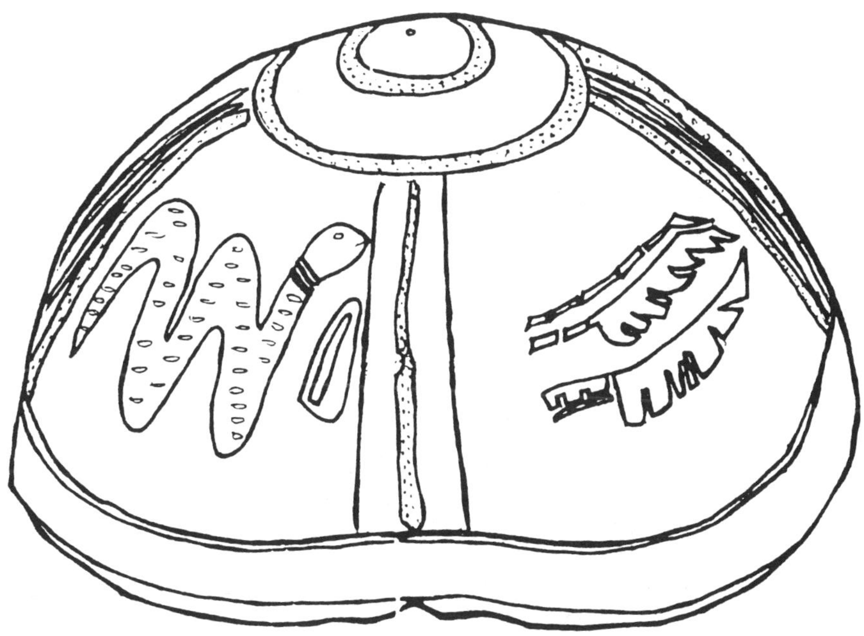

läßt oder das zum Nachdenken anregt. Ein Zeugnis dafür ist die hier abgebildete Kalebasse.

Die Palmzweige auf der rechten Seite erinnern daran, daß das Leben wie ein Schilfrohr ist:

Gé lo todéma wé
E no xo yi dusi, bo no amyo[86]
Das Leben gleicht den Blättern einer Palme am Ufer
des Wassers. Vom Wind geschüttelt neigen sie sich einmal
nach rechts, dann wieder nach links.

Auf der linken Seite warnt die schnell zupackende Schlange vor überraschenden Angriffen, indem sie an das Sprichwort mahnt:

Afo ma no yagba lenklensen. Unglück trifft den, der sie berührt.

Die bisher analysierten Vorlagen sind Beispiele für Mitteilungen im Eheleben und im Alltag. Gewissermaßen eine Lektion in «Lebensweisheit». Die nächsten Beispiele befassen sich aus zwei verschiedenen Blickwinkeln mit der Macht.

Das erste, *Lukata,* «der Sarkophag», ein Sprichwort-Deckel, befaßt sich mit der politischen oder spirituellen Macht bei den Bawoyo. Es ist eines der Geschenke, die der Häuptling bei seiner Amtseinsetzung von den Würdenträgern erhält. Man zeigt damit, daß man diesen Häuptling anerkennt, aber man mahnt ihn auch an die Grenzen seiner Macht; also eine Art «Regierungsweisheit», die solche Sprichwörter mit Fingerspitzengefühl zum Ausdruck bringen.

Das zweite Beispiel ist eine Geschichtslektion. Historische Ereignisse werden immer durch Symbole dargestellt, die etwas von der Persönlichkeit der damaligen Könige sichtbar machen. Dank dieser Möglichkeit der Symbolisierung wurde das Kunstwerk in den afrikanischen Traditionen zu einem Träger von Wissen und zu einer Art sicherem Lehrmittel.

Lukata, der Sarkophag [87]

Auf diesem Deckel sind zehn Sprichwörter in Form von Symbolen zu sehen, die ebenso viele Botschaften an den Häuptling oder eine andere machtausübende Person darstellen.

Wie bei den bereits erwähnten Beispielen rührt die Bezeichnung vom zentralen Symbol her, das einen Sarg mit drei Spitzen darstellt. Bei den

Bawoyo gab es zweierlei Särge, je nach Rang des Verstorbenen: Ein Häuptling oder eine hochrangige Person wurden in einem besonderen Sarg mit drei Spitzen auf dem Deckel beigesetzt, während Menschen aus dem Volk in gewöhnlichen Särgen mit nur einer Spitze bestattet wurden.

1. *Lukata, der Sarkophag mit drei Spitzen.* Das ist das zentrale Motiv des Deckels. In den bildlichen Darstellungen der Bawoyo symbolisiert der Sarg mit drei Spitzen *mfumu*, den Häuptling, oder *ngaanga basema*, den sakralen Heiler, eine Art Therapeut, der mit pflanzlichen Essenzen oder okkulten Kräften arbeitete. Im weiteren Sinne wird jede wichtige Persönlichkeit so dargestellt. Das Symbol erinnert an das folgende Sprichwort:

Lukata la matuumbu matatu:	Der Sarkophag mit drei Spitzen:
Fumu batuumba,	Der Häuptling muß eingesetzt,
ngaanga basema.	Der Heiler geweiht werden.

Das Sprichwort hält allen Personen, die über eine gewisse Autorität verfügen, vor Augen, daß kein Mensch sich selbst Macht verleiht. Der Häuptling, so mächtig er sein mag, darf nie vergessen, daß nicht er selbst sich als Häuptling eingesetzt hat, sondern daß die Macht, die er ausübt, von allen Angehörigen der Gemeinschaft herrührt. Dasselbe gilt für den *ngaanga:* Nach mehreren Jahren sorgfältiger Einführung in die Kunst des Heilens hat er sich der eingehenden Prüfung durch die Ältesten unterzogen, die ihn, falls sie ihn für kompetent befinden, zum Heiler der Sippe weihen.

Die Zeichnung zeigt symbolisch, daß niemand Macht aus sich selbst hat, sondern diese von den anderen anvertraut erhält und folglich Rechenschaft schuldig ist.
2. *Cimphaaba, das Parademesser.* Im Blick auf politische und spirituelle Autorität sind in dieses Messer wie auf die *taampha*-Deckel Sprichwort-Symbole eingraviert, die sich auf die Sippe beziehen, aus der sein Besitzer stammt, auf seine Familie, auf die Orte, wo er den Ahnen Opfer darbringt, und auf jede andere wichtige Situation, die man der Allgemeinheit zur Kenntnis bringen will.

Es wird gewöhnlich unter Verschluß gehalten und nur bei wichtigen politischen oder religiösen Ereignissen hervorgeholt, etwa bei der Bestat-

Das Chaos der Urzeit
Alles, was das Auge wahrnimmt, kann Träger für Symbole und folglich ein Ort für die Mitteilung einer Belehrung, einer Nachricht oder einer Mahnung sein, die für die Bereicherung des einzelnen Menschen wichtig ist. Dieses Gefäß der Kongo (Zaïre), ein Gerät aus dem Alltag, versetzt den Betrachter durch die Schlange und die Eidechse aus dem Chaos der Urzeit an den Anfang der Schöpfung zurück.

Zeichen als Mittler
Das wichtigste Zeichen in diesem Kasayi-Samt (Zaïre) wird Imbol genannt. Die Wurzel -bol'l- bedeutet «verbreiten, weitergeben, mitteilen, bekanntmachen, informieren...» Das in eine Raute eingezeichnete Symbol hat die Bedeutung eines Mittlers. In einer Komposition aus verschiedenen Symbolen soll es diese untereinander koordinieren, damit die Botschaft verständlich wird.

Initiationsmaske der Bayaka-Jünglinge
Diese Maske mit dem Namen ndeemba, «Verteidiger», wird beim Tanz der Yaka-Initiierten (Kwango, Zaïre) getragen, die sich während der Prüfung besonders ausgezeichnet haben. Sie steht jedoch allen zur Verfügung. Ihre bis zur Stirn zurückgebogene Nase ist ein Symbol für die Sonne, die von den Bayaka als eine Wassersäule aufgefaßt wird. Sie erhebt sich im Osten und erreicht im Zenit ihre Reife. Hier öffnet sie sich, sie entleert sich wie ein Brunnen auf die Erde und befruchtet diese. Sie ist der voll erigierte Phallus, Symbol für die Vollendung des Leibes in der Einheit Gesellschaft-Kosmos-Körper. Nach der Zeremonie wird die Nase zerbrochen und verbrannt. Die Asche wird aufbewahrt und Heilmitteln gegen Impotenz beigemischt oder als Zaubermittel für die Belebung neuer Masken verwendet.

tung oder Einsetzung eines Häuptlings, bei Ehrenbezeugungen am Königshof oder für einen Fürsten im engeren Gebiet. Während das Hoforchester seine lauten Klänge erschallen ließ, wie um die Macht des Landes zu bekunden, schwang ein Notabler von hohem Rang das Messer und steckte es in den Boden, wobei er es kräftig schüttelte[88]. Auf dem Deckel erinnert *cimphaaba* an das Sprichwort:

Cimphaaba:	Parademesser:
Mbeele luleendo,	Messer des Stolzes,
Kamana basika maambu.	Wenn man es sieht, so weil es Probleme gibt.

3. *Mphuundji, die Querhörner aus Elfenbein.* Diese Musikinstrumente gehören zu den Macht-Insignien, die ein eingesetzter Häuptling von seinen Ahnen erbt. Jedes hat seine besondere Bedeutung. Das größte Horn, das als *nuni, der Gatte,* bezeichnet wird, bringt einen tiefen Ton hervor, das mittlere, *nkhazi, die Gattin,* einen mittleren, und das kleinste, *mwaana, das Kind,* einen hellen Ton.

Wie das Parademesser werden auch diese Hörner nur bei wichtigen politischen oder religiösen Veranstaltungen hervorgeholt. Sie symbolisieren *nuni,* den Häuptling, *nkhazi,* die Würdenträger, und *mwaana,* das Volk. Die Hörner auf dem Deckel erinnern den Häuptling daran, daß alles miteinander zusammenhängt und daß seine Macht verblassen würde, wenn er nicht von den Würdenträgern und dem Volk getragen wäre. Die drei Hörner zusammen bilden ein Orchester, ein Symbol für die durch den Häuptling, von dem alle außergewöhnliche Fähigkeiten erwarten, repräsentierte Einheit. Diese Erwartung drückt sich im Sprichwort aus:

Mphuundji mfumu	Hörner von Wert
Zafunina va mongomaambu	Beweisen ihren Wert im Falle von Problemen.

4. *Ziinga, die Schnecke (Tympanonotus fuscatus, var. radula).* Mit dem Sprichwort, das wir schon auf dem Deckel für die jungverheiratete Frau kennengelernt haben, wird auch der Häuptling daran erinnert, daß man, wenn man Menschen führt, viel Weisheit und Geduld benötigt, denn das Gemeinschaftsleben ist voller Tücken.

5. *Ngoondje, die doppelte Glocke.* Als Insignie seiner Macht und um die Bedeutung seiner Worte hervorzuheben, wird mit der doppelten Glocke geläutet, wenn der Häuptling eine Mitteilung zu machen hat. Er schickt einen Boten durch das ganze Dorf, der von Zeit zu Zeit die Glocke erschallen läßt, um den Leuten das Ereignis anzukündigen. Dieses Symbol verbildlicht das Sprichwort:

Den! ngole!	Ding! Dong!
Si ayi matu, teka matu,	Beim Ertönen der doppelten Glocke,
Teka matu!	Spitze das Ohr!
Teka mphuku-mphuku,	Wer das Ohr spitzt, spitzt das Ohr.
Teka mphuku-mphuku,	Wer das Ohr nicht spitzt, spitzt das Ohr nicht.
Monsi kayuwulwaanga.	Wenn du diesen Klang nicht verstehst,
Mu lukuunga ko wiyaba.	So weil du ein Dummkopf bist.

6. *Ta nsoso, die Schnecke.* Wenn eine Schnecke sich in ihr Häuschen zurückzieht, so hört man einen leisen, durch die entweichende Luft ausgelösten Ton. Dieses Weichtier symbolisiert Stille, Ruhe, Willen und Selbstbeherrschung in schwierigen Situationen, Eigenschaften, die man von einem Häuptling erwartet:

Ta nsoso,	(Mach es wie) die Schnecke,
Mina nyiinga.	Schlucke deinen Speichel hinunter!

7. *Nduungu yilu, die Trommel.* Es handelt sich um eine große Trommel, die üblicherweise an einem Baumast aufgehängt ist oder auf einer kleinen

Erhebung steht. Der Trommler, der darauf schlagen will, muß auf eine Leiter steigen, was den Namen erklärt: *nduungu yilu, die Trommel in der Höhe.* Diese Trommel gehört zu den Gegenständen am Hof, die nur in schwierigen Situationen hervorgeholt werden, beispielsweise bei Prozessen (etwa wegen Zauberei) von großer Bedeutung, die nur mit einem Todesurteil für den Angeklagten ausgehen können. Das Symbol erinnert an das Sprichwort:

Nduungu yilu	Wenn die weit oben hängende Trommel
Kabula mbembo,	ihre Töne erschallen läßt,
Nkanu ku lumbu la mfumu.	so ist am Hof ein schwerer Prozeß im Gange.

8. *Mphili, die Viper.* Dieses Symbol steht für das Sprichwort:

Mphili wafwa,	Die Viper ist tot,
M'baamba wasiala.	Doch ihr Gift bleibt.

Man warnt damit Mitmenschen, die dem Häuptling Böses zufügen möchten. Selbst wenn es ihnen gelingen sollte, den Häuptling physisch zu beseitigen, so würden dessen Nachkommen (sein Gift) die Verbrecher zur Rechenschaft ziehen und sich rächen. Die Viper ist das Symbol für Rache.

9. *Civu, der Mörser.* Im Mörser werden bestimmte Nahrungsmittel: Maniok, Maniokblätter, Mais, Wegerich usw., zerstampft. Eine Arbeit für Frauen, die, damit sie angenehmer wird, oft von zwei Frauen gemeinsam ausgeführt wird: Die eine hebt ihr Pistill, die andere stößt damit, und so fort, ohne daß die beiden Stößel je im Mörser aufeinanderprallen. Dieser harmonische Rhythmus hat das Sprichwort inspiriert:

Mu civu nswa mweeka toka! Im Mörser, nur ein Pistill aufs Mal!

Damit wird gesagt, daß es in einem wohlorganisierten Dorf nur einen Häuptling geben darf.

10. *Nsiinga lukoondo, der Faden (aus Fasern) des Affenbrotbaumes.* Dieses letzte Motiv in Form einer Kordel umrahmt den Rand des Deckels. Es stellt die Schnüre aus Fasern des Affenbrotbaumes dar, aus denen die Bawoyo traditionellerweise ihre grobmaschigen Fischnetze herstellten. Vom Ernten der Fasern bis zum Knüpfen des Netzes erforderte diese Arbeit viel Zeit.

Die Schnur aus Fasern des Baobab verbildlicht diese Arbeit und ist zum Symbol für Dinge geworden, die sich in die Länge ziehen, vor allem auch für Personen, die, wenn sie ein Problem haben, fortwährend darüber sprechen müssen oder noch während Jahren nachtragend sind, eine Untugend, die die Bawoyo bei einem Häuptling gar nicht schätzen. Darauf spielt dieses an ihn gerichtete lakonische Sprichwort an:

...*Mawoomo yeka maambu ma nsiinga lukoondo!*
...Mach kein Problem aus der Baobab-Schnur!

Geschichtslektionen:

Statue des Königs Miko Mabiinth Ma-Mbul der Bashibushoong
Zur Unterscheidung von seinen Vorgängern ließ jeder König der Bashibushoong (Bakuba, Zaïre) eine Skulptur anfertigen, die sein Aussehen überlieferte. Sie wurde mit allgemeinen königlichen Attributen und Symbolen geschmückt, die etwas über seine persönliche Herrschaft aussagen sollten. Diese Statue des Königs Miko Mabiinth Ma-Mbul (1885–1895) trägt als königliche Symbole Armbänder auf der Brust, an den Handgelenken, an den Knöcheln und an den Oberarmen. Sie schützen den König, weil sie die zerstörerischen Kräfte daran hindern, in seinen Körper einzudringen, und seine Lebenskräfte davon abhalten, ihn zu verlassen. Auf dem Sockel vor ihm verbildlicht eine Vase seine persönliche Herrschaft.

Königliche Symbole vom Königshof in Abomey

An der Westküste Afrikas, im Süden des heutigen Benin, lebten vor dem 16. Jahrhundert Völker mit dem Namen Adja. Sie besiedelten das Gebiet zwischen Tado und Athièmé am Ufer des Mono, unweit des Atlantischen Ozeans. Nach inneren Streitigkeiten wanderte ein Teil der Bevölkerung nach Süden aus; hier wurde die Stadt Allada gegründet, die bald zur Hauptstadt eines Königreichs mit dem Namen Ardrah wurde. Später verließ ein Teil der in Allada niedergelassenen Adja auch dieses neue Königreich, weil zwischen Mitgliedern der Königsfamilie neue Streitigkeiten ausgebrochen waren. Diese Gruppe wandte sich nach Norden, in Richtung Abomey, wo ein weiteres Königreich entstand.

Dank der Macht des Königshofes in Abomey und einer gut organisierten Armee und Verwaltung eroberte dieses Königreich sehr rasch alle benachbarten Länder. Es wurde so zu einem der mächtigsten Staaten im vorkolonialen Afrika. Seine Hauptstadt übte eine starke Anziehungskraft auf die Besten unter den Künstlern, Handwerkern, Händlern und Gelehrten aus. Kunst, Handwerk und Handel blühten wie kaum sonst in Afrika.

Mitteilungen, Nachrichten und Belehrungen wurden nicht nur von Mund zu Mund weitergegeben, sondern auch in Form symbolischer Darstellungen auf verschiedensten Trägern. Sehr verbreitet waren Kalebassen-Stücke mit eingravierten oder eingebrannten Botschaften, bunte Reliefs an den Königspalästen, Tapisserien und Tapeten, Statuen und andere bildliche Darstellungen.

Doch die Symbole und ihre Träger waren nicht für alle Gesellschaftsklassen gleich. Es gab spezifisch königliche Symbole und andere, gewöhnliche, für jedermann.

Für ihre private Korrespondenz benutzten die ehemaligen Könige von Abomey Kalebassen-Stücke. Die darauf festgehaltenen Botschaften wurden mit den in der Geomantie gebräuchlichen Symbolen formuliert. Diese Zeichen waren nur Eingeweihten bekannt. Vor allem in den persönlichen Anordnungen der Könige, die sich auf Waffen und geschichtliche Ereignisse bezogen, stößt man auf die charakteristischen königlichen Symbolzeichen, und zwar praktisch auf allen Trägern. Sie stellen eigentliche Geschichtslektionen dar, denn jede königliche Anweisung ist mit einem markanten historischen Geschehen verbunden.

Das hier vorgestellte Beispiel ist nach einer *Applikationsarbeit* genannten Technik hergestellt worden. Dabei werden symbolische Motive aus Geweben in lebhaften und kontrastreichen Farben herausgeschnitten und auf einen einfarbigen Stoffuntergrund aufgenäht. Nur Männer aus einigen ausgewählten Familien waren auf diese dem Königshof vorbehaltene Kunstfertigkeit spezialisiert[89]. Die Symbole auf unserem Bild beziehen sich auf zwölf Könige, die von der Gründung des Königreichs bis zur Eroberung durch Frankreich (1894) die Herrschaft ausgeübt haben[90].

Königliche Losungen in Abomey

1. Prinz Gangni Xesu (Ganhéhessou), ?–1620.

Symbole: Ein *saswé* genannter Vogel und ein Tamtam. In gewissen Darstellungen sind zwei Jagdstöcke hinzugefügt.

Devise: *Gangni xesu n'ma danwonu* (Ich bin nicht der Teer, mit dem man die Risse in den Pirogen verstopft). Mit dieser Losung fordert Prinz Gangni Xesu seinen Feind Kpagbo, König von Akiza, heraus, den er besiegt hatte. Saswé ist für seine Gefräßigkeit bekannt, dieser Vogel läßt von seinen Opfern nichts übrig.

1
2
3
4
5
6
7
8
9
10
11
12

2. König Dako Donu, 1620–1645.

Symbole: Ein Indigo-Krug und ein Werkzeug für die Herstellung von Feuer. In gewissen Darstellungen wird eine Streitkeule und eine Waffe aus der Epoche hinzugefügt.

Devise: *Da ma yi akun bo akun kidja* (Das Werkzeug geht nicht in den Behälter, ohne daß dieser zerbricht). Aus dieser Losung geht Dako Donus Vorstellung von Macht und Herrschaft hervor. Er will herrschen und nicht beherrscht werden. Der Krug spielt auf ein historisches Ereignis an: Dako Donu überraschte eines Tages seinen Feind Aïzo bei der Herstellung von Indigo. Er tötete ihn, steckte seinen Körper in den Krug und rollte diesen fort. Auf diese Tat spielt ein Ausdruck an, der bisweilen mit denselben Symbolen dargestellt wird: *Dako Donu tötet, und der Indigo-Krug rollt.*

3. König Hwegbeadja (Wégbadja), 1645–1685.

Symbole: Ein Fisch und eine Reuse. Oder ein Fisch, der aus einer Reuse wegschwimmt, und ein Säbel. Oder auch ein Fisch, eine Reuse und eine Hacke, die als Totschläger dient.

Devise: *Hwegbeadja ma yi adja* (Der Fisch, der aus der Reuse herausgekommen ist, kehrt nicht in sie zurück). Diese Losung spielt auf ein Ereignis an, bei dem sich König Hwegbeadja, damals noch Prinz, aus einer Falle befreit hatte, die ihm gestellt worden war.

4. König Akaba, 1685–1708.

Symbole: Eine geflochtene Schnur mit einem Chamäleon; oder ein Chamäleon allein; oder ein Wildschwein; oder auch ein Schwein und ein Säbel.

Devise: *Ddèdè Kaba kaba, aganman non lia hun* (Langsam, ohne Eile, gelangt das Chamäleon in den Wipfel des Wollbaums). Mit dieser Losung spielt König Akaba auf die verhältnismäßig lange Zeit an, die bis zu seiner Thronbesteigung verstrich; sein Vater, Hwegbeadja, hatte vierzig Jahre lang regiert.

5. König Agadja, 1708–1732.

Symbole: Ein Schiff oder ein Schiff mit einem Kreuz darüber.

Devise: *Atin djè agadja ma, yon zo do nu akodé* (Niemand kann Feuer an den Baum mit Ästen legen, der ganz gefällt wurde). Zur Zeit von Agadjas Herrschaft kam das Königreich Abomey erstmals in Kontakt mit Euro-

Symbol des Reichtums
Prunkgürtel für Würdenträger der Bakuba. Ein breites Band aus Raphia-Gewebe mit aufgenähten Kauri-Schnecken und farbigen Glasperlen, Symbole des materiellen Reichtums, des Wohlergehens und des gesellschaftlichen Ansehens seines Trägers.

päern, die mit Karavellen angekommen waren. Während seiner Herrschaft fand auch der Katholizismus Eingang in Dahomey.

6. König Tegbesu, 1732–1774.

Symbole: Ein bekleideter Büffel; oder drei an einem Türpfosten befestigte Schädel; oder auch eine Muskete.

Devise: *Awu djè agbo ko bo klonklon glo* (Ein bekleideter Büffel ist schwierig zu entkleiden). Tegbesu spielt mit dieser Losung auf einen Versuch seiner Brüder an, ihn zu vergiften. Diese hatten Brandwunden verursachende Blätter in die Staatsrobe seines Vaters getan, die er bei seiner Inthronisierung einen Tag lang auf sich tragen mußte. Er entdeckte jedoch rechtzeitig das Komplott und konnte den Anschlag verhindern.

7. König Kpengla, 1774–1789.

Symbole: Ein Gewehr und ein Vogel mit dem Namen Akpan oder ein Akpan, ein Papagei, der sich an einem Baum den Kopf einrennt, und ein Sklavenhändler-Gewehr.

Devise: *Sin mè kpen gla ma si avivo* (Der Stein im Wasser fürchtet die Kälte nicht). Das Gewehr und der Vogel erinnern an die Waffentaten des Königs. Die Losung spielt auf seine persönlichen Charaktereigenschaften an: Jemand, der nicht vor seiner Verantwortung zurückschreckt, der sich dem, was auf ihn zukommt, stellt.

8. König Agonglo, 1789–1797.

Symbole: Eine Ananas oder eine Palme mit einem schartigen Messer.

Devise: *So djè dé bo agon glo* (Der Blitz schlägt in die Palme ein, die Ananas ist vor ihm sicher). Diese Losung weist auf den vorsichtigen Charakter des Königs hin. Sie bedeutet, daß es bisweilen besser sein kann, sich klein zu machen, um kein gut sichtbares Ziel abzugeben.

9. König Gezo (Guézo), 1818–1858.

Symbole: Ein nicht bekleideter Büffel oder ein Widder.

Devise: *Agbodo glo non zrè to* (Der stark gewordene Büffel durchquert das Land, ohne auf ein Hindernis zu stoßen; oder: . . . , ohne in Deckung zu gehen). Diese Losung spielt auf den wagemutigen Charakter des Königs Gezo an. Ein anderes Symbolzeichen zeigt zwei Vögel auf einem Baum und einen Büffel: *Gé dé zo ma si gbé* (Der Kardinalvogel kann nicht Feuer an den Busch legen). Diese Charakterisierung weist auf die Ohnmacht der Feinde des Königs hin.

10. König Glele (Glélé), 1858–1889.

Symbole: Ein Löwe mit großen spitzen Zähnen.

Devise: *Kini kini lan wa du bo adra hwa gbé* (Die Zähne des Löwen sind gewachsen, und er ist der Schrecken aller). Diese Losung zielt auf die Gefährlichkeit des Königs ab. Eine andere Bezeichnung für ihn, die mit demselben Symbol dargestellt wird, betont die Hartnäckigkeit, mit der er am Thron festhält, den er auf keine Fall verlieren möchte: *Glé lè ma yon zé* (Ein Feld läßt sich nicht in die Höhe heben).

11. König Gbehen Asin (Béhenzin), 1889–1894.

Symbole: Ein Haifisch und ein Ei oder der Haifisch allein.

Devise: *Gbehen Asin bo ayi djrè* (Die Welt hat das Ei, das die Erde wünschte, oder: Unsere Welt hat ein Ei hervorgebracht, dessen Gewicht nur die Erde spürt). Diese Losung bedeutet: Das ist der König, auf den wir gewartet haben, damit er große Dinge vollbringe. Der Haifisch allein verkörpert einen anderen Namen des Königs Gbehen Asin: *Der zornige Haifisch wühlt das Meer auf.*

12. König Agoli Agbo, 1894–1900.

Symbole: Ein Besen, eine Hand, die einen Gegenstand hält, ein Bein, das einem Stein oder einem Bogen einen Fußtritt gibt.

Devise: *Agbo li agbo Allada klin afo ma djè ai yovo Français wi wè in non* (Hüte dich, sei standhaft, Allada [Abomey] ist gestrauchelt, aber

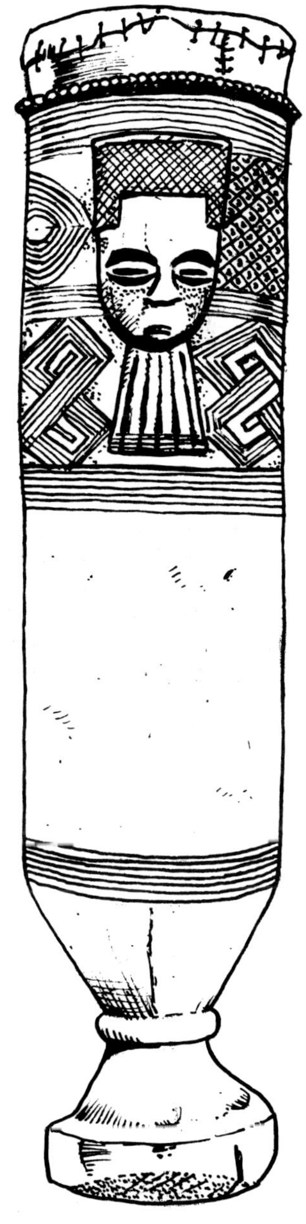

Trommel der Bashileel
Auf dieser Trommel der Bashileel (Zaïre) erkennt man neben der Person im Zentrum das Zeichen, das Imbol, «Mittler», genannt wird. Es weist auf den Auftrag des Trommlers hin, Informationen weiterzugeben.

dank den Franzosen nicht gefallen). Agoli Agbo, der von den Franzosen zum König gemacht worden war, die ihm im Kampf gegen seinen Vorgänger Gbehen Asin zum Sieg verholfen hatten, bringt durch diese Losung seine Dankbarkeit für die Franzosen zum Ausdruck und empfiehlt seinen Untertanen, sich ihm anzuschließen. Der Besen spielt auf das Sprichwort an: *Der König ist wie der Wind, der sowohl das Haus als auch das Feld sauberfegt.* Damit ist gemeint, daß der König imstande ist, alle seine Feinde hinwegzufegen.

Von Zeit zu Zeit durchbricht der Mensch seinen gewohnten Alltagsrhythmus. Durch Rituale sucht er Verbindung mit seinem Schöpfer und

Dagara-Gräber
Die Dagara (Burkina Faso) glauben, jedes menschliche Wesen müsse zur Erde zurückkehren, um «das Loch zu verstopfen», das sein Körper bei der Geburt darin hinterlassen hat. Das Grab im Vordergrund, das in vielerlei Hinsicht an einen Speicher erinnert, ist nach dem Vorbild der Mutterbrust angelegt: eine enge Öffnung mit einem breiten und runden Hintergrund. Der Leichnam kann darin in der Stellung beigesetzt werden, die er im Mutterleib eingenommen hatte. Dann wird die Öffnung durch einen umgestürzten, mit einem Loch versehenen Stein verschlossen und mit Erde bedeckt.

mit den höheren Kräften, um seine eigenen Kräfte wiederzubeleben. Auch die Kunst wirkt dabei in verschiedener Form mit. Das wollen wir im folgenden Abschnitt zu zeigen versuchen.

Kunst und Symbole in Verbindung mit dem Sakralen

Erfüllung durch Unterweisung

In seinen Kulten und Ritualen setzt der Mensch die verschiedensten Gegenstände ein. Darunter befinden sich, wie bereits gesagt, im Alltag verwendete Geräte, andere werden eigens für die Rituale hergestellt. Alltagsgeräte können bisweilen ohne jede Einschränkung für eine rituelle Handlung benutzt werden. Es kann jedoch auch notwendig werden, sie für das Zeremoniell zu weihen und anschließend wieder zu profanisieren, damit man sie wie früher gebrauchen kann.

Von den meisten Gegenständen, die eigens für eine bestimmte religiöse Funktion vorgesehen sind, wird angenommen, daß sie eine geheimnisvolle Kraft in sich bergen, die der Kontrolle eines Fachmannes unterstellt werden muß. Gewisse Kräfte müssen regelmäßig erneuert werden, beispielsweise beim Beginn eines neuen Mondzyklus; andere werden im wörtlichen Sinne mit dem Blut von zu diesem Zweck geopferten Tieren ernährt, damit die ebenso geheimnisvolle wie gefährliche Kraft in ihnen erhalten bleibt. Man darf sich ihnen nicht nähern, ohne sich vorher einer Reinigung unterzogen zu haben usw.

Offensichtlich ist aber nicht allen zu rituellen Zwecken angefertigten Gegenständen gegenüber eine solche Haltung notwendig. Jede Gesellschaft hat ihre besonderen symbolischen Ausdrucksweisen und kulturellen Besonderheiten, auf die man sich immer wieder zurückbesinnen muß. In diesem Kapitel möchten wir kurz anhand einiger ausgewählter Beispiele zeigen, auf welche Weise eine Gemeinschaft ein von ihr konzipiertes Objekt in den Riten einsetzt und wie sie mit den Symbolen umgeht, die in diesem Gegenstand enthalten sind.

Lukasa, Symbol der Luba für die Fülle

Im Luba-Kulturkreis in Nord-Shaba (Zaïre) gibt es verschiedene Geheimbünde[91], worunter die *mbudye*-Bruderschaft. Sie scheint den größten Anhang zu haben, in der großen Mehrheit Männer, die untereinander durch Eide – Brüderlichkeit, Solidarität und gegenseitige Hilfe – und ein Schweigegebot verbunden sind.

Die Einweihung in das *mbudye* wurde im allgemeinen auf Wunsch des Bewerbers selbst vollzogen. Sie begann mit einer Vorbereitung, in deren Verlauf der künftige Initiierte empfangen und nach einem bestimmten Ritual zum Ort geführt wurde, wo die Statue, das Symbol des Schutzgeistes der Bruderschaft, versteckt war. Der Kandidat erhielt schon bei dieser Gelegenheit seine erste Unterweisung: Man enthüllte ihm die Namen des Schutzgeistes und aller anderen Geister der Bruderschaft, wobei er schwören mußte, daß er diese nicht weitererzählen werde.

Von diesem Augenblick an gehörte ein Kandidat zu den Mitgliedern, aber er mußte noch auf die eigentliche Initiation warten. Das dauerte einige Monate. In dieser Zeit wurde er über die grundlegenden Gesetze der Bruderschaft unterwiesen. Wenn er sich für die Initiation genügend reif fühlte, konnte er selbst beim *musenge*, dem Initiationsmeister, darum ersuchen. Zuerst hatte er einige Härteprüfungen zu bestehen, um zu lernen, die Angst zu überwinden: Durch einen engen und dunklen Tunnel gehen, Angriffe von Leoparden-Menschen, (simulierte) Begegnungen mit wilden Tieren und anderen schreckenerregenden Dingen. Dann wurde er vom Initiationsmeister in dessen Haus geführt, wo die *lukasa*, von denen hier die Rede ist, und die anderen Symbole der Bruderschaft aufbewahrt

Bei den Baluba finden sich in der Mbudye-Bruderschaft Menschen zusammen, die einander gegenseitig helfen und beistehen wollen. Künftige Mitglieder müssen sich einer Initiation unterziehen, die aus einer Belehrung und wiederholten Prüfungen der moralischen und physischen Ausdauer besteht. Diese Einweihung ist nun zu Ende.

Die neuen und alten Mitglieder sind geschmückt, um das Ereignis zu feiern. Mit dem Perlendiadem auf dem Kopf soll eine Verbindung mit den Energien des Universums erstrebt werden. Die Zugehörigkeit zu diesem in sich geschlossenen Geheimbund wird durch die Perlenketten betont, die vom Hals herunterhängen und über der Brust gekreuzt sind. Auf den Arm wird, von Lemuren-Fellen umgeben, das Symbol der Schildkröte, des Totemtiers der Bruderschaft, zur Schau gestellt.

Die der Bruderschaft angehörenden Trommler nehmen ihren Platz ein…

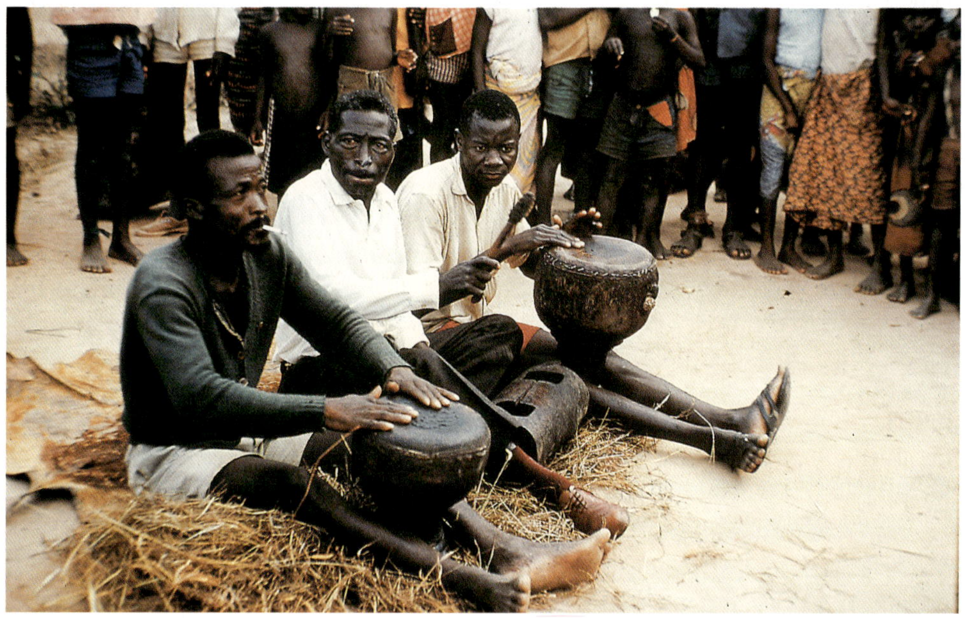

Mit Tierhäuten und großen, bis zu den Füßen herunterfallenden Jutesäcken bekleidete Tänzer betreten den Platz. Die Bruderschaft hat ihre eigenen Tänze, Figuren und Bewegungen, welche die Ereignisse bei der Erschaffung der Welt wiederholen und die Gesetze der Bruderschaft symbolisch darstellen.

Nur wenige Frauen gehören der Bruderschaft an, aber sie erfüllen darin wichtige Funktionen. Sie stoßen nun ihrerseits mit eigenen Tänzen zum Rhythmus des Tam-Tam zur Gemeinschaft.

Während des ganzen Tanzes hält eine alte Frau aus der Bruderschaft das mit einem weißen Schleier umwickelte Lukasa im Arm, das Symbol-Objekt, das es den Mitgliedern des Mbudye ermöglicht, sich zu vollenden, zur Fülle zu gelangen.

Das Lukasa wird, und zwar nur den Initiierten, erst nach den Tänzen enthüllt, womit gleichzeitig das Ende des Rituals angezeigt wird.

wurden: Symbolische Inschriften auf den Mauerwänden, verschiedene figürliche Darstellungen von Menschen, Tieren und anderen symbolischen Gegenständen. Anschließend wurde er über die Bedeutung, die Funktion und die geheimen Namen dieser Symbole belehrt. Später müssen die Mitglieder der Bruderschaft, damit sie einander erkennen, imstande sein, die Namen aller dieser Symbole zu nennen.

Lukasa. Dieser Begriff, der vom Verb *-kasa-* abgeleitet ist, was «sich freuen, glücklich sein, das Glück erreicht haben» bedeutet, kann wörtlich mit «das, was es ermöglicht, zur Fülle zu gelangen», übersetzt werden. Das hier wiedergegebene Beispiel befindet sich im «Institut des Musées Nationaux» in Kinshasa und ist unter der Nummer 72.303.82, cl. 6.308 registriert. Es wurde 1972 in Luamba vom obersten Meister in der Hierarchie der Bambudye-Initiierten erworben, der es aufzubewahren hatte.

Der Gegenstand ist zweiseitig bearbeitet, die beiden Hälften werden *Seite des Mannes* (I) und *Seite der Frau* (II) genannt. Insgesamt befinden sich auf den beiden Seiten 54 in das Holz geschnitzte oder eingravierte Symbole. Obwohl mehrere Personen sich lange darum bemüht haben, konnten noch nicht alle Zeichen entziffert werden. Die Mitglieder der Gemeinschaft halten sich an den Eid, durch den sie sich verpflichtet haben, über die Angelegenheiten der Bruderschaft zu schweigen, und sie sind nicht bereit, alles, was sie wissen, mitzuteilen. Man erhält höchstens

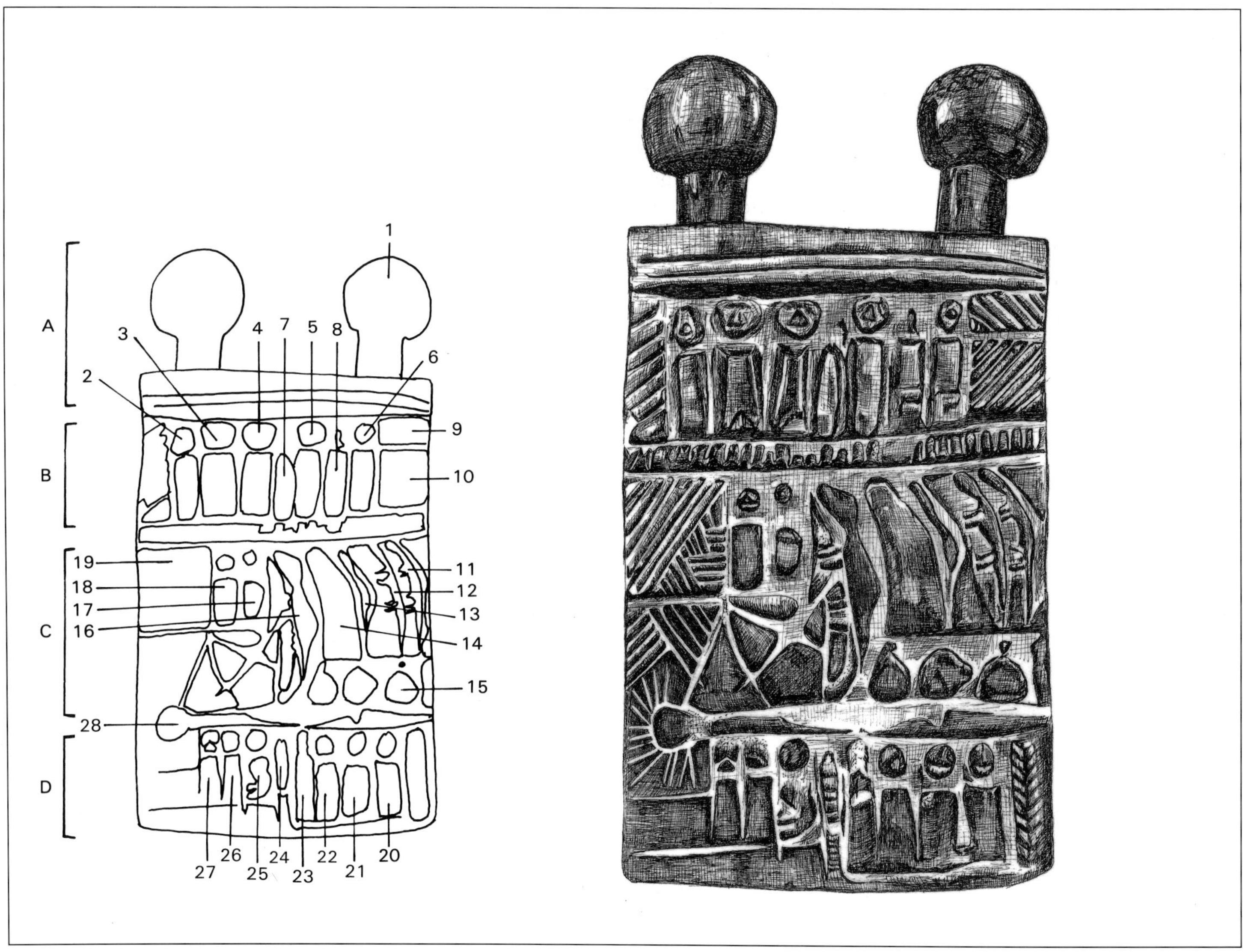

einige wenige Erklärungen dazu. Durch eine Befragung, die Nestor Seeuws, ein Beamter des «Institut des Musées Nationaux» in Kinshasa, 1972 durchgeführt hat, sind erste Elemente für eine Erklärung gesammelt worden, die wir zu ergänzen versucht haben. Die folgenden Ausführungen beziehen sich ausschließlich auf die Seite I, die Seite des Mannes, über die unsere Informationen vollständig sind.

Diese Seite besteht aus vier Teilen, die durch von den Baluba «Berge» genannte Grenzen voneinander getrennt sind. Jeder dieser Berge kann nur von jemandem überschritten werden, der bereit ist, den Preis dafür in Form des Aufstiegs zu einer höheren Stufe des Wissens zu bezahlen.

A. *Die beiden Köpfe*, eine Art Griffe am oberen Teil der Skulptur. Die Gesichter dieser beiden Köpfe sind der *Seite der Frau*, die Nacken der *Seite des Mannes* zugewandt. Einer der Köpfe stellt *Nyembo* (1), den Großmeister, dar. Er nimmt in der Bruderschaft die höchste Stellung ein. Er leitet sie, unterstützt von Würdenträgern niedrigeren Ranges, führt den Vorsitz in den Versammlungen und trifft die wichtigen Entscheidungen, etwa den Ausschluß eines Mitgliedes.

B. *Die Grade der Bruderschaft*. In der Hierarchie der *Mbudye*-Bruderschaft gibt es zehn Grade, die jeweils von einem Würdenträger mit besonderem Auftrag besetzt sind. Die Skulptur stellt die fünf wichtigsten vor.

Kamanji (2). Dieser Würdenträger nimmt einen der tiefsten Ränge in der Hierarchie ein. Er hat verschiedene Aufträge zu erfüllen, etwa Besucher beim Kinkungulu einzuführen, Kandidaten für die Initiation zu empfangen, Botschaften des Nyembo oder des Kinkungulu dem Empfänger zu überbringen. Da alle Besucher notwendigerweise bei ihm vorbeikommen müssen, bevor sie vom Kinkungulu oder Nyembo empfangen werden, spielt Kamanji gewissermaßen die Rolle einer Abschirmung für seine Vorgesetzten, weshalb er auf dem *Lukasa* in deren Nähe figuriert.

Kinkungulu (3). Als zweitwichtigste Persönlichkeit nach Nyembo, dessen Assistent er ist, beruft Kinkungulu die Versammlungen ein; er bestimmt die Initiationsperiode, er hat den Auftrag, die anderen Würdenträger zu ernennen und darüber zu wachen, daß jeder seine Funktion angemessen erfüllt. Er bestimmt darüber hinaus, zu welchem Zeitpunkt und in welchem Rahmen die rituellen Tänze der Bruderschaft ausgeführt werden. Er ist von solcher Bedeutung, daß eine Initiation ohne seine Gegenwart nicht gültig ist.

Cikala (4). Als eine Art Richter der Bruderschaft bietet Cikala Gewähr für Ordnung, er wacht darüber, daß alle Mitglieder ihre Verpflichtungen respektieren und in vollkommener Eintracht leben. Er schlägt eine klärende Versammlung vor, wenn Klagen eines Mitglieds gegen ein anderes oder unbefriedigende Situationen innerhalb der Bruderschaft zu behandeln sind. Seine Anwesenheit macht, wie die des Kinkungulu, die Initiation gültig. Cikala wird von drei anderen Würdenträgern unterstützt, worunter den beiden folgenden:

Inabanza (5). Er entlastet Cikala, indem er sich mit den materiellen Problemen der Bruderschaft befaßt: Ort für die Initiation, Einrichtung der Kult- und Tanzstätten, Überwachung des Lagers, Instandstellung des Hauses des Nyembo ...

Musenge (6), der Initiationsmeister. Er führt, in Anwesenheit von Kinkungulu, Cikala und Kionyi (Würdenträger, dem die Bestattung des Häuptlings obliegt), alle Stufen der Initiation durch.

Neben diesen fünf Würdenträgern befinden sich in Teil B der Skulptur noch vier andere Symbole:

Zwei Pforten (7 und 8), Symbole dafür, wie schwierig es ist, in einen höheren Grad aufzusteigen: Musenge muß teuer dafür bezahlen oder lange darauf warten, bis er den Grad von Inabanza erreicht. Dasselbe gilt für

Inabanza, bevor er zum Kreis der drei wichtigsten Würdenträger der Bruderschaft gehört.

Die Schlösser (9 und 10). Als Schutzsymbole versperren sie den Weg zur Wohnstätte der Würdenträger und verweigern jeder fremden Person den Zutritt.

C. *Der mythische Ursprung der Bruderschaft.* Dieser Teil des *Lukasa* enthält und bewahrt die wesentlichen Elemente für die Einführung in den mythischen Ursprung der Bruderschaft.

Die Skorpione (11 und 12). Zusammen erinnern sie an eine der Losungen der Bruderschaft, wonach *«ein Skorpion das essen kann, was ein anderer Skorpion ißt»*. Das bedeutet, daß die Mitglieder der Bruderschaft alles untereinander teilen und daß ein *Mbudye* sich bei einem anderen *Mbudye* wie zu Hause fühlen darf.

Das Paket (13) mit den ursprünglichen *Mbudye*-Regeln, die vom Gründer empfangen wurden.

Das *Lukasa* (14), Symbol der Fülle, das gleichzeitig mit den Grundregeln der Bruderschaft empfangen wurde und das die Aufgabe hat, diese Regeln zu bewahren und weiterzugeben.

Drei Pakete (15), die die gesamte *Mbudye*-Belehrung enthalten, wie sie dem Initiierten von seinem Eintritt ins Lager bis zum Tag seines Weggangs vermittelt wird.

Mpumpa, das Erdferkel (Orycteropus afer, 16). Dieses nächtlich lebende Säugetier gehört bei den Baluba zu den mythischen Tieren des Uranfangs. Im Bericht über die Gründung der *Mbudye*-Bruderschaft wird gesagt, das Erdferkel habe einen unterirdischen Tunnel vom Urtümpel bis zu den Baluba gegraben, um ihnen das *Mbudye* zur Kenntnis zu bringen.

Senga und *Mulunda* (17 und 18). Beide sind Helfer des Cikala. Senga empfängt dessen Besucher und entscheidet darüber, ob er sie zu ihm vorlassen soll. Mulanda hilft ihm bei der Durchsetzung der allgemeinen Ordnung in der Bruderschaft. Von ihren Funktionen her gesehen symbolisieren diese beiden Personen die Einheit, die Zusammengehörigkeit, den Zusammenhalt aller Mitglieder. Ihre Gegenwart auf dem *Lukasa* erinnert an eine der Losungen der Gruppe, wonach *«wenn man Senga gibt, muß man auch Mulunda geben»*. Das heißt mit anderen Worten, daß man sich allen Brüdern gegenüber gleich verhalten muß.

Das Schloß (19) kennzeichnet die Abgrenzung zwischen den verschiedenen Initiationsgraden.

D. *Der Weg des Initiierten zum Mond.* Er beginnt mit der Zulassung der Kandidaten zum Lager und führt weiter zu anderen Etappen der Initiation.

Bewerber, die die Zulassungsprüfung bestanden haben (20, 21, 22 und 23), werden in das Lager geführt und warten auf den Beginn der Initiation im eigentlichen Sinne des Wortes.

Die Pforte (24), die Initiierte und Bewerber voneinander trennt.

Die früher Initiierten (25, 26 und 27).

Der Mond (28). Zwischen den Teilen C und D befindet sich ein trennender Berg, der sich in das Symbol für den Mond, *kwezi,* hinein verlängert. Dieses Gestirn spielt in der *Mbudye*-Bruderschaft eine wichtige Rolle, denn der Geist, der es beseelt, ist ein Wohltäter für alle. Die Mondphasen bestimmen, wann die Initiation organisiert wird und die Versammlungen der Bruderschaft stattfinden. Die Initiierten sind darüber aufgeklärt. Die ganze Belehrung, die dem Kandidaten für die Aufnahme in die Bruderschaft zuteil wird, bereitet diesen zunächst darauf vor, «die Klarheit des Mondes in sich aufzunehmen», das heißt seinen Geist für die geheimen Dinge der Bruderschaft zu öffnen, um sich darauf vorzubereiten, ihre Gesetze zu verstehen. Sobald diese Öffnung vollzogen ist, wird der Mond für

Rückseite des Symbols der Fülle

die Initiierten tabu. Wenn zum Beispiel ein *Mbudye*-Initiierter dem Wiedererscheinen des Mondes nach dem Neumond beiwohnt, so darf er unter keinen Umständen mit dem Finger auf das Gestirn zeigen, um einen anderen Initiierten darauf aufmerksam zu machen, weil er in die Dunkelheit, die Unwissenheit zurückfallen könnte.

Aus den bereits dargelegten Gründen begnügen wir uns mit dieser Analyse der Seite I dieses *Lukasa*. Aus den wenigen Symbolen, die wir erklärt haben, dürfte hervorgehen, daß die symbolische Sprache dieser Skulptur auf eine umfassendere, explizitere Sprache verweist, die darzulegen jedoch zu weit führen würde. Es ist eine Sprache, die es durch ihre Form der Belehrung den neuen Adepten ermöglicht, bei den älteren Mitgliedern neue Kraft zu schöpfen, und die ihnen, durch ihren Gehalt, den Weg zum Sakralen öffnet.

'Dendo, Symbol der Ohendo für Wachsamkeit

Der vom Verb *-lend-*, das sich mit «betrachten», «beschützen», «überwachen», «bewahren» übersetzen läßt, abgeleitete Begriff *'dendo* für das Symbol bedeutet wörtlich «was Bewachung und Schutz gewährleistet» oder «Beobachtungspunkt» oder auch «Überwachungspunkt». Dieses Zeichen aus vier Symbolen ist in der Mitte eines Teppichs aus Raphia-Bast aufgenäht oder aufgemalt, der vom Wahrsager bei Beratungsséancen und während der Initiation benutzt wird.

Während der Zeremonie legt ihn der Wahrsager vor sich auf den Boden. Genau in der Mitte des zentralen Zeichens steht ein Gefäß aus Terracotta mit einem aus grünen Blättern verschiedener sakraler Pflanzenarten gewonnenen Absud. Dieses Gefäß wird ebenfalls *'dendo, sakraler Wahrsage-Topf,* genannt. Die Flüssigkeit darin soll den Kontakt zwischen dem Wahrsager und der Welt der Geister herstellen.

Bei der Initiation wird der *'dendo*-Teppich auf den für die Beschneidung vorbereiteten Termitenhügel gelegt. Nach der Zeremonie wird er von dem für die Initiation Verantwortlichen für die künftigen Initiationsrituale aufbewahrt.

a) *'Canga* (Mehrzahl asanga), *die Wegkreuzung,* der Punkt, wo man von einem Ort zum anderen gelangt; die Brücke. Das Wort ist von der Wurzel

-sang- im Ur-Bantu abgeleitet: «vereinigen», «wiedervereinigen», «versammeln», «vermischen», «zusammenbringen»... *'Canga* bedeutet somit wörtlich «das, was vereinigt ist», «das, was zusammen ist» oder auch «das, was zusammengelegt wird».

Die Wegkreuzung hat bei den As'ohendo dieselbe symbolische Bedeutung, wie wir sie im vorangehenden Kapitel beschrieben haben. Hier wird sie aber darüber hinaus als der Ort aufgefaßt, wo sich die Welt der Geister und die der Menschen miteinander vereinigen.

Bei der Wahrsagung wendet sich der Wahrsager an den «Sakraltopf» in der Mitte der *'canga, der Wegkreuzung,* mit einer langatmigen Anrufung, die sich etwa so zusammenfassen läßt:

«Geheiligter Topf der Wahrsagung, trage mich ins Jenseits, damit ich Geist werde und die tieferen Ursachen des mir unterbreiteten Problems erkenne. Entführe mich zur Wegkreuzung, die vereint und die die sichtbare Welt mit der unsichtbaren Welt verbindet. Enthülle mir das unbekannte Geheimnis der Menschen. Laß mich das jetzige und das kommende Unheil entdecken. Du, Wegkreuzung, ‹Treffpunkt von vier Augen›, leihe mir deine Augen, damit ich das Schicksal unserer Gemeinschaft und die Ursachen für ihr Unglück erkenne.»

Bei der Initiation wendet sich der Meister an den «Sakraltopf», um die Geister zu beschwören, die den Kandidaten auf seinem Weg in das Leben des Erwachsenen begleiten.

b) *'Joki, die Ohren der Ahnen. 'Joki,* vom Verb *-njoka-, «hören»,* abgeleitet, läßt sich mit «wie die Geister hören» übersetzen. Das Zeichen ist das Symbol für die Verfügbarkeit der Ahnen den Lebenden gegenüber, für ihr aufmerksames Zuhören und ihr Offensein.

c) *'Bekete, die Weichheit.* Dieses Zeichen steht für den weichen, unvollkommenen, unvollständigen, passiven Menschen. Es stellt den Nicht-Initiierten dar. Für nicht-initiierte Mädchen hat das Symbol eine andere Form.

d) *'Cong'a ncato, was die drei miteinander verbindet.* Der aus der Wurzel *-sung-*, «verbinden», «versammeln», «vereinigen», «zusammenbringen»

abgeleitete Begriff *'cong'a* läßt sich wörtlich mit «das, was verbindet» übersetzen, und *ncata* bedeutet «drei». Das Dreieck ist das Symbol für den höchsten Würdenträger in der Machthierarchie der As'ohendo. Es wird auch *«ncat'e Yango»*, «die Drei des (obersten) Würdenträgers, Yango», genannt.

Yango ist der Heros im Mythos der Ohendo über die Erwerbung des Symbols durch den Menschen, den wir in der «Einstimmung» nacherzählt haben. Bei der Einsetzungszeremonie für den Häuptling wiederholt, so glaubt man, der Würdenträger den ursprünglichen Akt Yangos. Er wird deshalb mit demselben Namen bezeichnet. Die Zahl drei verweist auf den sakralen Ursprung der Yango verliehenen Macht. Im Mythos wird nämlich berichtet, Yango habe, um seine Aufgabe zu erfüllen, die folgenden drei Etappen des Jenseits durchlaufen müssen:

1. Den Durchgang durch den Termitenhügel;
2. Die Ankunft am «Ort der Richtigstellung» und
3. Den Aufenthalt im «Dorf der Erkenntnis», wo er das *'cong'a ncato* empfing, mit dessen Hilfe er Ordnung in das ursprüngliche Chaos brachte.

Der Sakraltopf der Wahrsagung

Anrufung der Wahrsagegeister durch den Wahrsager[92]

'dendo 'dendo	Geheiligter Topf der 'dendo-Wahrsagung
Nsese	Deine Macht ist groß!
'dendo 'dendo	Geheiligter Topf der Wahrsagung
Ekola	Deine Wunder lassen sich nicht zählen!
Ombembelak'ôjimo	Trage mich ins Jenseits
Lemi lampil'ejimo	Damit ich Geist werde
La njewa nkomba	Und die tieferen Ursachen erkenne
Iposa m'ôjimo	Die dem Problem zugrunde liegen
'dendo 'dendo	Geheiligter Topf der Wahrsagung
Nsese	Deine Macht ist groß!
'dendo 'dendo	Geheiligter Topf der Wahrsagung
Ekola	Deine Wunder lassen sich nicht zählen!
Oncumanyéyeké link'ekanga	Bringe für mich dieses Volk zusammen (sichtbare und unsichtbare Welt)
Landawongé ndekéte nkonyi	Damit ich es, gleich wie Brennholz, in Kontakt mit dem Feuer bringe
Mako lanjewe kohonande l'ânja	Von dort her werde ich wissen, was es in diesem Universum sucht
'dendo 'dendo	Geheiligter Topf der Wahrsagung
Nsese	Deine Macht ist groß!
'dendo 'dendo	Geheiligter Topf der Wahrsagung
Ekola	Deine Wunder lassen sich nicht zählen!
Ombembak' ot'âsanga	Führe mich zur Wegkreuzung
Asanga lopomanye	Der Wegkreuzung, die Ort der Begegnung ist

'dendo 'dendo	Geheiligter Topf der Wahrsagung
Nsese	Deine Macht ist groß!
'dendo 'dendo	Geheiligter Topf der Wahrsagung
Ekola	Deine Wunder lassen sich nicht zählen!
Onjisolaké kata	Enthülle mir das Geheimnis
Kata képéw 'anto	Das unerforschte Geheimnis der Menschen
Anto wahon 'êwiko	Der Menschen die das Heil suchen
'dendo 'dendo	Geheiligter Topf der Wahrsagung
Nsese	Deine Macht ist groß!
'dendo 'dendo	Geheiligter Topf der Wahrsagung
Ekola	Deine Wunder lassen sich nicht zählen!

Die Akazie, der Lebensbaum
Die Akazie heißt in der Sprache der Sereer (Senegal) saas. Sie ist der Lebensbaum. Als Gott das Leben erschuf, blies er in ihren Samen die Lebensenergie ein. Sie ist auch der Baum der Fruchtbarkeit: Grüne und feuchte Zweige von ihr werden im Häuschen niedergelegt, wo das eben geborene Kind seine ersten Nächte verbringt. Jünglinge und junge Frauen tragen kleine Wurzelstücke um die Lenden, die Fruchtbarkeit gewährleisten sollen. Sie ist der Baum des Übergangs: Ein Zweigstück wird in das Grab gelegt, damit der Verstorbene seinen Weg findet; und die Lebenden waschen sich nach der Rückkehr vom Begräbnis die Hände mit Wasser, in dem einige Akazien-Zweige schwimmen, um vom Toten Abschied zu nehmen.

Onyenyek'êhéa
Ehéa kéhéta
Ehéa kéyaye
'dendo 'dendo
Nsese
'dendo 'dendo
Ekola

Wekê apomanu wish' anei
Onsombekéwo nyenake ngongi

Dé Ncikala la njisolak' engao
ké mbanja

Laß mich das Unglück entdecken
Das jetzige Unglück
Das künftige Unglück
Geheiligter Topf der Wahrsagung
Deine Macht ist groß!
Geheiligter Topf der Wahrsagung
Deine Wunder lassen sich nicht
zählen!
Du, «Begegnung mit vier Augen»
Leihe sie mir, damit ich das
Schicksal entdecke
Von Ncikala und das Unglück
dieser Gemeinschaft.

Sonnenuntergang über Nairobi
Bei den meisten Völkern Zentralafrikas müssen gewisse zeitliche Vorschriften beachtet werden, wenn man sich mit Wahrsagerei befaßt, weil sonst keine Verbindung zu den Geistern, den Überträgern der Mitteilungen, zustande kommt. Es wird deshalb empfohlen, den Wahrsager entweder früh am Morgen, bevor die Sonne hoch steht, oder aber bei einbrechender Nacht, dem günstigeren Zeitpunkt, aufzusuchen. Um diese Zeit kommen die Geister, die die Gesellschaft der Menschen suchen und ihnen zu Hilfe kommen können, in die Nähe der bewohnten Orte.

Die Weisheit der Alten
In Afrika wird oft gesagt, die Weisheit eines alten Menschen übertreffe noch das Wissen, das man bei der Initiation erworben habe, denn er habe gelebt. Dieses geflügelte Wort erklärt sich aus der Überzeugung der Afrikaner, daß die wichtigsten Dinge im Leben nur im Leben selbst erlernbar seien. Das Wesentliche ist die Erfahrung. Ein alter Munande (Zaïre) inmitten von Jünglingen, die ihm zuhören.

Heiratsrituale

In der Gemeinschaft der Ohendo spielen vor allem in der Ehe-Liturgie viele Objekt-Symbole eine wichtige Rolle. Die entscheidenden Etappen bei einer Eheschließung werden dadurch besiegelt, daß entweder ein solches Objekt mit Symbolcharakter hergestellt oder ein bereits vorhandenes Objekt ausgestellt wird. Diese Gegenstände erfüllen eine doppelte Aufgabe, denn die Ehe wird dadurch für gültig erklärt, und es wird eine dreifache Allianz geschlossen: Zwischen den beiden Verlobten, zwischen den beiden Familien und manchmal den zwei Sippen sowie zwischen den Ahnen und den beiden Familien.

Bei den As'ohendo bedeutet, wie das folgende Beispiel zeigt, eine Heirat, daß man sich in ein Netz von Beziehungen einfügt, zu dem nicht nur die beiden Familien, sondern auch die Gemeinschaften der beiden Ehepartner gehören. Denn, so wird gesagt: *«Die Ehe ist ein Stoff, der die durchlöcherte Kalebasse zukittet.»* Wenn etwa zwischen zwei Familien Groll oder Streit herrschen, so ist diese Verbindung eine Gelegenheit, solche Meinungsverschiedenheiten auszuräumen und neue verwandtschaftliche Bande zu knüpfen. Im folgenden seien die wesentlichen Etappen des Heiratsrituals der Ohendo und die Objekt-Symbole, die damit zu tun haben, schematisch vorgestellt. Das Ritual beginnt an dem Tag, da die beiden Familien, in Gegenwart der Notabeln der beiden Gemeinschaften, zusammenkommen, weil die Familie des jungen Mannes den Eltern der jungen Braut die letzte Rate des Brautgeldes übergibt, worauf die eigentliche Ehe geschlossen wird.

Das Fest beginnt mit der Ankunft der Väter der beiden jungen Leute. Die beiden Familienoberhäupter halten je ein Ende einer langen, aus Raphiabast geflochtenen Schnur in der Hand. Sie kommen einander entge-

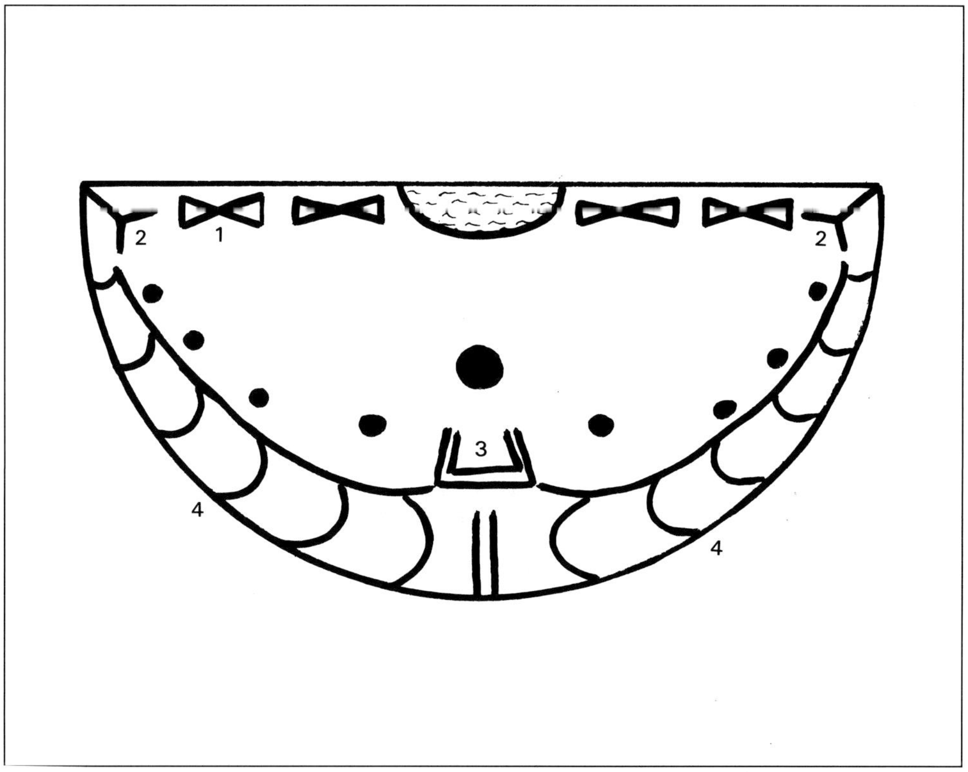

gen, machen einen Knoten und legen die Schnur in Form eines Kreises auf den Boden: Symbol der Vereinigung und der Verschwägerung.

Einer der Notabeln aus der Familie des jungen Mannes präsentiert allen Anwesenden den Knoten der Verschwägerung. Anschließend lädt er den Vorsteher der Sippe ein, sich vor die Versammlung zu stellen, damit man ihm Fragen über den künftigen Gatten stellen kann. Dieser kommt der Aufforderung nach und beantwortet die gestellten Fragen: Hat er sich der Initiation regelkonform unterzogen? Welche Fertigkeiten hat er im gesellschaftlichen Leben? Wie ist sein Charakter, wie verhält er sich in dieser oder jener Lebenslage? Wenn alle Antworten günstig ausgefallen sind, fordert der Würdenträger den Vorsteher der Sippe auf, greifbare Beweise für das Gesagte vorzulegen. Dieser nimmt jetzt einen Gegenstand aus Holz hervor, der *onkoka, Nabelschnur,* genannt wird. Der junge Mann hatte ihn als Knabe von seiner Familie erhalten, bevor er zum Initiationslager zugelassen wurde, und mußte ihn dem Initiationsmeister übergeben. Dieses Brett stellte den Beweis dafür dar, daß die Familie den Knaben als reif für die Initiation angesehen und ihm die Teilnahme erlaubt hatte. Die für die Initiation Verantwortlichen besaßen ihrerseits ein ähnliches Brett. Die beiden Objekte bilden zusammen ein Ganzes, die eine Botschaft vervollständigt die andere.

Auf dem Brett des jungen Kandidaten sind Symbole für den noch profanen Zustand angebracht, in dem sich der Knabe bei der Ankunft im Lager befand. Auf dem Brett des Initiationsmeisters hingegen sind die Symbole festgehalten, die über die Ergebnisse der Initiation Bescheid geben. Nach Beendigung der Initiation übergeben die Verantwortlichen dem initiierten Knaben seine *onkaka,* die für ihn seine «Nabelschnur» ist, Beweis für seinen Stand als Initiierter und Symbol seiner gesellschaftlichen Zugehörigkeit. Als Beispiele seien einige der Symbole auf dem Brett des jungen Initiierten aufgezählt.

1. *Iposo,* Symbol für die Ungewißheit des Lebens und die fortwährend erneuerte Zeit.

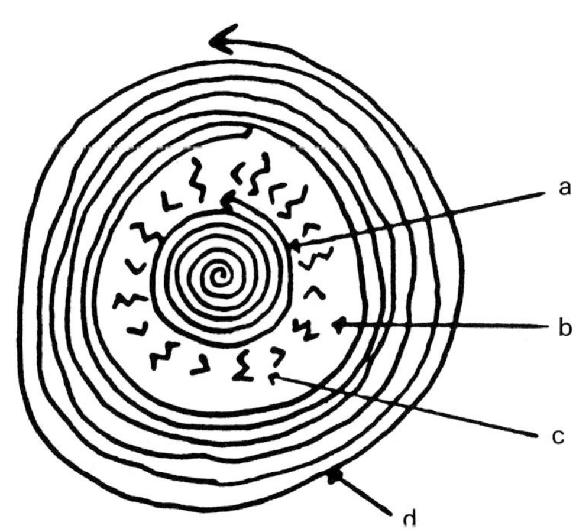

2. *Ekonji, der große Pfeiler,* Symbol des mythischen Ahns, der Verwurzelung, der Festigkeit und des Gleichgewichts.
3. *Nkoto.* Symbol der Vorhaut, also des Nicht-Initiierten, des noch nicht Beschnittenen. Es stellt den Sack mit den Giftpfeilen dar.
4. *Ongonji, die Treppe, die Leiter.* Je nach Blickwinkel oder Stellung ist es ein Symbol des Aufstiegs oder des Abstiegs. Es besteht aus sechs Stufen, von denen jede eine Generation darstellt. Das Symbol verbildlicht somit die sechs Generationen, die bei den As'ohendo für die Anerkennung einer Verwandtschaft notwendig sind.

Falls der künftige Gatte am Ende seiner Initiation als besondere Anerkennung den *ojipojipo*[93] genannten Teppich des Initiierten erhalten hatte, müßte dieser vom Vorsteher seiner Sippe ebenfalls als Beweis seines Mutes bei der Initiation vorgezeigt werden.

Auf diesem Teppich sind die Initiationssymbole dargestellt, die an die *für den Initiierten geltenden Gesetze* erinnern. Der Initiationsmeister erklärt sie wie folgt: Die Spirale (a), göttliches Zeichen des Uranfangs; der den Initiierten vorbehaltene *geheiligte Bereich* (b), in dem Dachsparren (c) verstreut sind, Symbole der Kommunikation und der Zusammengehörigkeit. Hier hat diese Kommunikation eine doppelte Dimension: Nach der Zeremonie kehrt der Initiierte in seine Gemeinschaft zurück, um über die erworbenen Erkenntnisse und das empfangene Leben zu berichten. Der Dachsparren in Form einer / ʌʌ / stellt die Frau in ihrer Weiblichkeit dar, der in Form einer / V / den Mann in seiner Männlichkeit. Beide Symbole zusammen, / V ʌʌ / bedeuten die *Initiierten,* Knaben und Mädchen, die jetzt reif für die Ehe sind, denn die Initiation hat sie darauf vorbereitet; die Erkenntnisse (d), die von der Urquelle ausgehen und die der Initiierte seinerseits weitergeben, ausbreiten, fortbestehen lassen muß.

Tanz als Gebet
Geburt, Initiation, Heirat und Tod sind für den Menschen eine Gelegenheit, innezuhalten und bei seinesgleichen Unterstützung, Trost zu suchen. Im Süden von Togo ist bei solcher Gelegenheit der Tanz ein Ausdruck des Glaubens und des Gebets. Vodu-Priesterinnen in ihrer Zeremonialkleidung sind gekommen, und heiratsfähige Mädchen, deren Anwesenheit günstig ist, weil sie vom Alter her fruchtbarer Erde ähnlich sehen, die bereit ist, die Samenkörner aufzunehmen.

Lärm und Töne: die Sprache des Balafons
Das Balafon, dieses afrikanische Perkussionsinstrument, hat nicht nur eine gesellschaftliche Funktion in den Orchestern, die bei Hochzeiten, Taufen usw. zur Heiterkeit und Freude beitragen, es «spricht» auch und erfüllt eine Funktion von großer symbolischer Bedeutung.
Bei den Dagara (Burkina Faso) darf bei Bestattungen nur eine Person, von der man glaubt, daß sie das irdische Leben mit Erfolg gemeistert habe, gleichzeitig auf dem großen und dem kleinen Balafon spielen. Für eine Frau heißt dies, daß sie verheiratet sein muß, Mutter einer großen Nachkommenschaft und eine gute Gattin ist; für einen Mann, daß er verheiratet und Familienvater ist, daß er je nach seinem Beruf Jagdtrophäen, reich bestückte Speicher, eine große Herde usw. hinterläßt. Kinderlose Frauen und erwachsene Hagestolze haben, wie die Kinder, nur Anrecht auf das kleine Balafon.

Wenn der Vorsteher der Sippe des künftigen Gatten weitere Beweise für die Qualitäten des jungen Mannes besitzt, so nimmt er diese nacheinander hervor, um sie allen zu zeigen.

Anschließend wird der künftige Gatte seinerseits eingeladen, sich vorzustellen. Er steht dem Vorsteher seiner Sippe gegenüber und erhält nacheinander alle Hochzeitsgeschenke, die als Heiratsgut mitgebracht wurden. Dazu gehören unter anderem Kreuzchen aus Kupfer und ein weiterer kupferner Gegenstand in Form eines Halbkreises. Der junge Mann legt diese Gegenstände nebeneinander nieder. Sobald alle Gaben auf dem Boden ausgebreitet sind, legt der junge Ehemann den «Knoten der Verschwägerung» darauf.

Dasselbe Ritual wiederholt sich nun bei der Familie der jungen Frau. Als Beweis für ihre Qualitäten und ihre Reife muß jedoch der Vorsteher ihrer Sippe die Feder vorzeigen, die das Mädchen bei der ersten Begegnung von ihrem Verlobten erhalten hat[94], und ein *oyeke* genanntes Musikinstrument. Dieses wird der jungen Braut zu Ehren hergestellt und soll ihre Schönheit verherrlichen. Die Außenseite ist mit den Körpersymbolen bedeckt, die das Mädchen während der Initiation empfangen hat.

Nachdem diese Beweise für die Reife vorgezeigt worden sind und die junge Frau der Eheschließung zugestimmt hat, zählt ein angesehener Mann aus der Familie der Braut das vom jungen Mann mitgebrachte Hochzeitsgut auf. Die Braut nimmt ein Geschenk nach dem anderen entgegen und übergibt alle dem Vorsteher ihrer Sippe.

Nun werden die beiden Mütter (oder deren Stellvertreterinnen) eingeladen, sich ihrerseits vorzustellen. Die Mutter der Braut wird gebeten, die rituelle Mahlzeit aus Bananen und Yams aufzutischen, die sie vorbereitet hat. Dieselbe Bitte geht an die Mutter des jungen Mannes, doch die von ihr angebotene Mahlzeit besteht aus Fleisch. Die Frauen legen ihre Platten vor den beiden Familien nieder.

Die beiden Väter treten vor. Nur der Vater des jungen Mannes hat eine Kalebasse mit Wein mitgebracht, den die Vorsteher und Notabeln der beiden Sippen kosten. Dann hält der Vater des Bräutigams eine Rede.

Die künftigen Eheleute werden aufgefordert, sich gemeinsam vorzustellen. Der junge Mann gibt seiner Braut ein Stück Fleisch, die Braut ihrem künftigen Mann ein Stück gebackene Banane. Beide essen davon.

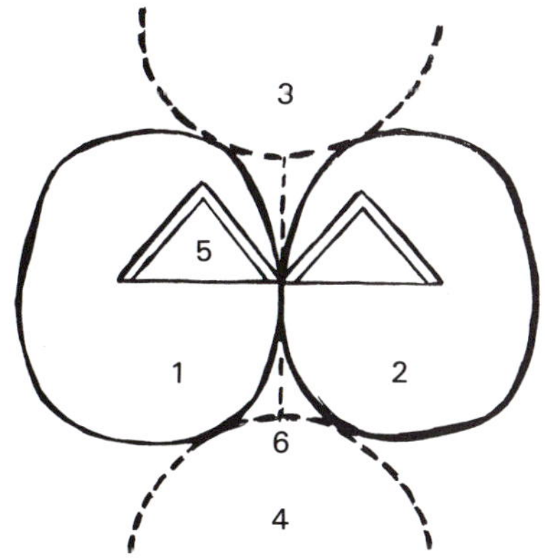

Iyolo, der Vertreter des Volkes, verlangt Gehör, indem er seine Glocke anschlägt. Er nimmt ein wenig Sauce und salbt damit die beiden jungen Leute. Alle Anwesenden machen es ihm nach. Während dieser Zeit ziehen sich die Vorsteher und die Notabeln zurück.

Nach dieser Zeremonie kehren die beiden Sippenvorsteher mit der Schnur aus Raphiabast zurück. Sie verknüpfen die beiden Enden zu einem Kreis um die Brautleute. Beide spucken auf die Schnur und wünschen dazu dem Paar Glück. *Die Ehe ist geschlossen.* Der Vater der Braut entfernt die Schnur über die Köpfe des jungen Paares hinweg. Sie wird bis zur Geburt des ersten Kindes aufbewahrt. Dann wird sie verbrannt. Die Asche wird als Segen und Schutz über das Gesicht des Kindes gestreut.

Zum Abschluß der Hochzeit überreicht der Vater des Bräutigams dem jungen Paar einen *'keka, «das, was bestätigt und Wert verleiht»*, genannten Gegenstand. Die Neuverheirateten ergreifen ihn an je einem Ende und lassen ihn unter dem Applaus der Anwesenden fallen. Und nun beginnt das Fest.

'Keka ist ein kupferner Gegenstand aus vier Plättchen. Diese können entweder aus einem Stück gemacht oder miteinander verschweißt sein. Er ist die Bestätigung dafür, daß die Ehe rechtmäßig geschlossen worden ist. Für die Jungverheirateten ist er ein Zeichen der Verpflichtung, die sie eingegangen sind, ihrer Treue und ihrer Liebe. Für die durch die Ehe ihrer Kinder verbundenen Familien ist er das Symbol ihrer Verschwägerung und einer Brüderlichkeit, die über das Sichtbare hinausgeht. Für alle schließlich ist er ein Symbol der Dauerhaftigkeit. Die sechs Symbole darauf erklären diesen Sinn:

1. Alle lebenden Personen aus der Sippe des jungen Mannes
2. Alle lebenden Personen aus der Sippe des Mädchens
3. Die Ahnen des jungen Mannes
4. Die Ahnen der jungen Frau
5. Der Dachsparren, Symbol der Ehe und der gegenseitigen Verpflichtung
6. Eine Linie, die die Ahnen aus der Sippe des jungen Mannes mit denen aus der Sippe der Braut verbindet.

Hier wird somit gesagt: Die Ehe zwischen den beiden jungen Menschen verbindet die beiden Familien sowohl unter den Lebenden als auch unter den Toten.

Epilog

Klage des irrenden Menschen

Die Fülle

Unversehens beginnt der Wanderer zu träumen. Er denkt an die Zeit seiner Erschaffung, als er von seinem Schöpfer den Auftrag erhielt, die Erde fruchtbar zu machen. Doch sein Schicksal war ein anderes: In seinen Haaren breiteten sich die Samenkörner der Erkenntnis aus, und jeder seiner Schritte verwandelte, wenn er den Boden berührte, die Natur. Wann aber kam es zu dieser Entfremdung, dieser so tiefen Einsamkeit?

Kyombe, Träger der himmlischen Körner

Mythos der Luba über die Besamung der Erde [95]

Kabyeza-Mpungu, der mächtigste der Mächtigen, erschuf, nachdem er das Universum erschaffen und alle Geschöpfe geordnet hatte, Kyombe, den ersten Menschen, und legte in dessen Haare die Körner aller Arten von eßbaren Pflanzen.

Eines Tages sandte Kabyeza-Mpungu Kyombe, begleitet von zwei Frauen, zur Erde. Die Erde war damals unbewohnt: eine leere Unermeßlichkeit.

Kyombe machte es sich zur Gewohnheit, die Erde genau anzusehen, indem er in diesem Gebiet von unübersehbarer Ausdehnung lange Spaziergänge machte. Plötzlich bemerkte er eines Tages im Boden kleine Pflänzchen, die aufkeimten. Er begriff sofort, daß sie aus den Samen hervorgegangen waren, die er in seinen Haaren erhalten hatte. Er begann, das Wachstum dieser Pflanzen zu beobachten, zu überwachen, und sah, daß sie beim Reifen etwas hervorbrachten, die eine Maiskörner, eine andere die Erdnüsse, wieder eine andere den Maniok oder die Eleusine…

Kyombe pflückte von diesen Früchten, kostete sie und machte sie, weil er fand, alle diese Erzeugnisse seien köstlich, zu seiner Nahrung. Die Pflanzennahrung der Menschen!

Deshalb sind der Kornspeicher und sein Inhalt für die Baluba das Symbol des Kopfes und der geistigen Fähigkeiten, die darin sind.

Kyombe wollte für seine Frauen und für sich selbst eine gute Ernte vorbereiten. Sehr rasch begriff er, daß es nicht genügte, den Kopf zu schütteln, sondern daß man die Erde bearbeiten mußte.

Linke Seite:

Schutz des Getreidespeichers
Der Speicher, durch seinen Inhalt Lebensspender für den Menschen, wird gegen Diebstahl und Beschädigung gesichert. Die Dagara (Burkina Faso) mischen Muster jeder Getreideart zu einer Medizin, welche die im Speicher aufbewahrten Lebensmittel schützen soll. Das Gefäß wird so zur Gebärmutter, in der etwas ausgetragen wird, fruchtbare Erde im Kleinen. Der Speicher ist auch das Symbol für die Produktions-Verbrauchs-Einheit, die die Familie ist: Ein Teil des Getreides, das darin aufbewahrt wird, ist für den Verbrauch bestimmt, ein anderer Teil als Saatgut vorgesehen.

Symbol des Lebens
Der Speicher mit dem Getreide, das die Grundnahrung (Hirse, Mais, Sorghum…) bildet, ist für die Dagara (Burkina Faso) das Symbol des Lebens, das dem Menschen geschenkt ist und das man erhalten muß, ein Mikrokosmos der Natur. Wenn ein Bauer stirbt, wird sein Körper zwischen Muster aller Erzeugnisse gebettet, die er auf seinen Äckern geerntet und in seinen Speichern aufbewahrt hat. Der Mensch wird so der Erde zurückgegeben mit allen Erzeugnissen, die sein irdisches Leben gewährleistet haben und die seinen Ahnen, die ihn auf der anderen Seite in Empfang nehmen, ein Beweis dafür sind, daß sein Menschenleben erfolgreich war.

Er begann Holzstücke zu benutzen, deren Enden er zuschnitt, doch er stellte fest, daß der Boden zu hart war. Er hob anschließend einen Stein auf, den er bearbeitete und mit einem Stiel versah, doch er sah, daß der Stiel zu leicht abfiel. Da entdeckte er ein Stück Eisen, und er benutzte es alsbald, um den Boden zu wenden. Ihm schien, die Arbeit gehe rascher voran und ermüde weniger.

Kyombe nahm dieses Werkzeug an sich. Es wurde von diesem Tag an zur Hacke, dem wichtigsten Werkzeug seines Lebens. Er brachte es den Menschen, die damit die Erde zu bearbeiten begannen. Seine Nachkommenschaft wurde deshalb zu einem Volk von Bauern.

Doch der Horizont wird gegen Abend zu dunkel, und in der beginnenden Dämmerung werden die Ungeheuer und die auf Fleisch begierigen wilden Tiere lebendig. Der herumirrende Mensch dreht sich um und stößt einen Schrei aus: Der Weg war lang, die Trostlosigkeit unermeßlich. Wohin soll er sich jetzt wenden? Er stellt sich Fragen. Die Erde, die ihm anvertraut worden war, will nichts mehr von ihm wissen. Der herumirrende Mensch läßt sich hinfallen und schreit seinen Schmerz heraus.

Klage des herumirrenden Menschen

Ekèlekèleee! Ekèlekèleee!	Wehe! Wehe!
Akhàà! Akhàà!	Elend! Elend!
Kwa kuya nkùdi penyi?	Wohin sollen wir denn gehen?
Kwa kuya nkùdi penyi?	Wohin sollen wir denn gehen?
Tuya muulù tùkiikilèmu	Sollen wir in der Höhe hausen
Anyi twimbe meena bu bikoja	Oder sollen wir uns Löcher graben wie Ratten?
Kwa kuya nkùdi penyi?	Wohin sollen wir denn gehen? Wohin gehen, um zu leben?
Mulopo Maweeja Nangila	Du, Gott der Vollkommenheit und der Güte
Diisu Iwamwnao mikuna	Du, Auge, das die Berge durchbohrt Sag uns, warum dieses Leiden?
Ne kwenza bilengele	Ob wir Gutes tun
Ne kwenza bibi	Ob wir Böses tun
Kwa kuya nkùdi penyi?	Wohin sollen wir denn gehen? Wohin gehen?
Tuya muulu	Steigen wir zum Himmel auf
Mwa Mulopo Maweeja Nangila	Zum Gott der Vollkommenheit und der Güte?
Ekusangana nzaji wa myele	Und schon greift uns der Blitz an
mitooketooke	Mit geschärften Schwertern
Wa lubuukabuuke lwa mvita	Schäumend vor Angriffslust
Wamba mwa kutuula bintu	Furchtbare Drohungen ausstoßend
mpangala bya mitu	Bereit, die Köpfe zu spalten
Ne: kanufikyapa	Tobender: Wohin gehst du also?
Nuyaaya kudi penyi!	Nähere dich diesem Ort nicht!
Tuya mu bulaba	Wohin sollen wir denn gehen? Wohin gehen?
Ekusangana baa muswaswa	Sollen wir in die Erde eindringen?
katokola mpingu	Alsbald würden wir auf Termiten stoßen
Ne lubuukabuuke lwa mvita	Diese furchtbaren Zernager der Statuen
Wamba mwa kutuula bintu	Die schreckliche Drohungen ausstoßen
mpangala bya mitu	Bereit, die Köpfe zu spalten

Ne: kanufikyapa	Tobender: Wohin gehst du also?
Nuyaaya kudi penyi!	Nähere dich diesem Ort nicht!
Tuya mu cisuku mpanga batwi	Wohin sollen wir denn gehen? Wohin gehen?
Ekusangana kapumbu	Sollen wir uns dem Busch zuwenden
mbowa wa nsengu	Der die Jäger zerreibt?
Ne lubuukabuuke lwa mvita	Alsbald erhebt sich der mächtige Elefant
Wamba mwa kutuula bintu	Furchtbare Drohungen ausstoßend
mpangala bya mutu	Bereit, die Köpfe zu spalten
Ne: kanufikyapa	Tobender: Wohin gehst du also?
Nuyaaya kudi penyi?	Nähere dich diesem Ort nicht!
Kwa kuya nkùdi penyi?	Wohin sollen wir denn gehen? Wohin gehen?
Tuya mu maayi kalandaa nkala	Sollen wir ins Wasser eintauchen
aa Lubilanji	In das Wasser des Flusses Lubilanji?
Ekusangana ngandu walwila mu dilobo	Alsbald taucht das Krokodil auf
Ne mwanaabu cinguvunguvu mapondo	Und das Flußpferd
Ne lubuukabuuke lwa mvita	Schäumend vor Angriffslust
Wamba mwa kutuula bintu	Furchtbare Drohungen ausstoßend
mpangala bya mutu	Bereit, die Köpfe zu spalten
Ne: kanufikyapa	Tobender: Wohin gehst du also?
Nuyaaya kudi penyi!	Nähere dich diesem Ort nicht!
Kwa kuya nkùdi penyi?	Wohin sollen wir denn gehen? Wohin gehen?

Samen der Hoffnung
Sorghum-Bündel, das im Speicher aufbewahrt werden soll: «Die Hoffnung liegt im Samen.» Ist in diesem Sprichwort nicht die ganze Hoffnung Schwarzafrikas enthalten?

Mulopo Maweeja Nangila	Du, Gott der Vollkommenheit und der Güte
Diisu Iwamwnao mikuna	Du, Auge, das die Berge durchbohrt Sag uns, warum dieses Leiden
Ne kwenza bilengele	Ob wir Gutes tun
Ne kwenza bibi	Ob wir Böses tun
Kwa kuya nkùdi penyi?[95]	Wohin sollen wir denn gehen? Wohin gehen?

Ein Dank an alle Mitarbeiter

Am Ende dieses Werks möchte ich meinen Dank dem *Internationalen Kulturförderungsfonds der Unesco aussprechen.* Ein Teil der Forschungsarbeit, die zu dieser Publikation geführt hat, war dank dieser finanziellen Unterstützung möglich.

Mehrere Personen waren auf die eine oder andere Weise am Gelingen dieses Buches beteiligt.

Viel beigetragen hat meine Familie: Zuallererst bin ich meinem vom gleichen Forschungsdrang beseelten Gatten Sully Dank für die Gespräche schuldig, die mir immer wieder einen Teil meiner selbst offenbaren, aber auch für sein Anderssein, das mir geholfen hat, gewisse afrikanische kulturelle Wirklichkeiten einer nichtafrikanischen Leserschaft nahezubringen, und vor allem für seine Geduld während der Niederschrift. Danken muß ich auch meinen Kindern, insbesondere Axelle B. Muauka, Gaëtan N. Kadima und Christelle Muswamba, die die Zeichnungen angefertigt haben, Régine, die eine Liste der erwähnten Völkerschaften erstellt und deren Wohngebiete auf der Karte lokalisiert hat, und Gaëlle für die «technische Unterstützung».

In Afrika, so wird mit Recht gesagt, ist die Freundschaft eine Institution. Diese innere Reise, die ich allein begonnen habe, ist am Ende zu einer Gruppenreise geworden, denn vom Konzept bis zur Verwirklichung haben mich Marie-Jeanne und Bruno Maiter in meinen Überlegungen und meinen Zweifeln, in meinem Wagemut und meinem Enthusiasmus begleitet. Wie läßt sich die volle Wahrheit formulieren, ohne ihre Diskretion zu verletzen?

Erheblichen Anteil haben meine Forscher-Mitarbeiter Balu Balila und Ngonga-ke-Mbembe. Ihre Erkenntnisse bereichern jetzt zum Teil dieses Buch: Balu Balila hat die Fakten zusammengetragen, die es uns ermöglicht haben, die Kunstwerke der Bawoyo zu analysieren, Ngonga-ke-Mbembe hat die Grundlagen für das Verständnis der Ohendo-Kultur erarbeitet.

Was die Bebilderung betrifft, so bin ich Robert Berdal, Renaat Devisch, Françoise Masuy, Nestor Seeuws und Eric Tempels zu Dank verpflichtet. Sie haben nicht nur die schönen Bilder beigetragen, sondern auch viele ethnographische Informationen für die Bildlegenden. Ich danke auch Marie-Madeleine Arnold und der ethnographischen Abteilung des Königlichen Zentralafrikanischen Museums für ihre Bilder und dem Museum Dapper für die Karten.

Die endgültige Fassung dieses Buches wurde von Bruno Maiter durchgelesen, die Fahnenabzüge hat Eric Tempels korrigiert. Ihre Vorschläge waren mir eine unschätzbare Hilfe.

Clémentine Faïk-Nzuji

Die Dankbarkeit. Die Geste, die man tun muß

Nördlicher Wendekreis
Algerien
Libyen
Sahara
Mauretanien
Mali
Niger
Tschad
Senegal
57 59
Senegal
59
Gambia
57
Guinea-Bissau
Guinea
Sierra-Leone
Liberia
Elfenbein-küste
Bandama
51
14
37
53
34
58
Burkina Faso
54
35
52
43
48
Tschadsee
Ghana
Togo
Benin
42
Volta-stausee
39
49
1
56
63
36
46
Nigeria
Niger
64
47
Benue
61
Schari
16
3
45
Kamerun
41
19
Golf von Guinea
Sangha
Ubangi
Äquatorial-Guinea
40
Äquator
V.R. Kongo
Gabun
24
21
30
Lukeni
8
25
Kasai
Kongo
6
5
8
29
Kwilu
28
Kuango
Atlantischer Ozean
Angola
Namibia
Südlicher Wendekreis
Gebiete der angeführten Stämme
1. Adja, Aja
2. Adzing
3. Annang
4. As'ohendo
5. Asambala
6. Babemba
7. Babira
8. Bakongo
9. Bakuba
10. Balega
11. Baluba
12. Balunda
13. Bambala
14. Bambara
15. Bambole
16. Bamileke
17. Bamongo
18. Banande
19. Bangbaka-manza
20. Bangongo
21. Bantandu
22. Bantomba
23. Banyarwanda
24. Basakata
25. Bashileel
26. Basongye
27. Bataabwa
28. Bawoyo
29. Bayaka
30. Bayansi
31. Bazeela
32. Beena-Luluwa
33. Beja
34. Bozo
35. Dagara
36. Dassa
37. Dogon
38. Elima
39. Ewe
40. Fang
41. Fe'efe'e
42. Fon
43. Fulfulde
44. Galla
45. Gbaya
46. Gen
47. Gun
48. Hawsa
49. Kabiye
50. Kalanga
51. Malinké
52. Masaï
53. Minyanka
54. Mossi
55. Otetela
56. Peda
57. Peuls
58. Senufo
59. Sereer
60. Thucookwe
61. Tupuri
62. Venda
63. Xwla
64. Yoruba
0
500
1000 km

Ägypten
Katar
Ver. Arabische Emirate
Oman
Saudi-Arabien
Rotes Meer
33
V.R. Jemen
Jemen
Arabisches Meer
Atbara
Blauer Nil
Sudan
Tanasee
Djibouti
Golf von Aden
Weißer Nil
Äthiopien
Somalia
Zentralafrika
44
Bomu
7
19
22
Uëlle
18
10
Albert-See
Uganda
Turkanasee (Rudolfsee)
Kenia
17
Zaïre
23
Äquator
15
Eduard-See
Viktoriasee
Ruanda
52
Kivusee
Lomami
13
50
Burundi
Lualaba (Kongo)
9
Sankuru
4
38
Tansania
Tanganyikasee
Lulua
20
26
27
32
55
11
12
Mweru-See
Indischer Ozean
31
Malawisee
60
60
Malawi
Sambia
Mozambique
Sambesi
Madagaskar
Straße von Mozambique
Zimbabwe
Botswana
62
Südafrika

Anmerkungen

1 Wir machen den Leser auf die Karte am Ende dieses Buches aufmerksam. Die geographische Verteilung der Kulturen und kulturellen Gruppen, deren Symbole in diesem Buch untersucht werden, ist darauf wiedergegeben.

2 Das 1986 gegründete *Centre international des langues, littératures et traditions d'Afrique au service du développement,* bekannt unter dem Namen CILTADE, befaßt sich mit afrikanischen Kulturen und insbesondere Symbolen. Die meisten Mitarbeiter, darunter viele Mitglieder von religiösen Institutionen, leben in Afrika und führen ihre Untersuchungen an Ort und Stelle durch.

3 *Etudes africaines en Europe, Vol. 1, Bilan et Inventaire,* Editions Karthala, Paris, 1981, S. 420.

4 Wenn wir aufgrund unserer Kenntnisse der Originalsprache einen Interpretationsfehler feststellen, verbessern wir die Übersetzung, wobei wir die Quelle durch Hinzufügung von «laut ..» angeben.

5 A. Hampaté Ba, «La Tradition vivante» in *Histoire générale d'Afrique, I,* UNESCO, Paris 1980, S. 191–230.

6 Nach Fourche und Morlighem, *Une Bible noire,* M. Arnold éd., Bruxelles 1973, S. 99–101.

7 G. Calame-Griaule, *Ethnologie et langage. La Parole chez les Dogon (2. Auflage),* Institut d'Ethnologie, Paris 1987.

8 G. Calame-Griaule, Ibid., S. 93–98.

9 G. Dieterlen, *Dictionnaire des Mythologies,* Vol. II, S. 435b.

10 Ph. Jespers, *Signes graphiques minyanka,* S. 84.

11 Ph. Jespers, Ibid., S. 80.

12 Diese Analyse ist in unserem Werk über *Symbolismes graphiques: dimensions sacrées de l'art africain,* éd. Karthala, Paris, publiziert. Über weitere Ergebnisse wird in unserem Artikel *l'homo religiosus africano e i suoi simboli,* erschienen in *Trattato di Antropologia del Sacro,* Vol. I, *Le origini e il problema dell'homo religiosus* berichtet, herausgegeben von Julien Ries bei Jaca Book-Massimo, Milano 1989, S. 257–279.

13 Diese Analyse basiert auf einer Befragung, die die Mönche von Dzogbégan (Togo) im Rahmen einer Einführung in die afrikanische Symbolik unter meiner Leitung im April 1991 durchgeführt haben. Die Ergebnisse sind im Fundus *Enquêtes et Archives du CILTADE, Louvain-la-Neuve,* Ref. Evè & alii, 1991, festgehalten. Diese Informationen werden ergänzt durch die von Roberto Pazzi in *L'homme – evè, aja, gen, fon – et son univers,* Dictionnaire, Lomé 1976, publizierten Forschungsergebnisse. Dieser Autor zitiert in seiner Studie B. Maupoil: *La géomancie à l'ancienne côte des esclaves,* Paris 1961, und A. de Surgy: *La géomancie et la culte d'Afa chez les Evhe du littoral,* Dissertation, Paris 1974.

14 Dieser Ohendo-Mythos wird vorgetragen, wenn Zwillinge den Geister präsentiert werden, um sie unter deren Schutz zu stellen. Die Zeremonie findet einige Wochen nach der Geburt statt.

15 Die Wurzel -asa- findet sich in zahlreichen Wörtern, die die lexikalische Familie der «Zwillinge» bilden. Je nach Kontext können Wörter mit der Bedeutung: Schöpfergott, Geister höherer Natur, das Sakrale (das, was furchterregend ist), die Zwillinge, die Eltern der Zwillinge, Kraft, Macht, Wunder, was über die Fassungskraft hinaus geht, gebildet werden.

16 Die Eltern von Zwillingen werden tatsächlich als besondere Menschen betrachtet, die in Verbindung mit dem Sakralen gestanden hatten. Sie erfreuen sich eines besonderen Status, eine Folge der Furcht und des Respekts, den sie ihren Mitmenschen einflößen.

17 Zwillinge werden sozusagen überall in Schwarzafrika als mit geheimnisvollen Kräften ausgestattete Wesen betrachtet. Das erklärt auch ihren besonderen Status.

18 G. Calame-Griaule, op. cit., S. 36f.

19 *Dictionnaire des Rites.*

20 Ibid.

21 Die Auskünfte über die Bräuche der Gbaya stammen von Dogobadono Beloko, einem der hervorragendsten Kenner der Gbaya-Kultur. Sie sind archiviert im Fundus *Enquêtes et Archives du CILTADE,* Louvain-La-Neuve, Ref. *Scarification-gbaya,* 1985.

22 Das Centre d'Etudes Ethnologiques in Bandundu – CEEBA – (Zaïre) erforscht seit mehreren Jahren die rituellen Gebärden der Völkerschaften im Gebiet zwischen Kwango und Kasaï. Bei den éditions CEEBA in Bandundu ist unter dem Titel *Le langage des gestes rituels* ein von Hermann Hochegger herausgegebenes dreibändiges Wörterbuch erschienen, Vol. I, Série II, vol. 66, 1981, 410 Seiten, Vol. II, Série II, vol. 67, 1982, 478 Seiten, Vol. III, Série II, vol. 68, 1983, 493 Seiten.

23 In der Einleitung zum erwähnten Wörterbuch (S. 9) faßt Hermann Hochegger diese Kraft der Gebärde folgendermaßen zusammen: «Die rituelle Gebärde spielt bei der Übermittlung religiöser Botschaften eine erstrangige Rolle. Als vom Augenblick geprägte und spontan verstandene Botschaft enthüllt, bezeugt, offenbart und erklärt die Symbolik der rituellen Gebärde die Glaubensvorstellungen und die Leitideen einer gelebten Religion. Durch diese sichtbaren und greifbaren Zeichen, welche die Gebärden sind, versichert sich der Mensch der Hilfe der übermenschlichen Kräfte in seinem Bemühen um Heil und Frieden, aber auch bei der Absicht, sich zu rächen oder sich okkulte Kräfte dienstbar zu machen.»

24 In *La geste rwanda* (Union Générale d'Editions, 10/18, Paris 1978) untersucht Edouard Gasarabwe Laroche die Gebärde bei den Völkern in Rwanda als ein «eigentliches liturgisches Symbol». Von konkreten Beispielen ausgehend zeigt der Autor, wie die rituellen Gesten sich in auf nach dem menschlichen Körper ausgerichteten Achsen und Ebenen ineinanderfügen. Dieses Werk liegt unserer Darstellung zugrunde.

25 Edouard Gasarabwe Laroche, op. cit., S. 95.

26 *Dictionnaire des rites.*

27 E. Gasarabwe, op. cit., S. 110.

28 E. Gasarabwe, op. cit., S. 141.

29 L.-M. Ongoum, «Parole cathartique fe'efe'e in Ngam, *Cahiers du Département de littérature Négro-africaine,* Nr. 7, Universität von Yaoundé, S. 16–63.

30 *Dictionnaire des rites,* Vol. 6, S. 112.

31 Henry Gravrand, «Rites et symboles sereer face au sacré», in *Médiations africaines du sacré,* Verhandlungen des Dritten Internationalen Kolloquiums, Katholisch-Theologische Fakultät von Kinshasa, Kinshasa, S. 126.

32 L.-M. Ongoum, op. cit., S. 31.

33 L.-M. Ongoum, op. cit., S. 31.

34 Mayele Sebele, *La prière yaka: approche sémantico-formelle,* Lizentiatsarbeit, Lubumbashi 1977, S. 39f.

35 L.-M. Ongoum, op. cit., S. 32.

36 L.-M. Ongoum, op. cit., S. 32.

37 Mayele Sebele, op. cit., S. 29f.

38 L.-M. Ongoum, op. cit., S. 51.

39 Louis-Vincent Thomas und René Luneau, *La terre africaine et ses religions – Traditions et changements,* Librairie Larousse, Coll. Sciences humaines et sociales, Paris 1975.

40 Louis-Vincent Thomas und René Luneau, *Les religions d'Afrique noire – Textes et traditions sacrés,* 2 Bände, éditions Stock + Plus, Paris 1981.

41 Paulitschke, *Ethnographie Nordost-Afrikas,* Berlin 1896, Band 2, S. 44, zitiert von L.-V. Thomas und R. Luneau in *Les religions d'Afrique noire – Textes et traditions sacrés.*

42 Mayele Sebele, op. cit., S. 29f.

43 Zur Namengebung für Menschen bei den Bantandu sei unter anderem auf Jan Daeleman, «Système anthroponymique koongo» in *Anthroponymie afro-romane* verwiesen, einem Gemeinschaftswerk von Willy Bal, Jan Daeleman und C. Faïk-Nzuji, Max Niemeyer-Verlag, Tübingen 1991.

44 Vergleiche zur Anthroponymie der Luba C. Faïk-Nzuji Madiya, «Système anthroponymique luba», in *Anthroponymie afro-romane,* op. cit.

45 Kimareki ma Muzitima, *Essai d'onomastique bira. Etude anthroponymique.* Lizentiatsarbeit, Nationaluniversität von Zaïre, Lubumbashi 1974.

46 *Noms théophores d'Afrique,* (Kollektivarbeit), CEEBA, Série II, Vol. 45, Bandundu.

47 Zu diesem Thema sei auf M. Houis, *Les noms individuels chez les Mossi,* IFAN, Dakar 1963, verwiesen.

48 M.-L. Ongoum, *Ethnologie de l'anthroponymie fe'efe'e,* Yaoundé 1983.

49 Kimareki, op. cit., S. 90f.

50 Dieser Mythos findet sich bei allen Völkerschaften des Adja-, Ewè-Akposo- und Gen-Kulturkomplexes. Die Befragungen wurden im Rahmen der AMORSYCA (Association monastique de réflexion sur les symbolismes dans les cultures africaines) durchgeführt. Die Ergebnisse sind im Fundus *Enquêtes et Archives du CILTADE,* Louvain-la-Neuve, Ref. Ouest-Afrique, 1991, archiviert.

51 Die Befragung über die Symbolismen in der Religion der Dassa wurde von Schwester Hélène Ogowin (O.S.B.) im Rahmen der AMORSYCA durchgeführt. Fundus *Enquêtes et Archives du CILTADE,* Louvain-la-Neuve, Réf. Ouest-Afrique, 1991.

52 Fu-Kiau, *N'kongo y nza yakun'zungidila. Le Mukongo et le monde qui l'enbourait, cosmogonie-Kôngo,* Office national de la Recherche et de Développement, Kinshasa 1969, croquis 20, 21, 22, 23; und auch R.F. Thompson und J. Comet, *The Four Moments of the Sun. Kongo Art in Two Worlds,* National Gallery of Art, Washington 1982.

53 *Dictionnaire des Rites.*

54 Roberto Pazzi, *L'homme – eve, aja, gen, fon – et son univers,* Dictionnaire, Série «Notes sur l'aire culturelle d'origine Aja», Fasc. 5, Recherche sur le vocabulaire des langues Eve, Aja, Gen, et Fon, Lomé 1976, S. 52.

55 Mehr Informationen zu diesem Thema gibt A. Boulanger, *Société et religion des Zeela (Republique du Zaïre),* CEEBA, Bandundu 1985, S. 207–227.

56 Fourche und Morlighem, op. cit., S. 53–58.

57 J. Roumeguère-Eberhardt, *Le signe du début de Zimbabwe, Facettes d'une sociologie de la connaissance,* éd. Publisud, Paris, S. 152.

58 Roberto Pazzi, op. cit., S. 208.

59 R. Devisch, «Symbolisme du corps entre l'indicible et le sacré dans la culture yaka: quelques axes de recherche», in *Méditations africaines du Sacré,* Verhandlungen des Internationalen Kolloquiums, Katholisch-Theologische Fakultät in Kinshasa, Kinshasa, S.145–165.

60 Fu-Kiau, op. cit., S. 121.

61 J. Roumeguère-Eberhardt, *Pensée et société africaines. Essai sur une dialectique de complémentarité antagoniste chez les Bantu du Sud-Est,* éd. Publisud, Paris, S. 18.

62 Laut einer von Frater Etienne Senah (O.S.B.) durchgeführten Befragung, *Fundus Enquête et Archives du CILTADE,* Louvain-la-Neuve, Réf. *Cultures du Togo,* 1990.

63 M.L. Rodrigues de Aria, «Notes pour l'étude de l'ethnozoologie dans la culture tshokwe (Angola)», in *Contribuiçoes para o Estudo de Antropologia Portuguesa,* Vol. X, Fasc. 4, Coimbra, S. 173–230 + 25 Photographien, 1979, S. 208f.

64 Roberto Pazzi, op. cit., S. 46.

65 C. Wauthers, s.d., Un exemple d'ésotérisme bantu; le bukishi des Ben'Eki, tribu des Basonge, Manuskript. Erste Version von *L'ésotérie des Noirs dévoilée,* éd. Européennes, Bruxelles 1949, S. 201.

66 *Dictionnaire des Rites,* Band 2, Stichwort Aigle.

67 Rodrigues de Aria, op. cit., S. 193–195.

68 J. Roumeguère-Eberhardt, op. cit. 1982, S. 84–86.

69 *Dictionnaire des Rites,* Band 2, S. 466.

70 Der Begriff Huhn wird hier als Artname verwendet, umfaßt also Hahn, Henne, Küken usw.

71 Unter dem Titel «La poule chez les Beena Luluwa» haben Badibanga Kantshama und Diambila Luboya im *Journal des Africanistes,* Band 56, Fasc. 1, 1986, S. 113–128, eine höchst interessante linguistische und anthropologische Analyse veröffentlicht.

72 Dominic Umoh, *A Survey of the Concept and Development of Personality among the Annangs (A Philosophical and Phenomenological Approach),* unveröffentlichte Dissertation, Ikot Eupene (Nigeria), S. 39.

73 *Dictionnaire des Rites,* Band 5, Stichwort Banane, bananier.

74 Ibid.

75 Insbesondere in der Gegend von Kasayi, in Zaïre, genauer in der Nähe von Matamba, beim Häuptling Kabamba wa Ngomba.

76 Zusätzliche Informationen findet man bei A. Boulanger, op. cit., S. 167.

77 Laut der von Schwester Hélène Ogowin durchgeführten Untersuchung, *Fundus Enquêtes et Archives du CILTADE,* Louvain-la-Neuve, *Réf. Dassa,* 1991.

78 *Dictionnaire des Rites,* Band 3, S. 386.

79 Einen ersten Versuch, die *mataampha* zu deuten, hat unser Mitarbeiter Balu Balila in enger Zusammenarbeit mit Joseph Cornet unternommen, der die Ergebnisse unter dem Titel «Pictographies woyo», *Quaderni Poro 2,* Mailand 1982, veröffentlicht hat.

80 Zusätzliche Informationen vermitteln die drei Werke von G. Niangoran-Bouah, die bei den Nouvelles Editions Africaines/M.L.B., Abidjan, erschienen sind. *L'univers des Akan des poids à peser l'or. Les poids non figuratifs,* Band I, 1984, *L'univers Akan des poids à peser l'or,* Band II, 19..; *L'univers Akan des poids à peser l'or,* Band III, 19...

81 Die technischen Aspekte der Entzifferung werden in diesem Buch nicht behandelt, sind aber in einer anderen Publikation dargestellt. Cf. *Symbolismes graphiques: dimensions sacrées de l'art africain,* op. cit.

82 Dieses *taampha* gehört dem Musée Royal de l'Afrique centrale in Tervueren (Belgien), wo es mit der Nummer 37.125 registriert ist. Die Analyse wurde in Zusammenarbeit mit Balu Balila erarbeitet. Eine erste Version der Ergebnisse ist in *Graines de parole. Ecrits pour Geneviève Calame-Griaule,* Editions du CNRS, Paris 1989, S. 107–117, erschienen.

83 Zusätzliche Auskünfte gibt *La société woyo: structures sociales et religieuses* von Mulinda Habi Buzanga, Dissertation, Freie Universität Brüssel, 1985–1986.

84 Der Ausdruck bedeutet wörtlich «öffne die Hände» oder «gib deine Hände»; *cyala,* öffne, strecke aus; *myoko,* Hände.

85 Dieser Deckel mit Sprichwörtern gehört dem Institut des Musées Nationaux in Kinshasa, wo er unter der Nummer 72.519.7 cl. 30.232 registriert ist. Es ist nicht bekannt, unter welchen Umständen er erworben wurde.

86 Text nach Ahlin Bernard Mathias Kouaovi, *Proverbes et dictons du Bénin,* A.C.T.T., Paris 1980, S. 21.

87 Privatsammlung. Die Analyse wurde wie beim vorhergehenden Deckel gemeinsam mit Balu Balila erarbeitet.

88 Lema Gwete, *L'art et le pouvoir,* Publications de l'Institut des Musées Nationaux du Zaïre, Kinshasa 1986, S. 16.

89 Unsere Informationen stammen aus verschiedenen Quellen. Insbesondere: Katalog des *Musée d'Agborne, conservatoire des œuvres d'art de l'antiquité,* (Abomey 1984), zusammengestellt von Venanece S. Quenum, wissenschaftlicher Mitarbeiter am Museum in Abomey; handgeschriebene Notizen mit dem Titel *Explications des noms et symboles royaux des tentures,* die wir 1984 von Gaston Agboton (†), Beamter bei der Agence de Coopération Culturelle et Technique, erhalten haben, sowie *L'artisanat créateur au Bénin* (Paris ACCT, 1980) von Jacques Anquetil...

90 Die ins Französische übersetzten königlichen Namen werden in Klammern hinzugefügt.

91 Cf. zu diesem Thema Colle, *Les Baluba,* Dewit éditeur, Institut international de Bibliographie, Collection de Monographies, Band III, Brüssel, S. 527–627. Was die mit *lusaka* bezeichneten Gegenstände betrifft, sei auch auf den Artikel von Thomas Q. Reefe, «Lukasa: A Luba Memory Device», verwiesen, in *African Arts,* Juli 1977, Band X, Nr. 4.

92 Diese Anrufung wurde am 17. Juli 1979 in Asenge (Haut-Zaïre) bei Lofunge, von einem mit den Traditionen vertrauten Mann, der damals 59 Jahre alt war, aufgezeichnet.

93 Dieses Symbol ist in unserem weiter oben zitierten Werk über die *Symbolismes graphiques, dimensions sacrées de l'art africain* publiziert worden.

94 Darüber wurde früher berichtet, vergleiche den Abschnitt die «Hautritzungen» im Kapitel «Der Mensch und sein Körper».

95 Dieser Text der Luba ist unter dem Titel «Cyondo cya Kasengelu» in *Nkuruse,* November 1956, nov. supplément S. 1, und Januar 1957, supplément S. 2, veröffentlicht worden. Er wurde auch von Mufuta Kabemba in seinem Artikel «Littérature orale en République du Zaïre» publiziert, der in *Introduction critique à la littérature orale de l'Afrique centrale* erschienen ist, Cerdotola, Yaoundé, 1984, S. 389–523.

Inhalt

Vorwort 5

Länder und Menschen 11
Politische und kulturelle Grenzen 12
Unsere Methode 14

Zur Einstimmung: Der Taumel und der Horizont 17

Schwindelerregende Schächte 18
Ein Mythos der Ohendo: Wie der Mensch zum Symbol gekommen ist . . . 18
Auf der Suche nach Mittlern 22
Solche Mittler findet der Mensch zunächst im eigenen Körper 22
Die Elemente der Urschöpfung wirken zusammen 23
Von den natürlichen Elementen ausgehend erfindet der Mensch andere Symbole 23
Zeichen vom Beginn der Zeit 25
Das Geschenk des Wortes 25
Gott schuf den Menschen und schenkte ihm das Wort, weil er Bedürfnis nach einem Gesprächspartner hatte 27
Gott schenkte dem Menschen das Wort, um ihn von aller anderen Kreatur zu unterscheiden 28
Gott schenkte dem Menschen die Sprache, damit er vollständig sei und Fortschritte mache 28
Die Schriftzeichen 29
«Samenkörner des Erkennens» 29
«Die ältesten Dinge aus der himmlischen Gebärmutter» 29
Ausdrucksmittel der Menschen für ihre Ideen 31
Das Symbol ist Ausdruck 34

Kapitel I: Der Mensch erinnert sich 37

Akomasa: Die Geburt der Zwillinge im Ohendo-Mythos 39
Der Mensch und sein Körper 45
Vergängliche Zeichen 47
Die unvergänglichen Zeichen 47
Die Körper-Symbole geben Auskunft über die Stammeszugehörigkeit der Person 49
Die Narben geben Hinweise auf den Zivilstand 49
Die Körper-Symbole als Mahnung und Warnung 52
Die Symbole verschönern den Körper und wecken Liebe 52
Die Kunst der Hautritzung bei den As'ohendo 56
Der geweihte Körper der vollendeten Frau 58
Tondongo, «das, was in Ordnung bringt» 58
Angondo, «die Monde» 61
Der Mensch und seine Gebärden 63
Die vertikale Achse 64
Die Frontalebene 64
Die horizontale Achse 66
Die Sagittalebene 67
Der Mensch und sein Wort 71
Exorzistische Worte 72
Anrufungen 74
Drohende Worte 74
Sühnende Worte 77
Beschwörende Worte 80
Gebete 81
Eigennamen der Personen 82

Kapitel II: Die Natur arbeitet mit 87

Die Kalebasse der vier Elemente 89
Adja-Mythos über die Entstehung der Welt 89
Symbolik der Gestirne 90
Die Sonne 90
Der Mond 91
Symbolik des Raums 94
Der Acker 95
Die Termitenhügel 96
Die Wegkreuzung 96
Tier-Symbole 99
Die Schlange 99
Kyanza Ngoombi, das «Urwort». Schöpfungsmythos der Yaka 100
Der Adler 103
Das Krokodil 103
Das Huhn 104
Pflanzen-Symbole 114
Die Palme 114
Mahungu. Mythos der Kongo über die Erschaffung von Mann und Frau . . 116
Der Bananenbaum 118
Verdrängung der natürlichen Träger 120

Kapitel III: Die Kunst feiert den Kosmos 123

Bwanga. Luba-Mythos vom sakralen Ursprung der Statuen 125
Das Kunstwerk 125
Der Rohstoff 125
Der Künstler 127
Die afrikanische Vorstellung von einem Kunstwerk 128
Kunst und Symbole im Alltag 129
Lebenskunde 129
Deckel mit Sprichwörtern der Bawoyo und eingebrannte
Kalebassen der Fon 129
Nkhaazi ayi mwana nkhazi, Onkel und Nichte 133
Ngaandu ayi cimbololo, das Krokodil und der Kaiman 140
Lukata, der Sarkophag 142
Geschichtslektionen 148
Königliche Symbole vom Königshof in Abomey 148
Königliche Losungen in Abomey 148
Kunst und Symbole in Verbindung mit dem Sakralen 153
Erfüllung durch Unterweisung 153
Lukasa, Symbol der Luba für die Fülle 153
'Dendo, Symbol der Ohendo für Wachsamkeit 159
Der Sakraltopf der Wahrsagung 161
Anrufung der Wahrsagegeister durch den Wahrsager 161
Heiratsrituale 164

Epilog: Klage des irrenden Menschen 169

Kyombe, Träger der himmlischen Körner 171
Mythos der Luba über die Besamung der Erde 171
Klage des irrenden Menschen 172

Ein Dank an alle Mitarbeiter 175

Gebiete der angeführten Stämme 176

Anmerkungen 178

Quellenangaben 182

Quellenangaben

Bilder

Marie-Madeleine Arnold: 115a, 163, 164
Robert Berdal: 5, 13, 19b, 21b, 22, 23, 24, 32, 33, 36, 39, 42, 50–51, 65, 66, 83, 84, 88, 94, 97, 98, 99, 111a, 112, 117, 126, 130–131, 152, 166, 167, 173, hintere Seite des Schutzumschlags
Michel de Grand Ry: 91
De Witte: 53a
A. Enes Ramos: 58
Francis Jacoby: 6, 26, 30, 35, 41, 54, 71, 76, 79, 101, 116, 121, 124, 127, 136, 139, 142, 143, 144, 145, 149, 150, 160, vordere Seite des Schutzumschlags, Vorsatz
Françoise Masuy: 16, 20, 21a, 25, 78, 102a, 115b, 119, 137a, 162
Nestor Seeuws: 34, 38, 77, 80, 154, 155
Eric Tempels: 19a, 44, 45, 47, 49, 53b, 55, 59, 63, 68, 69, 72, 73, 75, 82, 93, 95, 96, 102b, 104, 105, 106, 107, 108–109, 111b, 114, 137b, 170, 171
Archiv Museum Dapper: 8–9, 11

Zeichnungen

A.M. Faïk: 70, 100, 103, 129, 133, 134, 140, 148, 156
G.K. Faïk: 57, 60, 62, 125, 151

Bibliographie

Berdal R., *Deux textes sur l'ethnie Dagara* (Burkina Faso), Travail de recherche, Université Catholique du Louvain, 1988.
Initiations en Fouladou, Mémoire de fin d'études, Université catholique du Louvain, 1988.
Dabiré C. Gbâane, *Nisaal – L'homme comme relation,* Band I, Dissertation, Université Laval, 1983.
Devisch Renaat, Signification socio-culturelle des masques chez les Yaka, in *Sep. do Bol. Inst. Invest. Cient. Ang.,* Band 9, Nr. 2, Luanda, 1972.
Girault L., Essai sur la religion des Dagara, *Bulletin de l'I.F.A.N.,* Band XXI, Serie B, Nr. 3–4, 1959, S. 329–356.
Gravrand H., *La civilisation sereer Pangool,* Les Nouvelles Editions Africaines du Sénégal, 1990.
Holas B., *Sculptures ivoiriennes,* C.S.H., Abidjan, 1969; und *Mythologies d'Afrique,* C.S.H., Abidjan, 1978.

Mündliche Mitteilungen oder persönliche Notizen

- über die Bawoyo (Zaïre und Angola): Balu Balila,
- über die Dagara (Burkina Faso), über die Peul in Senegal und über die Völker Togos: Robert Berdal,
- über die Dagara (Burkina Faso): Eric Tempels,
- über die Sereer (Senegal): Françoise Masuy,
- über die Bakaya (Zaïre): Renaat Devisch und N'soko swa Kabamba,
- über die Baluba (Zaïre): Nestor Seeuws.